全国高等职业教育规划教材·连锁经营管理专业

U0960928

# 连锁企业配送管理

## （第2版）

代海涛　主　编

汪庆国　周　敏　副主编

電子工業出版社

Publishing House of Electronics Industry

北京·BEIJING

## 内 容 简 介

全书共设 7 个项目，主要包括走进连锁企业配送、了解连锁企业配送中心、熟知连锁企业配送作业、熟悉连锁企业配送机械设备、掌握连锁企业配送实用信息技术、学会连锁企业配送绩效分析和提升连锁企业配送组织管理水平等内容。

本书既适合作为高职高专连锁经营管理、工商企业管理、物流管理等专业的教材，也可以作为连锁企业配送从业人员的培训教材和参考用书。



**图书在版编目（CIP）数据**

连锁企业配送管理/代海涛主编. —2 版. —北京：电子工业出版社，2015.10

ISBN 978-7-121-27062-8

Ⅰ. ①连… Ⅱ. ①代… Ⅲ. ①连锁企业－物资配送－物资管理－高等学校－教材 Ⅳ. ①F717.6

中国版本图书馆 CIP 数据核字（2015）第 206393 号

策划编辑：刘元婷
责任编辑：刘元婷
印　　刷：三河市鑫金马印装有限公司
装　　订：三河市鑫金马印装有限公司
出版发行：电子工业出版社
　　　　　北京市海淀区万寿路 173 信箱　邮编 100036
开　　本：787×1 092　1/16　印张：16.75　字数：428.8 千字
版　　次：2008 年 1 月第 1 版
　　　　　2015 年 10 月第 2 版
印　　次：2015 年 10 月第 1 次印刷
印　　数：3 000 册　定价：36.00 元

凡所购买电子工业出版社图书有缺损问题，请向购买书店调换。若书店售缺，请与本社发行部联系，联系及邮购电话：（010）88254888。

质量投诉请发邮件至 zlts@phei.com.cn，盗版侵权举报请发邮件至 dbqq@phei.com.cn。

服务热线：（010）88258888。

# 出 版 说 明

高等职业教育是我国职业教育的重要组成部分，在我国现代化建设中具有重要的战略地位。近年来，我国高等职业教育迅速发展，为社会培养了大批高等应用型专门人才，满足了社会和经济发展的需要。

为了适应我国职业教育改革的需要，突出职业教育的特色，满足高等职业院校对实用教材的需求，电子工业出版社对相关院校相关专业的教学和课程设置进行了广泛的调查研究，于2006 年 10 月组织全国数十所高等职业院校，在上海召开了“全国高等职业教育连锁经营管理专业规划教材研讨会”，确定了专业主干教材和基础课教材十多种。与会代表多是所在学校的领导和业务骨干，其中不乏国家级和省、市级科研或教研项目的负责人和参与者，全国性或地区性专业学会会员及既有丰富教学经验又有丰富实践经验的“双师型”教师。第 1 版教材出版后，获得了相关院校师生的广泛认可和一致好评。

为了进一步提升教材品质，反映近年来我国高等职业教育改革的成果和经验，电子工业出版社特邀请学校、企业、行业组织的各位专家，于 2012 年 5 月在北京召开了“全国高职院校连锁经营管理专业建设及教学改革研讨会”暨“连锁经营管理专业教材修订编写研讨会”，结合各高校使用第 1 版教材后的反馈意见、连锁企业提出的建议、高等职业教育的改革经验与成果，以及高职学生的接纳习惯，对第 1 版教材进行了全面修订。修订后的教材具有以下特点。

1．坚持知识、能力、素质协调发展，突出对专业操作能力的培养。教材在内容和课时两方面都力求适应高等职业教育改革的要求，理论知识以够用为度，加强实际操作训练，注重对高职学生职业技术能力和管理素质的培养。

2．坚持产教结合，理实接轨。本次修订在编写队伍上进行了调整，邀请了零售、物流等大型连锁企业的相关人员参与审阅与编写，为教材注入了活力。

3．兼顾学历课程内容与职业资格应试内容，提升高职学生的岗位竞争能力。教材内容结合高等职业学历教育和相关职业资格考试所要求的内容，力求适合实际岗位的变化和新的要求。因此大多数教材既可以作为高等职业学历教育教材，也可以作为成人高校、自学考试及职业资格培训的教学用书和自学用书。

4．关注相关法律、法规的颁布和修订，力求教材内容与时俱进，充分体现相关法律、法规的新规定和新内容。

5．配套教学参考资料，为高职师生的教和学提供方便和帮助。教学参考资料主要包括习题参考答案、电子课件、电子教案等，可为课程教学安排提出指导性意见，减轻教师的备课负担，解决教师在组织实训资料方面遇到的困难；精美、形象的电子教案既有利于学生更好地理解教材内容，又可提高学生的学习兴趣。

我们相信，该套教材的再版对于高等职业教育的改革与发展和高等职业专业人才的培养将起到积极的推动作用。对于教材中的一些不尽如人意之处，我们将不断地进行修订、完善和充实，以便更好地服务于我国的高等职业教育。

电子工业出版社

高职教育分社

2015 年 9 月

# 第 2 版前言

本书自 2008 年出版发行以来，已经被 20 多所高职院校选为教材，也被多家连锁企业选为培训教材，获得了很多兄弟院校及业内同人的认可。但是，本书自出版发行以来已经有 6 年时间了。6 年来，无论是连锁企业配送管理的实践，还是高等职业教育模式，都进行了较大的改革；因此该书无论在内容上，还是在编写模式上都略显陈旧，难以适应新形势下高等职业教育与连锁企业发展实际的需要。基于此，我们决定对该书进行修订，修订后的《连锁企业配送管理》（第 2 版）与第 1 版相比，主要有以下创新与突破。

第一，坚持知识、能力、素质协调发展，突出对职业素养及能力的培养。

新版教材在编写内容的取舍上，坚持实用、够用、管用，“干什么，学什么”的编写原则；在内容取舍和技术深浅程度的把握上，以岗位工作需要为出发点和落脚点，最大限度地体现学以致用的精神。修订后的教材在第 1 版教材的基础上对内容进行了大量的删减和取舍，使教材更加精练、简洁。加强职业素养提升训练项目的编写，有助于培养学生的操作技能，提升学生的职业素养，使其更符合连锁企业对配送人才的需求。总体来看，该书更像一本上岗前的培训教材，可真正满足高等职业教育应用型人才培养目标的要求。

第二，产教结合，理论与实践接轨。

第 2 版教材在编写队伍上进行了大幅度调整，吸纳了连锁企业物流配送人才，如德邦物流工作人员王光洁，为教材编写提供了大量素材。

第三，体例鲜活，贴近高职学生的实际。

第 2 版教材在编写体例上进行了改革与创新，将原来的章节式改为“项目—任务—职业素养拓展”编写模式。通过对吉日连锁物流有限责任公司、吉林省威宝恒客隆仓储百货有限公司等连锁企业的调研，了解连锁企业物流配送的工作流程，结合企业工作需要，教材设立了 7 个连锁企业配送物流员从业项目，每一个项目都是一个相对独立的学习单元。理论学习与实践操作实现零距离、百分百对接。项目内设有“项目目标”、“项目导入”、“职业素养拓展”、“项目训练”、“项目测试”和“项目实例分析”等板块，教材呈现立体化、形象化。

《连锁企业配送管理》（第 2 版）一书由吉林农业科技学院代海涛设计编写方案并担任主编，吉林农业科技学院汪庆国、武汉软件工程职业学院周敏担任副主编。具体编写分工如下：项目一、项目二、项目三、项目五由代海涛编写，项目六、项目七由汪庆国编写，项目四由周敏编写。

本书的出版得益于电子工业出版社的大力支持，在此表示感谢！在编写过程中本书参考了大量相关领域的文献，已列示于书后的参考文献部分，但仍可能有遗漏，在此谨向已标注和未标注的参考文献的作者们表示诚挚的谢意和由衷的歉意！

限于编写者的学识水平，书中疏漏和不足之处在所难免，敬请广大读者和专家学者批评指正，不吝赐教，以期不断改进，充实完善。

最后，还想告诉大家，本书编者的邮箱为 dai5966@126.com，愿各位同人提出建议，交换信息，分享经验。希望您把该书的“优点告诉大家，缺点告诉作者”，谢谢！

编　者

2015 年 5 月

# 第 1 版前言

近年来，连锁经营作为零售业中一种新的经营业态在我国得到了迅速的推广和发展，与物流配送、电子商务一起被列为推进我国流通现代化的三大重点。连锁经营离不开配送，配送是实现连锁经营规模效益的关键因素，是当代连锁经营中最有影响的因素之一。随着连锁经营在我国的迅猛发展，迫切需要建立一支庞大的懂经营、会管理、业务强、通理论的配送队伍。本书从连锁企业配送管理的角度，详细地阐述了连锁企业配送管理所涉及的内容，对于了解和改善连锁企业的配送管理具有较强的指导作用。

本书在撰写过程中，力求突出以下特色。

（1）满足从业技能方面的基本需求。本书结合连锁企业配送活动的特点，在分析配送职业活动范围、工作职责和质量要求的基础上，参照《国家职业标准——物流师》的有关要求，精心安排编写体例、选择编写内容。并根据高等职业教育的特点和要求，将能力培养贯穿教材内容始终，将教学内容、实践训练进行有机的融合。

（2）实用、够用、必需的原则。本书在内容取舍和技术深浅程度的把握上，本着实用、够用和必需的原则，以岗位工作实际需要为出发点和落脚点，最大限度地体现学以致用的精神。编写风格力求语言活泼生动、通俗易懂。行文做到理论和案例有机融合，以大量的国内外经典案例论证作者观点，紧贴连锁企业实际，具有很强的可读性与实战性。

（3）采取“案例驱动”编写方式。本书通过一系列案例，由浅入深、循序渐进地展开。以案例构成全书的主线，即明线；同时各章节又按知识体系展开，注重内容的系统性、科学性，即暗线。本书力求最大限度地激发学生的学习兴趣，做到理论与实际的有机结合，避免以往理论与实际相脱节的现象。在案例选材方面，以反映本章重点内容为原则，力求经典、新颖。另外，为了避免现行教材案例导入与正文脱节的普遍现象，本书在开篇案例之后进行了适当点评，使之浑然一体。

（4）结构合理。本书编写体例采用国内外经典教材模式。每章开篇设有学习目标，包括知识目标和技能目标。以明确本章重点、难点及应该掌握的实践技能，方便读者自学。章节中设有案例与分析，增加教材内容的生动性、趣味性和实际应用性。行文以案例论证为主，突出理论与实际的结合。针对章前的知识目标和技能目标，章后附有基本训练和个案分析。基本训练力求题型丰富、实用；个案分析力求反映企业全貌，便于操作。同时为了培养学生动手操作能力，章后还设置了实训专栏。综合而言，全书在编写体例上，力求新颖实用，便于教师开展教学工作，提高教学效率。

本书编写人员及分工如下：第 1 章、第 3 章由吉林农业科技学院代海涛撰写；第 2 章、第 4 章由吉林省经济管理干部学院戚光远撰写；第 5 章由吉林农业科技学院林华撰写；第 6 章由福建信息职业技术学院薛庆辉撰写；第 7 章由薛庆辉和代海涛共同撰写；第 8 章由辽宁商贸职业学院黄泽强撰写。本书由代海涛负责起草编写大纲、修改、总纂和定稿，由广东机电职业技术学院邓汝春担任主审。

本书在撰写过程中，得到了电子工业出版社高等职业教育分社各位领导和老师的大力支持和帮助；吉林医药学院赵良中老师、吉林农业大学研究生李颖也为本书的出版付出了辛勤的劳动，在此一并表示感谢！

本书在编写过程中参考了大量相关领域的文献，在此谨向相关专家、学者表示诚挚的谢意。一些文献未能在参考文献中尽列，对此表示万分歉意！

由于编者水平所限，编写时间较紧，书中疏漏和不足之处，敬请广大读者和专家批评指正，不吝赐教，以期不断改进、充实和完善。

编　者

2007 年 8 月

# 目　录

# 项目一

# 走进连锁企业配送

【项目目标】

1．了解连锁企业配送的概念及特点；

2．掌握连锁企业配送的类型；

3．了解连锁企业配送系统的构成，熟悉连锁企业配送系统的作业流程；

4．学会根据连锁企业的实际情况，选择不同的配送模式；

5．理解一体化配送的内涵；

6．知道一名合格的配送物流员应该具备的基本素养。

【项目导入】

随着我国连锁经营企业的发展，越来越多的商家希望通过连锁经营这一现代流通方式，使企业获得规模经济优势，实现提高服务质量、降低综合成本的目标。连锁经营企业物流是实现这一目标的关键，高效率、高效益的配送则是这个关键的关键，与连锁经营企业最终的成败息息相关。

在伊拉克战争中，美英联军可以说是取得了“现代物流”的胜利。试想：如果一个军队只配备了先进的武器、优秀的士兵，但是不能适时、适地、适量、适质地抵达目的地，其战斗力等于零。同样的道理用于连锁经营企业，无论多么优质、廉价、充足的商品，如果不能适时、适地、适量、适质地配送到各个店铺，那么企业就不可能取得利润。今天就让我们进入连锁企业配送管理的世界，对连锁企业配送有一个初步的认知。

# 任务一 连锁企业配送认知

## 案例分析

没有现代的物流配送，就谈不上真正的连锁经营。物流配送的水平，在一定程度上决定着连锁经营的成功与否。

那么在过去，当你为商品付账后，物流是怎样运转的呢？

“在 POS（Point of Sales，销售点）机收银后，门店以手工录入的方式将订单传递给仓储部门，然后仓储部门汇总，到中午 12 点或者下午 4 点截止的时候，才能统一派工，装车送货的每个环节都需要一定的时间。这样货车开出至少要在两个小时之后。”苏宁南京雨花物流中心仓储部钱明部长介绍说，“因为这套流程的核心就是以业务为中心，所以营销业务、采购业务和物流业务等每个业务各有一套系统。”

这样的安排形成了一个怪现象——操作工人上午无所事事，而下午累得直不起腰。为了让物流顺畅，苏宁仓库一直得保持高峰期的人数，因而浪费了大量人力。另外，采购与物流也存在着同样的脱节现象，采购员采购了货物往往不会通知仓库，导致仓库很可能突然收到一大队汽车的货物。这不但会打乱人工安排，更会使仓库无多余容量吸纳新货。为了应对这种突发情况，平时仓库有 1/5 是闲置的，从而导致物流成本长期居高不下。

关键的问题还有苏宁各分公司的平台不统一，各自为政，相互流通困难。例如，从镇江调一车货去南京，要计算成两个公司的买卖，在手续上的麻烦就有一堆。苏宁在每个地级市都有一个分公司，就不得不在当地建一个物流基地，这样全国就有 80 多个仓库。卖 1 万种商品，每个仓库就必须存放 1 万种货物。无论商品好卖与否，仓库都得存上一部分，使得苏宁大量的资金堆在仓库，甚至直接导致了苏宁在一些二、三级城市亏损，以及在全国地级市扩张的步伐缓慢。

为了彻底改变这种现状，2005 年苏宁提出要在 3 年内建成包括 15 个物流基地在内的“5315”计划，正式开始兴建大型物流基地。

南京雨花物流中心，占地 4 万平方米，全部都是高度机械化的立体库。所有商品的大型纸箱都依靠叉车，整齐地堆码在仓库总高五层或六层的码箱中，没有丝毫凌乱与错位。所有商品进门都会设定唯一的条码，输入 ERP（Enterprise Resource Planning，企业资源计划）系统，并存放于专属位置。一旦门店 POS 机下单，配送中心会同步产生出货指令发给现场的拣配工；每个拣配工都有一把类似于手机的电子接收终端——“RF（Radio Frequency，射频）枪”，他们会根据货物型号、存放区域和装卸区域信息，将货物从立体库中搬运到指定的装卸区域，等候装车。这样拣配工不用等货车来了，订单汇总后再装车，他们可以全天工作，而货车也无须等候，将在中午 12 点和下午 4 点准时出发，比以前提前了两个小时。

通过现代化的物流改进，现在苏宁每亿元销售额只需要500～600平方米仓库作为支撑，而以前至少是 1 000 平方米，仓库的总面积下降了 40%。在进销存统一了平台后，仓库操作工人可以全天候工作，效率大大提高，人力成本下降了 50%～60%。在南京物流基地，员工甚至由原来高峰期的 400 人降到目前 100 来人，这还包括管理人员。仅此两项给苏宁节省的成本就十分惊人，与往年同期相比，已经节省了 3 000 多万元。更重要的是库存周转率大大提高了，资金占用率下降了很多。根据统计，苏宁库存周转率提高了 60%，资金占用率至少下降了 40%。

资料来源：中国物流与采购网.

想一想：现代化的物流配送中心为苏宁带来了哪些效益？

## 一、连锁企业配送的概念及特点

日本商界有一个叫“利润之源”的说法。连锁经营的“利润之源”，就是商品的供应，如果商品供应滞后，就直接制约销售。因此，无论是本公司自营物流还是第三方物流，物流配送都是必不可少的经济活动，也是连锁经营企业实现经济效益的必要保证。案例中苏宁电器正是借助现代物流配送模式发现了“利润之源”，打造了属于自己的赢利模式。

2001 年 4 月颁布的国家标准《物流术语》（GB/T 18354—2006）对配送的概念进行了解释。所谓配送，是指“在经济合理区域范围内，根据客户要求，对物品进行拣选、加工、包装、分割、组配等作业，并按时送达指定地点的物流活动”。

连锁企业配送一般以配送中心为核心，集中采购，统一配送，高效率地将商品送达各连锁店铺。其供需关系连续而稳定，一般具有以下几个特点。

### 1. 按订单要求进行配送，提供优质服务

连锁经营企业对各连锁店铺的配送不是一般的送货上门，而是按各连锁店铺的订单要求进行配货并送达。这种配送不是零售，也不是批发。配送中心提供品种齐全、质优价廉的商品，满足消费者多样性的需求，促进连锁店铺的销售。

### 2. 物流活动集中化，降低经营成本

连锁企业配送，是将各连锁店商品的采购、储存、流通加工、运输等物流活动集中进行，并按各连锁店的订单要求对商品进行分类、整理、拣选、配货等作业后送达各店铺。配送中心集中采购，统一进货，集各店铺小批量为大批量，从而得到供应商的优惠价格，并可减少采购和进货费用，使商品在价格上具有竞争力。

### 3. 集中库存控制，加速资金周转

连锁企业配送中心将各店铺的分散库存变为集中库存，便于控制库存商品的数量、质量与商品结构。配送中心的准时配送，不仅使各店铺不需要库存和储备，节减了大批库存占压资金，而且提高了库存保证程度。店铺集中优势开展销售及顾客服务活动，加速商品周转，进而加速了资金周转，提高资金利用率，增加了资金创造利润的机会，从而使企业

能够获得更大的经济效益。

**4. 连续稳定的供求关系是创造效益的保证**

连锁经营配送中心的服务对象是本企业所属的各连锁店铺，因而形成了连续稳定的购销关系，故可通过配送取得规模效益。这种关系是创造效益的纽带，是各店铺无缺货、无假货、无次品及无滞销的基础，也是配送中心无库存积压、商品快速周转的保证。

## 二、连锁企业配送的类型

连锁企业配送可以按以下几种方式进行分类。

**1. 按配送组织者不同分类**

（1）生产企业配送。它的组织者是生产企业，尤其是进行多品种生产的生产企业，可以直接由本企业开始进行配送，而无须再将产品发运到配送中心进行中心配送。生产企业配送在地方性较强的产品生产企业中应用较多，如就地生产、就地消费的食品、饮料、百货等；在生产资料方面，某些不适于中转的化工产品及地方建材业也采取这种方式。

（2）商店配送。它的组织者是商业或物资的门市网点，这些网点主要承担商品的零售，规模一般不大，但经营品种较齐全。这种配送组织者实力有限，往往只是小量、零星商品的配送；加之所配送的商品种类繁多，用户需求量不大，有些商品只是偶尔需要，很难与大配送中心建立计划配送关系，所以利用小零售网点从事此项工作。

（3）仓库配送。它是以一般仓库为据点进行配送的形式。仓库配送规模较小，配送的专业化较差，但可以利用原仓库的储存设施与能力、收发货场地、交通运输线路等；所以是开展中等规模配送可选择的配送形式，也是较为容易利用现有条件而不需大量投资、上马较快的形式。

（4）配送中心配送。这类配送组织者是专职的配送中心，规模较大。有的配送中心需要储存各种商品，储存量比较大；也有的配送中心专职于配送，储存量较小，货源依靠附近的仓库补充。配送中心的配送设施及工艺流程是根据配送需要专门设计的，配送能力强，配送距离远，配送品种多，配送数量大；所以必须有一套配套的实施大规模配送的设施，如配送中心的库房、车辆、路线等，一旦建成便很难改变。配送中心灵活机动性较差，投资高，有一定局限性。“案例分析”中的配送形式即属于此类范畴。

**2. 按配送商品种类及数量分类**

（1）多品种、小批量配送。多品种、小批量配送是指按用户要求，将所需的各种物品配备齐全，凑整装车后由配送据点送达用户。在配送方式中，这是一种高水平、高技术的方式，往往伴随多用户、多批次的特点，配送频度往往较高。

（2）少品种、大批量配送。工业企业需求量较大的商品，单独一个品种或几个品种就可达到较大输送量，实行整车运输。这种商品往往不需要再与其他商品搭配，可由专业性很强的配送中心实施这种配送。

（3）配套、成套配送。按企业生产需要，尤其是装配型企业生产需要，将生产每一件产品所需全部零部件配齐，按生产节奏定时送达生产企业，生产企业随即可将此成套零部件送入生产线装配产品。这种配送方式中，配送企业承担了生产企业的大部分供应工作，使生产企业专注于生产，与多品种、小批量配送效果相同。

### 3. 按配送时间及数量分类

（1）定时配送。按规定时间间隔进行配送，如数天或数小时一次等；每次配送的品种及数量可按计划执行，也可在配送之前用已商定的联络方式（如电话、计算机终端输入等）通知配送品种和数量。这种方式由于时间固定，易于安排工作计划，易于计划使用车辆，对用户来讲，也易于安排接货力量。但是，由于配送物品种类变化，配货、装货难度大，在要求配送数量变化较大时，会使配送运力安排出现困难。

定时配送又分为两种具体形式：日配方式和看板方式。日配方式是定时配送中实行较广泛的方式，尤其在城市内的配送，日配方式占了绝大多数。日配方式的时间要求大体是，上午的配送订货下午可送达，下午的配送订货第 2 天早上可送达，送达时间在订货后的 24 小时之内。日配方式特别适合生鲜食品，如果蔬、点心、肉蛋类等。看板方式是使配送供货与生产企业生产保持同步的一种方式。这种方式比日配方式和一般定时方式更为精细准确，每天至少配送一次，甚至几次，以保证企业生产不间断。

（2）定量配送。按规定的批量在一个指定的时间范围内进行配送。这种方式数量固定，备货工作较为简单，可以按托盘、集装箱及车辆的装载能力规定配送的定量，能有效利用托盘、集装箱等集装方式，也可做到整车配送，配送效率较高，运力利用也较好。对用户来讲，每次都处理同等数量的货物，有利于人力、物力的准备。

（3）定时、定量配送。按规定配送时间和配送数量进行配送。这种方式兼有定时、定量两种方式的优点，但特殊性强，计划难度大，适合采用的对象不多，不是一种普遍的方式。

（4）定时、定路线配送。在规定的运行路线上制订到达时间表，按运行时间表进行配送，用户可按规定路线、规定时间接货及提出配送要求。这种方式有利于按计划安排车辆及驾驶人员。在配送用户较多的地区，可免去过分复杂的配送要求所造成的配送组织工作及车辆安排的困难。对用户来讲，既可在一定路线、一定时间进行选择，又可有计划地安排接货力量，但这种方式的应用领域也是有限的。

（5）即时配送。完全按照用户突然提出的配送时间和数量即时进行配送，是一种灵活性很高的应急方式，采用这种方式可以实现保险储备的零库存，即用即时配送代替保险储备。

### 4. 按经营形式不同分类

（1）销售配送。配送企业是销售型企业，它是销售企业作为销售战略一环所进行的促销性配送。配送对象和用户依据市场的占有情况而定，配送的经营状况也取决于市场状况，配送随机性较强而计划性较差。各种类型的商店配送一般多属于销售配送。

（2）供应配送。用户为了自己的供应需要所采取的配送形式，往往由用户或用户集团组建配送据点，集中组织大批量进货，然后向本企业配送或向本企业集团若干企业配送。这种配送形式主要用于组织对本企业的供应，尤其在大型企业或企业集团或联合公司中采用较多。

（3）销售-供应一体化配送。销售企业对于基本固定的用户或基本确定的配送产品，可以在自己销售的同时承担用户计划供应者的职能，既是销售者同时又成为用户的供应代理人，起到用户供应代理人的作用。这种配送方式使销售企业获得稳定的用户和销售渠道，有利于扩大销售数量，有利于企业自身的持续稳定发展。对用户来讲，能获得稳定的供应，可以大大节约本身为组织供应所耗用的人力、物力、财力，销售者能有效控制进货渠道，这是任何企业供应机构都难以做到的，因而供应保证程度可大大提高。

（4）代存、代供配送。用户将属于自己的货物委托配送企业代存、代供，有时还委托代订，然后组织对自身的配送。这种配送在实施时不发生商品所有权的转移，配送企业只是用户的委托代理人，商品所有权在配送前后都属于用户所有，所发生的仅是商品物理位置的转移。配送企业仅从代存、代供中获取收益，而不能获得商品销售的经营性收益。

#### 5. 按配送企业专业化程度分类

（1）综合配送。配送商品种类较多，不同专业领域的产品在一个配送网点中组织对用户的配送；这类配送由于综合性较强，因此被称为综合配送。

综合配送可减少用户为组织进货的负担，只需要和少数配送企业联系便可解决多种需求的配送，对用户的服务性较强。但由于产品性能、形状差别很大，在组织时技术难度较大，一般只是在形状相同或相近的不同类产品方面实行综合配送。

#### 职业素养拓展 1.1

中山市壹加壹商业连锁有限公司创办于 1994 年，经过 20 多年的发展，壹加壹已经成为珠三角乃至华南地区极具知名度和竞争力的商业连锁企业。

壹加壹的经营分四大业态（分别是购物广场、综合超市、社区超市及便利店），共 55 家商品零售连锁店，同时经营医药零售连锁、食品加工、酒店娱乐等 7 个子公司，并配有 5 万平方米的“全光纤网络覆盖，实行进、销、存一体化的 POS 机系统”的现代化仓储配送中心。

壹加壹物流配送营运中心是为旗下连锁超级商场提供商品仓储、调配、综合信息服务的大型物流配送营运中心。中心始建于 1997 年，经过多年建设，现已发展成为拥有服装、鞋类、食品、百货、电器、床上用品、塑胶、文具等专业仓储，总库容达 2 万平方米的现代化配送中心。

（2）专业配送。按产品形状不同适当划分专业领域的配送方式。专业配送并非越细越好，实际上在同一形状而类别不同的产品方面，也是有一定综合性的。

专业配送的优势在于可按专业的共同要求优化配送设施，优选配送机械及配送车辆，制定实用性强的工艺流程，从而大大提高配送各环节的工作效率。现在已形成的专业配送形式有很多，如中小件杂货配送，金属材料配送，燃料煤、油配送，水泥配送，木材配送，平板玻璃配送，化工产品配送，生鲜食品配送，家具及家庭用品配送等。

# 任务二　连锁企业配送系统

## 案例分析

壹加壹超市根据商品经营的不同特征进行排队分析，分成三大类商品，每类商品实行不同的配送流程，如图 1-1 所示。

第 1 类商品（A）是使用频率较高的畅销商品，如一般日用品。在流通过程中，一般整批进货和储存，按各门店的订货要求配货后送到各门店。由于此类商品进货量大，故以较低的价格购入，以零售价出售给消费者，这样既减少了流通环节，又增加了利润。所以，此类商品的储存是“创利”的。

第 2 类商品（B）是配送中心按照门店的订货单汇总后统一向工厂整箱订货，收到货后不需要储存，直接进行分拣作业，再配送到各门店，这样可以节省储存费用。

第 3 类商品（C）有一定的保鲜要求，如牛奶、面包、豆腐等，通常不经过配送中心而直接从生产厂家送往各门店，但商品进销全过程的信息都由配送中心处理。

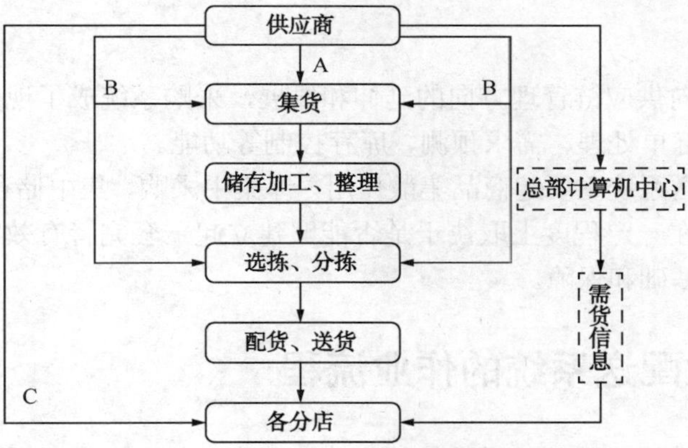


图 1-1　壹加壹连锁超市配送中心作业流程

想一想：现实中，除了壹加壹连锁超市的 3 种配送作业流程，还有哪些形式的作业流程？

## 一、连锁企业配送系统构成

连锁企业的配送系统是指商品的采购、进货、储存、流通加工、分拣、配送等活动及伴随这些活动所产生的信息收集、整理、传递和利用的过程，一般包括以下几个方面。

#### 1. 配送基础设施与设备

配送基础设施与设备主要包括配送基础设施（如配送中心）、基础设备（如装卸搬运设备、分拣设备、配送车辆等）和信息基础设备（如计算机、收银机），这些是配送系统的硬件系统。

#### 2. 配送作业方式与管理

配送作业方式与管理主要包括配送中心作业流程、作业规范及其他管理制度等，这是配送系统管理技术的基础，属配送系统的软件系统。

#### 3. 配送操作系统

配送操作系统主要完成采购、储存、流通、加工、配送、信息处理等方面的操作，这一系统的职能是为商流系统服务的，而其他系统又为这一系统服务。

#### 4. 配送信息系统

配送信息系统主要包括信息收集、传递、储存、整理、分析和利用，依靠信息基础设备实现其功能，促使配送合理化、效率化。

#### 5. 采购系统

随着现代物流向供应链管理方向的延伸和发展，采购系统成了现代物流配送系统中的一个子系统，包括订单处理、需求预测、库存控制等功能。

连锁经营的配送系统主要起商品集散作用，即集中采购、集中储存、统一配送等作用。连锁经营的成败，在一定程度上取决于是否能够建立起一套完善有效的配送系统，这是连锁经营走向成功的基础和保障。

## 二、连锁企业配送系统的作业流程

不同业态的连锁经营，其配送系统的作业流程也不相同。目前国际上较有代表性的连锁经营主要业态有连锁超市、连锁便利店和连锁百货店，其作业流程各具特色。

#### 1. 连锁超市配送系统的作业流程

在经济发达的国家，超级市场是零售业的第一主力军，它以经营食品起家，经营范围逐渐扩大到利润较高的日用百货、服装等行业。连锁超市的配送系统作业流程有如下几种形式：

（1）地区分部向连锁经营总部订货，由总部配送商品；

（2）地区分部向生鲜食品生产商直接订货；

（3）地区分部委托所选择的制造商或总部指定的制造商生产专有商标商品；

（4）地区分部自行订货并由供应商供货；

（5）地区分部从当地批发商处订购商品；

（6）各地区分部的配送中心进行进货、储存、分类、流通、加工、装卸、配送等物流活动；

（7）配送中心根据各店铺订货组织配送；

（8）商品在各店铺被销售给消费者。

### 2. 连锁便利店配送系统的作业流程

连锁便利店所经营的商品以消费者购买频率较高的食品和日用品为中心。由于单位经营面积较小，因此靠商品密度经营赢利。商品一般都是由总部集中统一采购、进货，总部利用 POS 信息系统对所属各便利店的商品结构、销售情况等信息进行统一收集和处理；并利用计算机网络系统自动显示数据，掌握各便利店的实际商品补充需要量，向配送中心发出供货指示，及时对各店铺所需商品进行配送。

### 3. 连锁百货店配送系统的作业流程

连锁百货店是综合经营与人们衣、食、住、行相关的各种各样商品的大型零售商店，其配送系统作业流程较其他连锁经营业态更为多样化、复杂化，而且对批发商有较高的依存度。其主要作业流程有以下几种：

（1）向批发商订购商品，但不得退货；

（2）连锁百货店受批发商委托代为销售商品，滞销商品可以退货；

（3）批发商入店自销，滞销商品自行撤回；

（4）总部委托制造商生产专有商标商品并供货；

（5）总部根据各分店需要统一购入商品；

（6）总部根据各分店需要直接进行配送。

一般情况下，连锁经营企业的物流配送管理同配送中心的管理合并在一起，由总部统一管理。

## 任务三　连锁企业配送模式

### 案例分析

#### 奔驰物流项目流金淌银

一块 2 万平方米的土地，一年最多能产出多少税收？

梅赛德斯-奔驰（扬州）配件物流中心（以下简称“奔驰扬州配件物流中心”）的答案是 5 000 万元。这家位于扬子江北路 1220 号的服务业企业，是奔驰公司在国内的第一家自建物流中心，规模不大，占地只有两万平方米。从外观上看，在维扬开发区众多厂房中貌不惊人，管理人员加上操作工人只有 20 人，2011 年 7 月 1 日正式营业。按照一个完整年度计算，每年纳税 5 000 万元。5 000 万元的税收折算成百元人民币，单张平铺在地上，可以覆盖 2 万平方米用地的 1/3，土地效益可谓寸土寸金。

服务范围覆盖整个江苏

奔驰扬州配件物流中心项目，是邗江区发展现代服务业的精彩之笔。记者在现场采访时看到，一辆辆厢式货车进进出出。该物流中心经理助理郭金军先生介绍，从试营业开始，每月出货量在 1.5 万项（件）以上［注：每品种零配件发货一次为一项（件）］。整个物流中心主体建筑分为车间和仓库两部分。走进车间，现场清洁，物件摆放整齐，一位工人开着铲车缓缓地装卸着货箱，几位工人来回搬运货物，一旁的货台上贴着白纸标签，上面有无锡、南京等经销商的名字。郭金军介绍，这些摆放在货台上的零部件都是急件，新运送过来的配件不进入仓库，将直接发给经销商。目前，奔驰扬州配件物流中心零部件供应范围主要覆盖省内 20 家经销商，根据业务发展需要，预计到 2015 年，最终业务半径将覆盖 25 家经销商。

奔驰扬州配件物流中心的引进，也见证了奔驰车在扬州销售量的增加。在扬州市场，奔驰车 2009 年销售 500 辆，2010 年销售 900 辆，2011 年销售 1 000 辆。据介绍，过去包括江苏省内的奔驰车零配件需要从上海发货。由于奔驰车零配件主要来自德国本土，如果遇到国内缺货，向德国总部下订单，到货需要 50 多天。

按德国本土仓库技术建设

整个奔驰扬州配件物流中心投资 5 000 万欧元，从 2006 年开始筹建，其中仓库部分是重点，按照奔驰德国本土仓库技术建设。7 500 平方米的仓库，10 米挑高，分为上、下两层；一排排货架，整齐而精致，隔成小格子的储物柜，有点像中药店的药柜。在仓库内参观，从不少细节上可以看出德国公司管理的严谨。应用移动感应技术，在货架间行走，灯光几乎随着脚步次第开启，离开后 1 分钟熄灭。另外，货架之间的消防装置，其密集程度超过记者想象，几乎不到 1 米远，就有 1 个消防喷雾装置。

最能反映管理严谨细致的是自动感应风云关闭系统的应用。记者在现场看到，仓库顶部有一个透明的天窗。郭金军介绍，夏天系统开启后，冷热空气交换，可以调节仓库内室温，节约空调使用电费，一旦刮风下雨，天窗内置的感应系统，能够第一时间自动闭合。

在这个大仓库内，存储零部件 9 000 项，价值 1 亿元，能满足经销商 96%的零配件需求。据介绍，未来几年库存量还将继续增加，预计到 2015 年，仓库货值能达到 1.5 亿元。

资料来源：高钱. 邱海鸿，奔驰物流项目流金淌银，扬州时报.

想一想：奔驰扬州配件物流中心属于哪种配送模式？

中国连锁经营十多年的历史已经显示出：配送模式的选择，事关连锁企业成败与兴衰。

## 一、连锁经营配送模式的分类

这里的配送模式主要分为 3 种类型，即连锁企业自有配送中心（自建）、拥有配送中心（共建）和利用第三方物流。

1. 自建配送中心，自营配送业务

连锁经营企业根据各连锁店商品销售量、经营规模、网点布局等因素，选择适宜的地方，自筹资金自建配送中心，并由本企业经营管理，以承担本企业各连锁店的商品配送为主。配送中心作为一个分公司（或部门）进行管理，中心的运营以连锁企业的综合利益为主，最大限度满足各连锁店铺的需求，使顾客享受到最高质量的服务。

但是由于配送中心是连锁企业自建自营，就需要企业有强大的资金实力和较大的经营规模，保证配送的规模效益，以低成本、高效益运营，使投资回收率最高，投资回收期最短。例如，美国沃尔玛公司、中国的上海华联公司这些实力较为雄厚，具有一定规模的企业都选择这一配送模式。2008 年，北京吉野家快餐有限公司新建的北京物流配送中心开始运行，其高品质的冷链设施和先进的流程控制在餐饮连锁业界堪称典范。

职业素养拓展 1.2

沃尔玛一直被很多专业人士称为“伪装成零售企业的物流企业”，这是因为沃尔玛是最早通过“配送中心”将门店物流集中管理的零售商，即由配送中心送货到门店——由供应商将货物运送到指定的配送中心，再由沃尔玛自己的运输团队将配送中心的货物分发到零售门店。沃尔玛 80%的货物，都是由配送中心集中发货的。而其主要竞争对手凯玛特，这一比例仅为 50%（另一半由供应商直接配送）。

2014 年年末，沃尔玛为支撑其在全美的 4 203 家门店以及在海外的 6 107 家门店，分别建立了 123 个和 134 个配送中心，美国本土 609 个山姆会员店还拥有 25 个单独配送中心。平均每 32 个门店拥有一个配送中心，每个配送中心可支撑 15 亿美元的销售额。配送中心的面积一般在 10 万平方米左右，10 倍于其标准零售店面；标准辐射半径约 400 千米；雇佣 500～1 000 名员工（含临时工）；最多可服务 75～100 家门店。

沃尔玛的“配送中心”并不像人们想象的那么大，这主要是由于它的“柔性存货管理”非常到位。进入配送中心的货物，通常可以在一到两天内运出，相当于每 1 万平方米的配送中心面积，可支持 10 亿元人民币的销售额。而在中国，即使是最高效的零售企业，1 万平方米的配送中心面积也仅能支持 7 亿元的销售额。

实际上，沃尔玛的配送中心有大有小，建筑面积从 4 万平方米到 30 万平方米不等。有些采用自建方式，有些采用租赁后自行运营的方式（通常租期在 5 年以上，由沃尔玛负责租赁期间的所有成本费用），有些采用融资租赁的方式，还有些采用租赁第三方运营配送中心的方式。

从以上分析不难发现，配送中心的发展成为沃尔玛成功的关键，并为其建立了长期优势。

资料来源：沃尔玛实际上是一家物流公司！中国物流与采购网.

职业素养拓展 1.3

北京吉野家快餐有限公司隶属于合兴餐饮集团，合兴餐饮集团是其母公司香港洪氏饮食集团为发展、提升中国连锁餐饮而组建的餐饮专业经营企业。对于餐饮连锁店来说，除上乘的口味、独特的装潢、优良的服务之外，要想在激烈的竞争中突围，关键还在于拥有一套高科技的餐饮信息系统来保证物畅其流。目前，吉野家在北京、东北地区、深圳和香港都有配送中心，其中，北京物流中心可算得上全国最先进的物流中心之一。吉野家新的物流中心位于北京南六环边上，总面积 8 000 多平方米，主要有 3 栋建筑。

第 1 栋为物流中心办公区与爆米花/DQ 蛋糕加工间，此外还有研发室、检验检疫室、理化实验室等，面积约为 2 000 平方米。

第 2 栋为面积近 4 000 平方米的常温库。常温库配有洗篮间，做清洗货物周转箱使用。

第 3 栋为整个物流中心的核心建筑，即低温库和牛肉加工间，面积大约为 2 000 平方米。此栋建筑 90%以上都是冷库，包括 2 个大冷冻库、3 个冷藏库；其中有直接连接加工间的，也有直接连接出货区的。冷库部分从零下 25℃到常温区划分了 4 至 5 个温度层，10 多个隔间，其中牛肉加工间的温度在 10℃～12℃。冷库库区所有码头均为全封闭式码头，车辆和库区气密衔接，以保证货物在同温层区域进货或出货时，冷链不断链。另外，建筑外部设有隔油池，以导流牛肉加工剩下的液体。

除此以外，物流中心还设有储存酒精气罐的危险品库和消防水池。

吉野家新物流中心内的所有项目均依照中国台湾标准及国际标准进行工艺设计，依国际标准施工，因此，其结构及低能耗下的使用寿命均大大优于国内现有冷库。例如，物流中心建筑采取了防止冷库墙体内结冰的处理方式。因为地下水有虹吸现象，当温度低于零度时，虹吸上来的水会在墙体里结冰，冰块膨胀，易磨损冷库墙体。为防止这种情况发生，吉野家的冷库地层里装有温度感知器。当温度低于零度开始结冰时，温度感知器发出预警，因为墙体外侧的地面有凹槽，装有通风管，所以这时可以用鼓风机对着通风管吹风加热，热风通过通风管上的小洞吹到墙体中化冰。目前常规的处理方式是在冷库底下再下挖 2 米多铺上地下气砖。与常规方式相比，这种新方式更加方便可靠并且节省材料。

吉野家北京物流中心主要负责为位于北京、廊坊、石家庄等地的 130 多家门店配送，其中吉野家门店 80 多家，DQ 冰淇淋店约 40～50 家。

目前北京地区采取日配三班方式，配送车辆大约有 40 辆，基本以定点、定线、定人方式完成。外埠地区采取定期配送。日常设备配送采用常温车，其余全部为冷藏车。

收货情况为：国外采购产品，如原汤，每月以集装箱送至物流中心；国内采购产品的 80%每周以整车或零担配送，其余 20%为每日以整车或零担配送，平均每天有 10 家左右供应商送货。

依据吉野家目前和未来几年的进出货量，冷库区设计了两个大车月台，6 个小车月台。大车月台供供应商送货用，小车月台供配送门店出货用。

资料来源：陶倩，新型物流中心助跑吉野家，物流技术与应用（引用时有所修改）.

### 2. 合建配送中心，共营配送业务

连锁经营企业同其他企业联合共同建立配送中心，并且共同经营管理配送中心，完成本企业的配送业务。联合对象有两种：一是其他物流企业，共同利用其先进设施与设备，以及多功能的服务水平，取得经济效益；二是其他连锁经营企业，主要指受规模和资金限制没有能力自建配送中心的中小型连锁企业，这些企业由于不具备自建配送中心的能力，又要经营本企业的配送业务，故选择合作建配送中心，共同经营配送业务的模式。

**职业素养拓展 1.4**

一个冬日的下午 6 点，在橘黄色路灯的映射下，北京东城区内务部街 26 号显得格外明亮。“配送最后 100 米，百姓满意 100 分”的标语牌十分醒目，里间的陈设很简单，几张办公桌、几把椅子，工作人员正在摆放整齐的快件前忙碌着。这里是由北京市商务委指导、北京市快递协会协调推动的北京市城市物流“共同配送”试点工程项目首批 15 个站点之一。“配送站主要采取上门服务与客户自取结合的方式”，配送点负责人乔站长对本报记者表示，业务主要是面向社区的客户，也就是解决最后 100 米的配送问题。该站点由鑫飞鸿公司加盟负责，目前每天来自鑫飞鸿的快件大约有一两百件，其他快递公司如申通、中通、圆通、汇通的快件大约 30 件。

前来取快递的小区住户张女士告诉记者，由于平时工作很忙，下班时间不规律，快件送到家里经常没人签收，现在社区有了这样一个站点，居民寄取快件非常方便。

北京市商务委表示，城市物流“共同配送”试点工程以进社区、进校园为试点，通过整合城市物流末端配送服务资源，依托共同配送综合管理信息平台，实现“最后 100 米”配送的信息标准化、配送区域化、服务集中化。简言之，“共同配送”就是以社区或者学校 1 千米为半径，为同一区域的快递公司和电子商务企业设立共同配送中心，统一协调配送货物，减少物流成本。

2013 年年底，城市一百拥有旗下营业网点及门店 218 家。未来两年内，站点将覆盖北京市五环以内的主要社区。而且，冷链物流企业也将加入“共同配送”试点工程，提供冷链配送服务，让居民在家就可轻松选购速冻、生鲜食品。

资料来源：北京：以共同配送创新快递服务，中国物流与采购网.

### 3. 无配送中心，外包配送业务

一些中小型连锁经营企业没有实力及规模建配送中心，就将本企业的配送业务完全承包给其他企业。其他企业又分为两种情况：一是拥有自己的配送中心，并具有强大配送能力的连锁经营企业；二是专门从事配送的物流企业，即利用第三方物流。这种配送模式，不仅能为企业节约投资，降低物流成本，减少浪费；也有利于实现物流现代化，建设大区域物流网络，形成物流系统。麦当劳与夏晖物流有限公司的合作，就是典型的企业外包配送模式。

**职业素养拓展 1.5**

谈到麦当劳的物流，不能不说到夏晖物流有限公司。这家几乎是麦当劳“御用第三方物流”（该公司客户还有必胜客、星巴克等）的物流公司与麦当劳的合作，至今在很多人眼中还是一个谜。麦当劳没有把物流业务分包给不同的供应商，夏晖也从未“移情别恋”，这种独特的合作关系，不仅建立在忠诚的基础上，更在于夏晖为麦当劳提供了优质的服务。

麦当劳对物流服务的要求是比较严格的。在食品供应中，除基本的食品运输之外，麦当劳还要求物流服务商提供其他服务，如信息处理、存货控制、贴标签、生产和质量控制等诸多方面；这些“额外”的服务虽然成本比较高，但它使麦当劳在竞争中获得了优势。

另外，麦当劳要求夏晖物流有限公司提供一条龙式的物流服务，包括生产和质量控制在内。例如，夏晖设在中国台湾的面包厂中，全部采用了统一的自动化生产线，制造区与熟食区加以区分，厂区装设空调与天花板，以隔离落尘，易于清洁，并应用严格的食品与作业安全标准。所有设备由美国 SASIB 专业设计，生产能力为每小时 24 000 个面包。在专门设立的加工中心，物流服务商为麦当劳提供其所需的切丝、切片生菜及混合蔬菜。拥有生产区域全程温度自动控制、连续式杀菌及水温自动控制功能的生产线，生产能力为每小时 1 500 千克。此外，夏晖还负责为麦当劳上游的蔬果供应商提供咨询服务。

麦当劳利用夏晖设立的物流中心，为其各个餐厅完成订货、储存、运输及分发等一系列工作，使得整个麦当劳系统得以正常运作。通过它的协调与连接，每一个供应商与每一家餐厅达到畅通与和谐，为麦当劳餐厅的食品供应提供最佳的保证。目前，夏晖在北京、上海、广州都设立了食品分发中心，同时在沈阳、武汉、成都、厦门建立了卫星分发中心和配送站，与设在香港和台湾的分发中心一起，斥巨资建立起全国性的服务网络。

资料来源：麦当劳的第三方物流案例分析，中国物流与采购网.

上述 3 种模式各有优劣，连锁经营企业应根据不同的实际条件和需要，科学合理地进行选择。

## 二、连锁经营企业的分类及配送模式的选择

连锁经营企业对配送模式的选择可利用矩阵图法。所谓矩阵图法是指先将连锁经营企业按矩阵图分为 4 种不同的类型，再针对各种情况分别选择配送模式。矩阵图如图 1-2 所示。

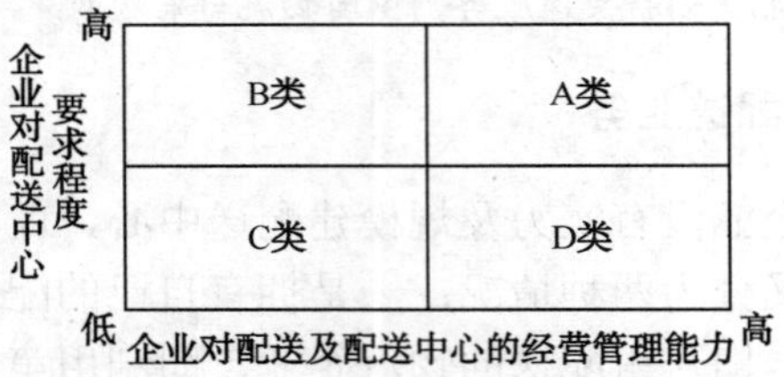


图 1-2　配送模式选择矩阵图

### 1. 矩阵图的分类依据

矩阵图是从企业对配送的需求和供给两个角度，按照企业对配送中心的要求程度和对配送及配送中心的经营管理能力，对连锁经营企业进行分类。

（1）企业对配送中心的要求程度有绝对和相对两个含义。

① 对配送中心绝对含义上的要求程度包括两方面。一是对成本的要求。连锁经营企业应用配送中心完成配送业务，目的之一就是为了降低成本。企业规模大，商品配送量大，易体现出规模效益，企业对成本的要求会高；反之，企业的规模小，配送量小，企业对成本的要求则低。另外对成本的要求与所要求的服务程度有关。二是对服务的要求。连锁企业利用配送中心的另一个目的是提高服务水平，包括配送速度、时间及商品完好率等。它

主要由企业的整体经营策略、商品品种数量结构、顾客需求等决定。条件要求苛刻，服务水平就高；反之，服务水平就低。

② 对配送中心相对含义上的要求程度，是指企业对配送中心的经营管理能力。既然企业选用配送中心，对配送中心就会有一定的要求。如果企业自身经营管理能力满足不了这个要求，就是要求高；如果能够满足，甚至有余，就是要求低。

（2）矩阵图分类的第 2 个依据是企业对配送及配送中心的经营管理能力，主要指资金、技术和人员素质。资金雄厚，技术先进，人员素质高，经营管理能力就高；反之，经营管理能力就低。

### 2. 企业分类和模式选择

根据上述矩阵图的分类依据，把连锁经营企业分为 4 种不同类型。

（1）A 类。这类企业不仅仅对配送中心的要求程度高，对配送及配送中心的经营管理能力也高；这类企业大多是在国际上有一定知名度的跨国公司，是规模大的成功企业。这类企业一般自建配送中心，自营配送业务。虽然对成本和服务要求很高，但是，由于自营配送业务，不仅能满足这些要求，而且可提供给连锁店铺更高水平的服务。因此 A 类连锁经营企业选择自建配送中心，自营配送业务模式。

（2）B 类。这类连锁经营企业对配送中心要求高，但经营管理能力低。根据连锁经营企业的意愿及与其他企业的协同状况，可选择合建配送中心、共营配送业务的模式，或者选择不建配送中心、外包配送业务的模式。

（3）C 类。这类连锁经营企业对配送中心的要求程度和经营管理能力都处于低水平。这类企业主要指刚刚运营不久的中、小型连锁经营企业，这种企业可选择无配送中心、外包配送业务的配送模式。

（4）D 类。这类连锁经营企业对配送中心的要求程度低（这里主要指相对含义的要求程度）而经营管理能力高。这类企业可以选择自筹资金自建配送中心、自营配送业务，或者合建配送中心、共营配送业务这两种模式。前者向其他企业提供社会化配送，后者可以取得服务收入，这也是同 B 类企业的区别之处，B 类企业只是得到配送服务，而 D 类企业还可得到服务收入。

需要注意的是，任何一个连锁经营企业都在发展、变化，所在矩阵图中的位置也在发生变化。总之，连锁经营企业要合理选择配送模式，首先要分析企业的自身条件，明确企业在矩阵图中所处的位置；然后再结合企业目标科学地进行选择，只有这样才能获得成功。

## 任务四　高效率运营的一体化配送

目前国内外连锁经营企业普遍采用的是高频率、小批量配送及共同型配送，但是这两种配送方式与一体化配送相比较都不同程度地存在这样或那样的问题。下面就这 3 种配送方式进行比较性分析。

## 一、服务周到的高频率、小批量配送

### 1. 高频率、小批量配送的产生与概念

“看板”方式是丰田汽车股份有限公司开发的生产、工艺管理方式——“丰田生产方式”中的一项内容。采用这一方式，各工艺的零部件不进行储存，而是将所需要的时间及数量记入“看板”进行准时供应，既可保证生产的连续性和稳定性，又可降低成本。将这一原理用于商业连锁经营，仅根据必要的商品、必要的时间、必要的数量进行准时供应，是满足顾客需求，实现“零库存”的“准时供应方式”的一种类型。

连锁经营企业为了降低成本，实现“零库存”，同时防止商品滞销和缺货而进行准时的、少量的、直接的供应就是即时配送；由于准时供应、准时进货，店铺的库存负担减轻，店铺高效益运营，人工费用压缩，并起到了防止滞销、缺货和促进销售的作用。对于生、鲜食品，当日配送能够保持良好的新鲜度。

由于消费者需求的多样化、个性化，消费品也产生了从量到质的变化。零售业者为了在经济环境中早日发现滞销商品及库存积压商品，就要采取与零售业相对应的商场效率化及进货小批量化的运营方式。零售业方面关于高频率、小批量配送的要求日趋高涨。例如，日本在 1982 年开始普及高频率、小批量配送。最初是以大型的便利连锁业采用高频率、小批量配送系统作为开端，迅速成为燎原之火，扩展到超市业及其他零售业。其实这个系统的原型是美国的食品业和汽车运输业采用的散货出库方式，将散货出库方式和准时供应方式结合起来，便成了独特的高频率、小批量配送系统。

目前，大家对高频率、小批量配送系统的理解并没有达成共识。批发商认为：“所谓高频率、小批量配送，即配送间隔较传统的配送间隔短，接收货物的单位小批量化，然而却较传统的配送方式费工、费时，要在规定的时间内进行配送的系统。”便利店总部认为：“所谓高频率、小批量配送，即为了满足消费者的需求，得到供应商的协助，将必要的商品，在必要的时间内，按必需的数量供给零售业，是合理的、高效率的物流系统。”

这两方面的理解反映出各方对高频率、小批量配送系统的态度：批发商理解的高频率、小批量配送是被动的；与此相反，便利店的理解是主动的。但不管怎么说，基本原理都是相同的，意思都是正确的。

### 2. 高频率、小批量配送的优、缺点

高频率、小批量配送的优点主要表现在以下 4 个方面。

（1）消除脱销。高频率、小批量的配送是进行“适品、适量、适时”的配送和进货。零售业者要求批发商采用高频率、小批量配送，可使缺货率降低并消除脱销的现象。另外，高频率、小批量配送还附加免费进行流通加工（如粘贴价格标记等）及商品陈列等服务，对于脱销、配送迟缓等现象要强化惩罚措施。

（2）订、发货周期缩短。零售业对批发商高频率、小批量配送的基本要求是订、发货周期缩短，这样零售业的商品库存面积削减，可以确保店铺商品陈列场地充足。另一个作

用是削减了库存量，解决因陈列面积不足而不得不压缩商品数量的问题，以及库存商品新鲜度降低、品质恶化的问题，进而减少了商品的非正常损失。

（3）多样化的流通加工。高频率、小批量配送是以消费者需求的高档次、多样化为背景，为使零售业店铺商品品种齐全、丰富而形成的物流系统。由于商品种类不断增加，需要对商品进行分类、分装、标价、包装等多样化流通加工。

（4）验货成本的改善。由于 POS 和 EOS（Electronic Ordering System，电子订货系统）的使用，新售商品可根据统计结果有选择地进行销售，使店铺库存压缩，商场效率提高。对于要求批发商缩短订、发货周期的零售业，必须备有高频率、小批量的验货系统。由于订、发货周期缩短，验货频率较以前增加，验货时间也比以前长，验货人员相应增加，人工费用随之增加是不可避免的。但是，如果零售业同批发商配合得比较好，验货时间就能够缩短，验货成本也可以压缩。

关于高频率、小批量配送的缺点，有 3 种不同意见：一是高频率、小批量配送，人工费增加，库内作业的配送费等也增加，因此带来总物流成本增加；二是配送车装载效率低，运行距离长，平均装载率由原来的 80%弱一点降到 75%强一点，由于配送时间带集中，汽车数量增加，易导致堵车及停车场紧张，接收货物的作业也较繁杂；三是易带来城市交通拥挤、大气污染、噪声等公害。

## 二、降低经营成本的共同型配送

由于有效地进行高频率、小批量的配送，也推进了拣选等方面的机械化及物流技术的革新。为了防止配送车辆的增多和装载效率的下降，有必要进行车辆混载的共同搬运、共同配送。

### 1. 共同型配送的概念

所谓共同型配送，就是为了提高车辆装载率，使配送更有效，对多数企业共同进行配送。例如，多数进货业主设立共同配送中心，并从该中心进货，然后配送中心将所进商品汇总、分类后统一进行配送。这样，增加了汽车装载率，多数货主的货物一次便可送达，装卸搬运作业省力方便。

### 2. 共同型配送的优、缺点

共同型配送具有以下优点：

（1）车辆装载率提高，单位成本降低，进而可以削减物流总成本；

（2）众多连锁店之间不存在重复、交错运送问题，运输效率提高，单位成本下降；

（3）众多连锁店的货物一次运达，装卸、验货等作业也是一次性进行，提高物流配送效率；

（4）可以缓解交通堵塞和环境污染；

（5）物流服务水平有所提高。

共同型配送存在以下主要缺点：

（1）不可避免地泄露企业之间的商业秘密；

（2）不可能完全保证货物不破损、不丢失；

（3）能否适当核算运费及其他费用，也是一个值得注意的问题。

## 三、高效率运营的一体化配送

### 1. 一体化配送的含义

“一体化配送”诞生于日本，也称为“一揽子物流”，它是将货物和信息实现一体化管理的高水平物流，其目的是降低成本和提高服务水平。这里的“一揽子”可以认为具有两层意思：一是“货架一揽子”，也就是以某一货架群作为整体对象，不问进货地点和形态，将全部商品集中上货；二是“业务一揽子”管理，是指将与进货相关的全部业务一揽子接收的系统。

具体来说，是将店铺作为起点，把出库信息（ASN，Advanced Shipping Notice）、供应链管理（SCM，Supply Chain Management）记录单、物流 EDI（Electronic Data Interchange，电子数据交换）等信息技术纳入物流系统，将一次性分品种进货、定时定量配送等作业组合在一起。一体化配送中心起着核心作用。

### 2. 从共同型配送到一体化配送

零售业的商品供应物流可以分为店铺直接进货型、共同型配送和一体化配送 3 种类型。采用共同型配送，因为可以共同进货，所以在店铺内接收商品的次数减少，而与接收商品有关的作业内容没有太大的变化。接收商品的次数减少仅仅是因为作业量汇总到一起。一体化配送，是尽可能地让配送中心代行与接收商品有关的作业，从而使店铺内的作业大幅度减少。一般情况下，汽车从配送中心到达店铺时，在店铺进行的主要作业是验货及陈列两部分。

零售业通常极力反对“后方作业”，而主张“前方作业”，即店铺内的职员应专心从事售货及顾客服务。实际上，“后方作业”需要较多的人工和时间。例如，日本某一生活合作社的店铺对职员的作业进行分析，结果如下：食品类商品陈列作业占全部作业时间的 2/5 以上，其他商品陈列作业占全部作业时间的 1/4 以上，验货作业一次进货需要 1～3 小时。采用一体化配送，配送中心对从批发商处进来的商品进行全数检验，确定不存在质量和数量的问题，在店铺仅进行分类点数这一简单的验收，即部门进货。陈列作业迅速，商品很快能够摆放在货架上。共同型配送是“按店铺进货系统”，而一体化配送是“按货架进货系统”。

### 3. 一体化配送的发展

连锁经营的商品供应系统发展到现今阶段，经历了从店铺直接进货、共同型配送，到现在开展的一体化配送。日本企业的一体化配送水平相当高，但是到现在为止仍然存在店铺直接进货的情况，且 3 种类型并存。不过，一体化配送是当前发展的方向，这一点是毫无疑问的。

一体化配送从大型连锁经营企业开始，现在渗透到中型零售企业。不管是对大型企业还是中型骨干企业来说，优化配送系统的构筑都是开展连锁经营的重要课题，特别是在消费疲软的今天，各公司都在为了生存而进行激烈的竞争。开展一体化配送，最大的目标是削减成本，更重要的是其提高了企业对消费者的服务水平。零售业者要提高供应物流的效率，就需要在物流战略上下大工夫。

连锁经营的供应物流经历了店铺直接配送—共同型配送—一体化配送这一发展过程，其作业内容的变化如表 1-1 和表 1-2 所示。

**表 1-1 连锁店铺方配送类型及作业内容的变化**

| 作 业 情 况 | 店铺直接进货型 | 共同配送型 | 一体化配送型 |
|---|---|---|---|
| 接收货物次数 | 批发商数 | 1 次 | 1 次 |
| 检验货物 | 必要 | 必要 | 不要 |
| 货架陈列 | 1 箱多货架 | 1 箱多货架 | 1 箱 1 货架 |

**表 1-2 配送方配送类型及作业内容的变化**

| 作 业 情 况 | 店铺直接进货型 | 共同配送型 | 一体化配送型 |
|---|---|---|---|
| 配货地点数 | 店铺数 | 1 个 | 1 个 |
| 发送单位 | 1 个店铺 | 1 个店铺 | 全部店铺 |

从零售店铺这个角度上分析一下业务的变化，由店铺直接进货发展到共同配送，接货的次数减少，到一体化配送，接收货物的作业强度大幅度减轻；配送方的业务，从店铺直接进货型到共同型配送，汽车送货的场所减少，因汽车向各店铺送货，故店铺内的工作量并没有变化。到了一体化配送，在配送中心进行配货，是将店铺的所有货物总量一揽子发出。逐个店铺地进行分拣和验货，汇总之后，送达店铺的每个部门，这样，可以减轻发货作业。一体化配送系统是一体化配送中心将生产商和零售业店铺货架联结起来，形成的最有效的供应链。

今后由零售业推进一体化配送是一个发展方向，可以判断，一体化配送将是零售企业所期待的供应物流形式。

### 4. 一体化配送分析

一体化配送与共同型配送相比较，最明显的优点是店铺业务减轻，运营成本降低，经济效益改善。虽然发货方、批发商和生产商得到的直接性收益不太多，但是，连锁经营一体化配送是发展方向。不过，无论是发货还是进货，与此相对应的作业流程在实施一体化配送后需要进行重新调整。

几乎所有的连锁经营企业在采用一体化配送后都会减轻店铺作业，但不是所有的连锁经营企业都能够采用一体化配送。因为，店铺的货架分类必须标准化，按整个店铺所决定的商品陈列进行货架摆放；若货架变更不能立即反映到作业系统，则不能采用一体化配送。货架编码和商品位置经常变化的店铺不能采用一体化配送。作为系统投资，使商品管理持续提高的连锁经营，将担负起推广一体化配送的责任，因为店铺完全是低成本运营，店铺职工作业负担减轻，可专心为顾客服务，顾客满意率提高是店铺强有力的竞争条件。

对于一体化配送中心的批发商来说，不管进货地点和进货形态如何，一律在一体化配送中心将商品按部门的货架集中起来分类，然后配送到货架前。这里处理的商品种类从传统的加工食品、生鲜食品等进一步扩展为系列商品。尽可能覆盖更多的货架，提高店铺面积的利用率，是一个有效的策略。不限于食品领域，目前在日用品、文具等众多消费商品领域中的大型批发商正在急速联合起来，共同推进一体化配送。

一体化配送的效率化，能够提高供应链的整体效率。一体化配送中心的库存补充部分，也是对整体效率的补充，可进一步牵动上游的生产管理部分，控制整个效率。对此，生产商应引起足够的重视。

# 任务五　配送物流员应知应会

作为一名配送物流员，为履行好职责，必须清醒地认识自己的优势和不足，明确自己的定位；必须熟悉本配送企业的组织机构及相关组织形式，并通过学习不断增强自己各方面的技能和素质。

## 一、配送物流员职业定位

凡是在工厂、企业、公司、物流中心、商场及其他场所从事信息受理、货物分拣、配货、装卸搬运、配载、配送加工、包装、派工、调度、送货、销单等配送工作，以及在物流过程中进行与配送相关或相近的工作，并拥有一定的初级管理职能的人员，称为配送物流员。

## 二、配送物流员基本职责

根据不同的工作岗位，配送物流员的基本职责会有所不同，主要分为管理职责和业务职责。

### 1. 管理职责

（1）建立配送管理制度和配送作业操作规范，组织配送作业，按用户的要求，提供优质服务。

（2）控制物品的入库、出库和存储作业与管理，审核相关手续；严格把好入库验收关，按合同或订单的要求，组织货物外观质量和数量检验，并做好记录；做好货物的接运和交接，为验收创造良好的条件；做好库存盘点和日常检查。

（3）根据用户需求，拟订配送计划。

（4）能够合理组织派工和车辆调度。

（5）安排专业训练或人员培训工作，加强工作检查指导，完成业务训练工作。

（6）能够组织货物的分拣、配货、配载、加工、包装、送货等作业。

（7）管理各种配送设施、机具和设备，严格遵守操作规程，定期维护保养；严格按照安全技术操作规程进行各种生产作业，掌握各种消防器材的合理配置和使用方法。

（8）组织和督促落实安全防范措施，做好仓库的防火、防盗、防爆等安全工作。

（9）积极完成领导布置的其他临时任务。

### 2. 业务职责

（1）认真贯彻和落实配送工作的要求，树立高度的责任感，忠于职守，廉洁奉公，具有敬业精神；讲效率、讲效益，关心企业的经营，为企业争光；具有合作精神；树立“客户第一，服务至上”的思想。

（2）严格遵守配送管理的规章制度和工作规范，严格履行岗位职责，熟练掌握配送技术，及时做好货物的分拣、配货、装卸搬运、配载、包装、送货等工作。

（3）严格遵守各项手续制度，做到“收有据、发有凭”，及时、准确地登记销账，做到手续完备，账物相符；熟练填写表单、账单，妥善处理各种单证业务；了解配送合同的条款，准确、及时地履行义务。

（4）熟悉配送中心的结构、布局、作业流程和作业要求。

（5）熟悉配送物品的特性、配送要求，妥善处理自然灾害、人为因素和意外事故等，防止和减少损失，提高配送质量。

（6）重视配送管理，不断降低配送成本；正确使用、维护和保养装卸搬运、包装等机械设备，延长其使用寿命；实施合理配送，提高配送效率，降低配送损耗和差错，提高配送的经济效益。

（7）加强业务学习和训练，不断提高知识水平和业务能力。

（8）严格执行配送安全管理的规章制度，时刻保持警惕，做好防火、防盗、防破坏、防虫害等安全保卫工作，防止各种灾害和人身伤亡事故，确保人身、物资和设备的安全。

（9）积极完成领导布置的其他临时任务。

## 三、配送物流员必备技能和素质

### 1. 配送物流员基本技能要求

（1）总体要求。对配送物流员业务技能的总体要求是懂技术、会操作、知设计、能管理。

① 懂技术：懂物流配送的各种实际应用技术。

② 会操作：能够组织实施实际的物流配送业务，熟练操作各种配送设备。

③ 知设计：能够依据客户和实际工作需要进行简单的配送服务设计、配送组织形式选择，并且能够根据配送计划选择配送方式、配送工具和配送路线。

④ 能管理：熟悉日常配送业务的管理手段和方法，能够制订一般的工作计划，组织员工开展工作并落实上级的管理要求。

（2）具体要求。

① 具有熟练的计算机操作能力。

② 能够进行订单处理、汇总等工作。

③ 熟练地填写表单、账单，妥善处理各种单证业务。

④ 能够完成货物的分拣、配货、配载、包装、送货等作业。

⑤ 做好货物的保管工作，根据货物的特征进行合理储存。

⑥ 能够正确使用和熟练操作各种配送设备。

⑦ 熟悉本地区的交通状况、地理位置，了解本地区交通环境对车辆的特殊要求。

⑧ 能够根据配送计划选择配送方式、配送工具和配送路线。

⑨ 优化派工路线，做到公平、公正、合理派工。

### 2. 配送物流员基本素质要求

（1）热爱本职工作，有较高的思想素质；办事能力强，能分辨轻重缓急，有条理地处理事务。

（2）熟悉物流配送有关知识，掌握合同和相关法律知识。

（3）具有一定的协调和管理能力，能协调好与客户的关系。

## 四、配送物流员职业道德和服务规范

### 1. 配送物流员职业道德及其内容

（1）勤恳敬业，即工作勤奋、钻研业务。

（2）廉洁奉公，即一心为公、廉洁无私。

（3）尊重顾客，即礼貌待客、客户为上。

（4）爱护货物，即视同己物、文明操作。

（5）遵章守纪，即令行禁止、照章办事。

（6）顾全大局，即团结协作、密切配合。

（7）优质服务，即主动热情、细心周到。

（8）诚实守信，即坦诚相见、恪守信用。

### 2. 配送物流员语言规范的基本要求

配送物流员语言规范的基本要求是主动热情、讲文明、懂礼貌、使用普通话。

### 3. 配送物流员行为规范的基本要求

配送物流员行为规范的基本要求是举止文明、精神饱满、仪态端正、热情待人。

4. 配送物流员作业服务规范的基本要求

配送物流员作业服务规范的基本要求是业务熟练、杜绝差错、保证质量、手续简便、方便顾客、提高效率。

## 项目训练

### 区域内连锁企业配送状况调查

**一、训练目标**

1. 通过对某区域某连锁企业配送状况的调查，让学生了解该连锁企业的配送模式，以及配送系统的作业流程。

2. 通过与该连锁企业配送中心工作人员进行访谈，让学生了解连锁企业配送物流员应该具备的职业素养。

3. 培养学生市场调研、与人沟通、信息分析等能力和团队意识。

**二、训练内容与要求**

1. 班级内分小组，每组人员 6～8 人，分别选择区域内连锁超市、连锁旅店、连锁百货店等连锁企业进行深入调查。主要调查该企业的配送模式、配送系统的作业流程，以及配送物流员的岗位职责。

2. 老师组织学生讨论，分析配送在连锁企业运营中的重要性，连锁企业配送模式、配送系统作业流程的改进。

3. 讨论如何才能成为一名优秀的配送物流员。

**三、训练检测内容与分值比例**

1. 连锁企业配送状况调研方案的撰写，占 20%。

2. 连锁企业实地调研的计划、组织及实施，占 30%。

3. 调研分析报告的撰写，占 30%。

4. 小组现场研讨相关问题，回答的完整性、合理性，对问题认识的深度及语言表达能力，思维的敏捷性和团队合作精神等，占 20%。

## 项目测试

**一、名词解释**

配送　连锁企业配送系统　共同型配送　一体化配送

## 二、填空题

1．定时配送分为（　　　）和（　　　）两种具体形式。

2．按配送组织者不同，可将配送分为（　　　）、（　　　）、（　　　）和（　　　）4种类型。

3．连锁企业配送模式主要有3种类型，即（　　　）、（　　　）和（　　　）。

4．根据矩阵图法，A类连锁企业应该选择（　　　）配送模式。

## 三、简答题

1．简述连锁企业配送的特点。

2．简述连锁企业配送的类型。

3．简述连锁企业配送系统的构成。

4．简述连锁超市配送系统作业流程。

5．简述连锁百货店配送系统作业流程。

6．配送物流员应该具备哪些技能和素质？

# 项目实例分析

### 长运全程：华南区商场、超市配送的领先者

由润泰集团投资的大润发超市，1997年进入中国内地市场；2008年门店数突破百店大关，营业收入330亿元，紧追家乐福，成为中国第二大量贩流通渠道。不同于国外的零售巨头几乎都守在重点城市，大润发采用了“农村包围城市”的策略，首先在二、三级城市进行布点，再向一线城市渗透。2004年，大润发开始进军华南区市场，目标包括中山、佛山、潮州、东莞、韶关等二级城市。随着大润发门店的大举扩张，原有供应商的运输系统已经适应不了多门店、广地域发展的要求，不能满足商品多品种、小批量、配送频率高、配送地点多的特点。但是基于运营成本的考虑，大润发当时又无法在华南区建立配送中心，物流配送已经成为大润发在华南区进一步发展的“瓶颈”。

这时，一家叫“长运全程”的物流公司进入了大润发的视野。长运全程是广州交通集团旗下的专业第三方物流公司，在广州天河区有5 000平方米的现代化配送中心，主营业务包括了干线运输、仓储配送、危险品运输等业务。通过双方的接洽探讨，长运全程开始为大润发的供应商提供集货及运输的服务，其运作模式如图1-3所示。

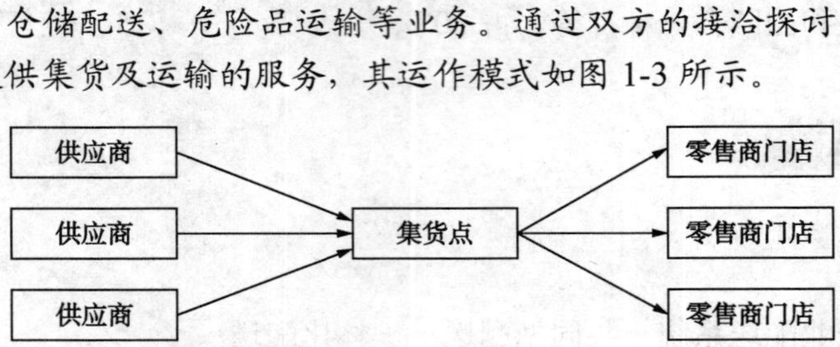


图1-3　长运全程集货配送模式

经过数年的努力，长运全程逐步发展成为大润发、乐购等大型连锁超市在华南区的战略伙伴，为 400 余家商品供应商提供珠三角超市物流配送。在华南地区连锁超市物流配送业内，发展成为具备强势竞争力的第三方物流提供商。长运全程的优势主要体现在以下 5 个方面。

1. 收货快捷，管理规范

通过按门店收货，划区域及货物标签化管理，有效地解决了客户多、货物品类复杂、易串货的问题。同时，货物按食品和日用品分类摆放，进一步缩短了门店的收货时间。大润发甚至在某些门店为长运全程设置了专用收货通道。

2. 收费合理，配送及时

由于服务质量的不断提升，客户数量不断增加，物流配送成本得到进一步降低，不但缩短了配送时效，超市的送货费也低于同行。在合理控制物流成本的基础上，满足了小批量、多批次的超市物流配送需求。

3. 回单完整，返回及时

通过门店专车直送和海口、厦门、北海、深圳、东莞、顺德、中山等各驻外分部的有效配合，回单签收完好、返回及时，保证了客户货款的按时回笼。

4. 退货清楚，及时方便

通过按退货时间、按门店进行入库管理，满足了同客户、多门店同时退货的需求，退货时做到了同客户、多门店一单一货，交接清楚。由于退货及时，满足了客户及时调整货物销售区域的需求。

5. 信息化管理，方便快捷

通过流程再造和优化工作，适时导入物流信息化系统，实施条码化管理，并利用其资源、能力和技术进行整合，为客户提供全面、集成的超市物流配送管理服务；借助信息化规范受理、配送、退货、转货和拒收货等各个环节的流程管理，进一步降低劳动强度，提高工作效率。同时，客户可在网上查询货物到达、回单的情况，使得整个业务执行过程透明化。

长运全程的集货配送模式带来了多赢的结果：零售商可以在无配送中心的情况下解决商品及时送达门店的问题，有助于进行快速、低成本扩张；供应商简化了交货流程，降低了为多门店送货带来的高运输成本，可专注于销售业务，将物流配送全部交给长运全程打理；长运全程通过规模效应，整合资源，以高性价比的服务为合作伙伴创造了价值。

资料来源：万联网

**思考：** 1. 结合案例谈谈第三方物流配送的优点与不足。

2. 结合案例谈谈长运全程与大润发的配送合作属于哪种模式。

# 项目二

# 了解连锁企业配送中心

【项目目标】

1．了解连锁企业配送中心的概念与功能；

2．掌握连锁企业配送中心的类型；

3．熟悉连锁企业配送中心的内部结构；

4．熟悉连锁企业配送中心的运作流程。

【项目导入】

“商业企业的竞争，关键就在物流，高效率的物流配送是商业企业取得成功的关键”，这是20世纪末德国批发商协会外贸部主任瓦伦赫斯特先生在接受记者采访时的断言。高效率的物流配送主要取决于高效率运营的配送中心，尤其对于连锁经营企业来说，更是如此。

# 任务一 连锁企业配送中心概述

**案例分析**

上海联华生鲜食品加工配送中心有限公司是联华超市股份有限公司的下属公司，于1999年12月在上海市闸北区合资注册成立，注册资本500万元；主营生鲜食品的加工、配送和贸易，拥有资产总额近3亿元，是具有国内一流水平的现代化生鲜加工配送企业。公司总占地面积22 500平方米，其中包括生产车间、冷库、配送场地、待发库、仓库（地下室）、办公楼等。冷库容量8 700吨；运输车辆46辆（其中24辆为制冷保温车），保证商品安全生产，快速流通。

联华生鲜食品加工配送中心是我国国内目前设备最先进、规模最大的生鲜食品加工配送中心。联华生鲜食品加工配送中心总投资6 000万元，建筑面积35 000平方米，年生产能力为20 000吨，其中肉制品15 000吨，生鲜盆菜、调理半成品3 000吨，西式熟食制品2 000吨，产品结构分为15大类约1 200种；在生产加工的同时，配送中心还从事水果、冷冻品及南北货的配送任务。联华生鲜食品加工配送中心的配送范围覆盖联华标准超市、快客便利、世纪联华、华联吉卖盛、联华电子商务等2 000余家门店，为企业的快速发展奠定基础。

资料来源：上海联华生鲜食品加工配送中心物流案例，中国物流与采购网.

想一想：何为配送中心？配送中心对于连锁企业的发展有何作用？

建设配送中心的目的是把运输、储藏、装卸、包装、流通加工、配送、信息处理等物流功能和订货开单等商流功能有机地结合起来，形成多功能的配送枢纽；在此基础上，充分发挥各机构协调作战的整体优势，实行集中采购，实现多品种、小批量、高频次、低成本的配送服务，大大地降低物流成本。

## 一、连锁企业配送中心的概念

正确理解“配送中心”的概念，对于正确开展配送，正确进行配送中心的规划建设，正确交流与沟通非常重要。我国的国家标准“物流术语”对配送中心的定义是：从事配送业务且具有完善信息网络的场所或组织。配送中心应基本符合下列要求：主要为特定客户或末端客户提供服务；配送功能健全；辐射范围小；提供高频率、小批量、多批次的配送服务。

## 二、连锁企业配送中心的功能

连锁企业配送中心是专门从事货物配送活动的经济组织。换个角度说，它是集存储、分拣、集散、衔接、加工等多种功能于一体的物流节点。

1. 存储功能

配送中心的服务对象是为数众多的生产企业和商业网点（如超级市场和连锁店）。配送中心的职能和作用是按照客户的要求及时将各种配装好的货物送交客户手中，满足生产需要和消费需要。为了顺利、有序地完成向用户配送货物的任务，更好地发挥保障生产和消费需要的作用，通常配送中心都建有现代化的仓储设施，如仓库、堆场等，存储一定量的商品，形成对配送的资源保证。

2. 分拣功能

作为物流节点的配送中心，其客户是为数众多的企业或零售商。这些客户彼此之间存在很大的差异，他们不仅经营性质、产业性质不同，而且经营规模和经营管理水平也不一样。面对这样一个复杂的用户群，要满足不同用户的不同需求，并有效地组织配送活动，配送中心就必须采取适当的方式对货物进行分拣，然后按照配送计划组织配货和分装。强大的分拣能力是配送中心实现按客户要求组织送货的基础，也是配送中心发挥其分拣中心作用的保证，分拣功能是配送中心的重要功能之一。

3. 集散功能

在一个大的物流系统中，配送中心凭借其特殊的地位、先进的设备及完善的物流管理信息系统，能够将分散在各个生产企业的产品集中在一起，而后通过分拣、配货、配装等环节向多家用户进行发送。同时，配送中心也可以把各个用户所需要的多种货物有效地组合或配装在一起，形成经济、合理的批量，来实现高效率、低成本的物流。配送中心的集散功能如图 2-1 所示。

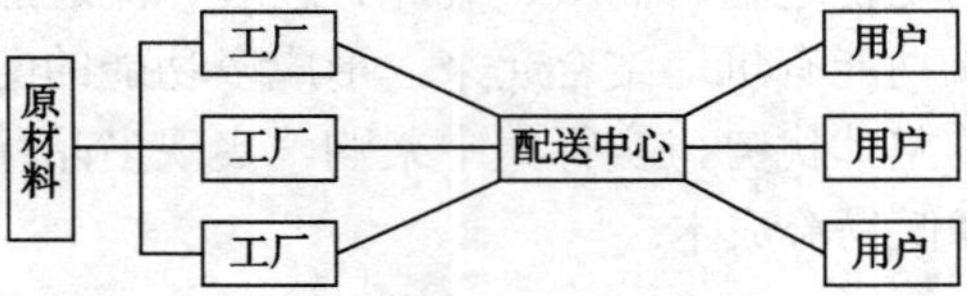


图 2-1 配送中心的集散功能

4. 衔接功能

在人类社会中，生产和消费并非总是等比例增长或减少的。有很多工业品，如煤炭、水泥产品，都是按照计划批量、均衡生产的，而其消费则带有很强的季节性（消费有淡季、旺季之分）；另有一些产品（主要是农产品）则恰恰相反，其消费是连续进行的，而生产却是季节性的。这种现象表明，就某些产品而言，生产和消费存在一定的时间差。由于配送中心有吞吐货物的能力并具备储存物资的功能，因此，它能调节产品的供求关系，进而解决产销之间的时间差和矛盾。从这个意义上说，配送中心是衔接生产和消费的中介性组织。

通过开展货物配送活动，配送中心能把各种工业品和农产品直接运送到用户手中，客观上可以起到联系生产和消费的作用。这是配送中心衔接功能的一种重要表现。此外，通过集货和储存货物，配送中心又有平衡供求的作用，由此能有效地解决季节性货物的产需衔接问题。这是配送中心衔接功能的另一种表现。

5. 加工功能

为了扩大经营范围和提高配送水平，目前国内外许多配送中心都配备了各种加工设备，由此形成了一定的加工（初级加工）能力。这些配送中心能够按照客户提出的要求，根据合理配送商品的原则，将组织进来的货物加工成一定的规格、尺寸和形状，从而形成了一定的加工功能。

加工业务是某些配送中心的重要活动。配送中心积极开展加工业务，大大方便了用户，省去了用户不少的烦琐劳动，而且也有利于提高物质资源的利用率和配送效率。此外，加工业务对于配送活动本身来说，客观上起到了强化其整体功能的作用。

## 三、连锁企业配送中心的类型

1. 不同作业方式及不同功能的配送中心

在物流系统中，无论采用一体化配送还是共同型配送，其核心都是配送中心。而配送中心按照作业方式及功能的不同，又分为“库存型”和“流通型”两大类。

（1）共同配送的库存型配送中心。这是最为传统的配送中心，商品进入配送中心后，先是分类储存，再根据用户的订货要求进行分拣、验货，最后配送到店铺。这种配送中心具有储存、进货、流通加工等功能，虽然仍有批发商选择这种配送中心，但是这种配送中心没有明显的优势，反而有商品损失的风险。

（2）共同配送的流通型配送中心。这种配送中心没有库存，是仅进行进货、分类、配货作业的中心。进货后迅速分类、配货并配送给用户，特别是连锁经营店铺，每天都需要接纳大量的商品，这就需要进行快速而无差错的分类、配货作业。同库存型配送中心相比较，流通型配送中心在业务和信息处理方面的高效化是必不可少的。商品在批发阶段，就要按不同的店铺进行分拣，然后将分拣后的商品装入通用货箱内，并将到货地点等标记及条形码粘贴在货箱上，再送到配送中心。配送中心立即用皮带输送机对货箱进行输送，由扫描仪读取到货地址、店铺代码，并利用分选机按照不同店铺进行自动分类。与分类同时进行的是利用配送中心内的计算机，进行验货和配车等方面的信息处理，按不同店铺集中的商品逆顺序装入配送车内进行配送。

（3）一体化配送的库存型配送中心。这是一种与共同配送的库存型配送中心完全不同的配送中心。共同配送的库存型配送中心的库存是大量采购后储存在配送中心的，配送中心按照规定的库存量进货。而一体化配送的库存型配送中心的库存是以补充店铺货架为目的的。一体化配送的库存型配送中心的发货业务和原来的库存型配送中心几乎没有什么区别，不同的是在根据订单进行货物分拣时，会按店铺内的货架将商品取出集中。由于配送中心的商品位置很容易形成原来 “按商品部门进货”的库存布局，所以，对于分拣作业来说并不太难。一体化配送的库存型配送中心的库存空间，就像“仓库商店”的标准库存单元，所有商品都以可以立即出库的姿态陈放在货架上。

一体化配送的库存型配送中心运营的关键是熟练掌握库存管理和补货方法。必须根据销售信息，准确预测各个店铺、各种商品的需求量，不足的部分应能够立即补充，始终维持适宜的库存量。而共同配送的库存型配送中心，其销售量极难预测，库存管理也很困难，不得不由“高频率、小批量进货”来支撑库存。因为各店铺销售数量和销售计划是先行的配送指标，所以一体化配送的库存型配送中心的发货量是可以预测的。如果预测的精度较高，还可以有计划地采用“低频率、大批量进货”来补充货物，这样配送中心不仅能够维持适宜的库存，也能够节约进货费用。

（4）一体化配送的流通型配送中心。不具有库存的一体化配送的流通型配送中心在加工食品领域最先实施，而日用杂货领域的一体化配送的流通型配送中心也已在日本试行。日本花王系列物流中的濑谷配送中心（设在横滨市）利用自动化仓库，将全部进货的商品按照不同的店铺和不同的货架进行分类，具体分类的方法分以下两次进行。

第 1 次分类：将全部进货商品解捆后，每个库区都以托盘为单位暂时存放在自动化仓库内。

第 2 次分类：将商品按照店铺的货架顺序，根据不同店铺进行分拣，然后按商品部门取出集中，以备配送。

对上述 4 种类型配送中心进行的功能性比较，如表 2-1 所示，可以看出 3、4 两个类型的配送中心将逐渐成为主流，也就是说原有的共同型配送中心将会被一体化配送中心分阶段地取代。

**表 2-1 配送中心的功能性比较**

| 序号 | 配送中心类型名称 | 进货方式 | 店铺商品全部接收 | 进货损失的控制 | 缺货的控制 | 进货信息的确定 | 按商品部门进货 | 当日进货 |
|---|---|---|---|---|---|---|---|---|
| 1 | 共同配送的库存型配送中心 | 大批量进货 | ○ | △ | △ | △ | — | ○ |
| 2 | 共同配送的流通型配送中心 | 配车进货 | — | — | — | — | — | — |
| 3 | 一体化配送的库存型配送中心 | 按货架群进货 | ○ | ○ | ○ | ○ | ○ | ○ |
| 4 | 一体化配送的流通型配送中心 | 按商品部门分类进货 | ○ | ○ | — | ○ | ○ | — |

注：△——可以做到

○——完全可以做到

2. 其他类型的配送中心

（1）加工、日配中心。加工的商品大多是便利店销售的肉类、鲜鱼类、冷冻食品、盒饭、大众化熟菜等食品类商品，这些商品要求保持一定的新鲜度，不允许长时间运输及存放。故此类商品多在距各店铺较近的地区进行加工，然后配送到各店铺。这种设有加工食品功能的当日配送中心被称为加工、日配中心。它具有集中加工后当日供应给各店铺的功能，是将流通加工和当日配送两个功能合并在一起的配送中心。

（2）礼品配送中心。每到年末或其他节日临近时，配送中心会根据各店铺的订货，将库存商品进行配套、组合包装和组合捆绑，作为礼品配送到各个店铺，进行销售。节日过后，对未销售完的礼品进行回收，拆装后再进行分类，配送到各个店铺。具有这种功能的配送中心被称为礼品配送中心。

（3）送达中心。根据各店铺的订货，将家电、家具和日常用品等库存商品直接送到用户家中，现场进行加工、安装、调试等作业。具有这种功能的配送中心被称为送达中心。

## 任务二　连锁企业配送中心的内部设计及设备配置

### 案例分析

如图 2-2 所示为某连锁企业配送中心的平面规划与布局。

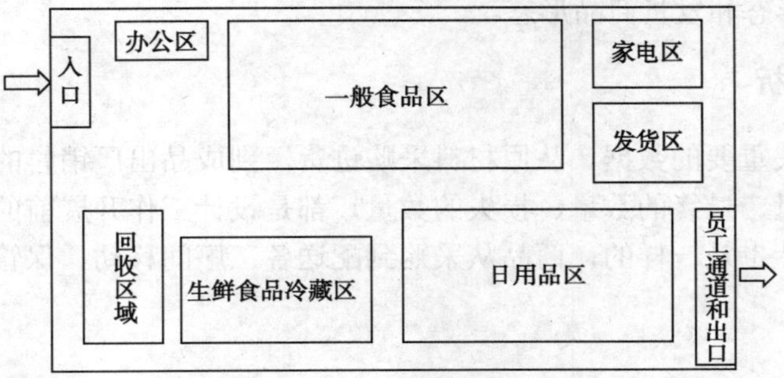


图 2-2　某连锁企业配送中心的平面规划与布局

想一想：该连锁企业配送中心内部布局都包含哪些区域？设计是否合理？如何改进？

建立配送中心的主要目的在于提高服务水平，进而提高连锁企业运营效率，增加销售额，降低物流成本，增加经营效益。为此有必要对新建配送中心的选址、规模、形式、订发货周期、零缺货及零差错率措施、畅销及滞销商品信息、新开发产品信息等进行调研、分析，根据不同的要求设计不同类型的配送中心。

现代化配送中心要实现省力化、无人化、标准化，且差错率应控制在 0.1%～0.3%。对于冷冻或冷藏库，实现作业环境差的岗位无人化、装卸搬运机械化或自动化、事务处理高速化、库存管理信息化、订单处理高效化等；改善作业环境，保持作业环境的干净、明亮，保证商品稳定供应。

## 一、连锁企业配送中心内部设计的前期准备工作

### 1. 前期调研与分析

对于拟建配送中心的地区进行交通状况、商业网点、城市规划、人口重心、销售额等方面的调研分析，决定配送中心的性质、规模、现代化程度等。如果发现与前边的规划有出入，就立即修正。调研与分析的步骤为：第 1 步，画出某地区主要交通干线（包括铁路、水路、高速公路、国道和普通公路）和较大的城镇商业网点；第 2 步，调查该地区城镇人口和基本购买力，并列出一览表；第 3 步，进行分析，看拟建配送中心地区是否是交通便利、人口集中、购买力强的区域，也就是说，是否是人口重心位置、销售重心位置。

（1）对销售额的调研与分析。销售额的大小，是决定新建配送中心规模的基本条件，也是连锁经营企业最关心的数据，所以必须科学估算各种商品的销售量和销售额。通过调研分析掌握基本数据，决定配送中心的功能、性质和规模。

（2）对商品包装形态的调研与分析。各种包装形态的商品数量是确定配送中心规模及形式的重要指标。将各种包装形态进行分装统计并换算成通用单位，有利于装卸搬运。对商品包装形态调研和分析的内容主要包括进货与入库商品形态、储存货物形态、配货商品形态、商品分类形态和发货商品形态。

### 2. 物流量分析

物流量是至关重要的数据，从原材料采购进货，到成品出厂销售的整个过程中，经过每一个环节的数量、最终的数量、损失的数量，都是设计工作开展前的必备数据。连锁经营配送中心的设计也是一样的，商品从采购到配送各工序间移动、保管的重量和容量必须调研和预测清楚。

## 二、连锁企业配送中心的内部结构

作为一个独立的作业单位，连锁企业配送中心内部有着相关的组织体系，有很多的部门和功能分区。因此，只有在各个部门充分协调工作的基础上，整个配送中心才能实现高效的作业功能，为社会提供一流的配送服务。如图 2-3 所示，是一个连锁企业配送中心的平面图，该图非常清晰地反映了一个连锁企业配送中心的整体情况。

连锁企业配送中心要具有装卸、搬运、保管等与产品活动完全相适应的作业性质和功能，还必须满足提高经济效益，对作业量和商品形状的变化灵活适应的要求。

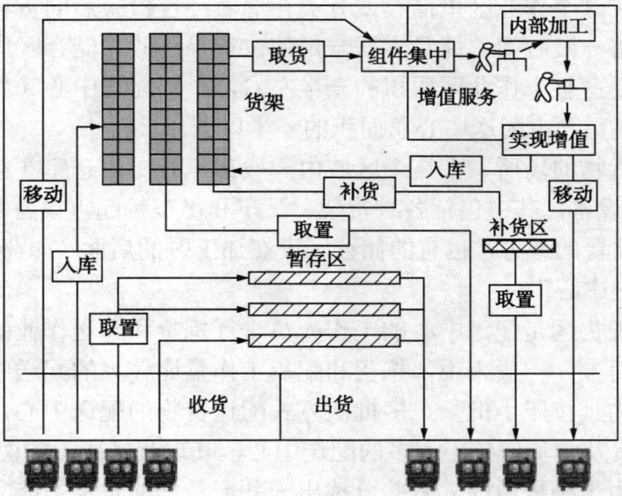


图 2-3　连锁企业配送中心的平面图

连锁企业配送中心的种类很多，其规模大小各异。然而，无论哪一种类型的配送中心，其组织体系和内部结构基本上都是相同的，配送中心组织体系如图 2-4 所示。也就是说，各种配送中心都是由指挥系统、管理系统和各种作业区组成的。

图 2-4　配送中心组织体系

下面以一般的连锁企业配送中心为例，分别叙述各个系统的性质和职能。

### 1. 指挥系统和管理系统（管理机构）

指挥系统和管理系统是连锁企业配送中心的中枢神经。其职能是对外负责收集和汇总各种信息（包括用户订货或要货信息），并做出相应的决策；对内负责协调、组织各种活动，指挥调度各类人员，共同完成配送任务。就其位置而言，有的集中设在某一区域（管理区）内，有的则分布在各个作业区，由一个调度中心统一进行协调。

### 2. 作业区

一般的连锁企业配送中心作业区包括以下几部分。

（1）接货区。在这个作业区内，工作人员需要完成接收货物的任务，并进行货物入库、拣货之前的准备工作（如卸货、检验、分拣等）。因货物在接货区停留的时间不长，并且处在流动状态，因此，接货区的面积相对来说不算太大。它的主要设施有铁路（或公路）专用线、卸货站台和验货场所。

（2）储存区。在这个作业区里储存或分类存储着经过检验后的货物。由于所进货物需要在这个区域内停留一段时间，并且占据一定的位置，因此，储存区所占的面积比较大。这个作业区大体上要占整个作业区面积的一半左右，个别配送中心（如煤炭、水泥配送中心）的储存区面积甚至要占配送中心总面积的一半以上。

储存区是存储货物的场所，在这个区域内一般都建有专门仓库（包括现代化的立体仓库），并且配有各种设备，其中包括各种货架、叉车和吊车等起重设备。从位置上看，储存区多设在紧靠接货站台的地方，也有的储存区设在加工区的后面（如荷兰 P&O Nedlloyd 集团所属的“国际配送中心”）。

（3）理货区。理货区是配送中心的工作人员进行拣货和配送作业的场所，其面积大小因配送中心的类型而异。一般来说，拣货和配货工作量比较大的配送中心，或者说，向多家用户配送多种货物且按照小批量、多批次方式配送货物的配送中心，其理货区的面积都比较大；反之，拣货及配货任务不太多的配送中心，其理货区所占的面积也不大。

（4）配装区。由于种种原因，有些分拣出来并配备好的货物不能立即装车发送，而是需要集中在某一场所等待统一发送，这种处理待发送货物的场地就是配装区。在配装区内，配送中心的工作人员要进行配装作业，也就是根据每个货主的货物数量进行分放、配车和选择装运方式（单独装运或混载共同运输）。

此外，因为配装作业的主要内容是分放货物、组配货物和安排车辆等，所以在这个作业区内除配置计算工具（计算机）、小型装卸机械和运输工具以外，没有特殊的大型专用设备。

（5）发货区。发货区是工作人员将组配好的货物进行装车外运的作业区域。从布局和结构上看，发货区和进货区类似，也是由运输货物的线路和车辆停靠的站台、场地等组成的。所不同的是，发货区位于整个作业区的末端，而进货区位于首端。

（6）加工区。有很多从事加工作业的配送中心，在结构上除设置一般性的作业区以外，还设有配送货加工区。这个区域内配有加工设备。因加工工艺有区别，各个配送中心（加工型）的加工区所配置的设备也不完全相同。和储存区一样，加工区所占的面积也比较大，尤其是煤炭、水泥、木材等生产加工区，所占面积更大。

## 三、连锁企业配送中心各作业区的设备配置及作业流线

各作业区平面布置完毕，接下来要为各作业区配置设备。配送中心各作业区常见的设备配置情况如表 2-2 所示。

**表 2-2　配送中心各作业区常见的设备配置情况**

| 子 系 统 | 作 业 区 名 | 设 备 名 |
|---|---|---|
| 1. 进货系统 | （1）进货停车区 | ①大型厢式货车；②集装箱拖车 |
| | （2）进货办公室 | 计算机、桌、椅、文件柜等 |
| | （3）进货作业区 | ①卸车站台；②站台起重机 |
| | （4）进货暂存区 | 货架等 |

续表

| 子 系 统 | 作 业 区 名 | 设 备 名 |
|---|---|---|
| 2．储存系统 | (1) 自动化仓库 | ①托盘升降机；②高层货架；③轨道起重机；④台车 |
| | (2) 托盘货架区 | ①托盘架；②叉车 |
| | (3) AB 类商品货架区 | ①双货位托盘货架；②轨道起重机；③自动台车 |
| | (4) C 类商品货架区 | ①双货位货格式货架；②货箱输送机；③手推台车 |
| 3．配货系统 | 配货作业区 | 设备与储存系统相同 |
| 4．流通加工系统 | 流通加工作业区 | ①手推台车；②轻型货架 |
| 5．分类系统 | 分类作业区 | ①托盘货架；②空托盘存放处；③暂存用台车；④叉车 |
| 6．发货系统 | (1) 发货暂存区 | ①托盘货架；②空托盘存放处；③暂存用台车；④叉车 |
| | (2) 发货区 | ①发货站台；②台架式起重机；③叉车 |

## 职业素养拓展 2.1

### 壹加壹超市配送中心的设备

1．配送中心物流设施及设备

(1) 进货区：叉车、托盘、手动叉车、大货车。

(2) 存储区：托盘、货架、叉车、手动托盘、搬运车、电子秤、验收机。

(3) 拣选区：货架、冷库、托盘、叉车、搬运工。

(4) 加工区：刀具、加工工具、封包机、切割机、清洗机。

(5) 车场：车库、停车设备。

(6) 办公区：硬件设备、软件设备、监控系统。

2．搬运装卸设备

(1) 叉车：配送中心主要使用平衡重式叉车，这种叉车具有机动灵活、工作效率高、操作简单方便等特点。

(2) 无人搬运车：可以自动导向、自动识别地址，灵活性强，可以大大节约劳动力。

(3) 运输机：结构简单，布置灵活，运输平稳，使用方便。

(4) 巷道堆垛机：采用半自动和自动控制装置，运行速度和生产效率高，只能在巷道内作业。

3．条码和电子标签设备

条码可分为一维条码和二维条码，现代的配送中心使用一维条码的较多，常见的一维条码有 3P 码、EAN 码、UPC 码、128 码、交叉 25 码。

电子标签设备：RFID 电子标签、标签打印机、电子射频机。

4．普通仓库储存配送区的设计与设备选择

商品在仓库保管的主要目的是加强养护，确保商品质量安全，同时还有加强储位合理化工作和存储商品的数量管理工作的目的。

设备选择：托盘、车辆、叉车、手拉式叉车、监控系统、高架库、货架。

5. 自动化立体仓库的设备选择

自动化立体仓库的各种设备分为手动控制设备、集中控制及管理计算机接口的联机自动控制设备等。

各作业区设备选定后，开始设计作业流线。作业流线主要指商品、资料（货箱、托盘等）、废弃物及作业人员的移动路线，要求具有完整性、合理性。在整个配送中心范围内，人、材物不得相互干扰、阻断、迂回、过远。根据这些要求，在配送中心设备平面布置的基础上设计作业流线，并绘制配送中心作业流线图，如图 2-5 所示。

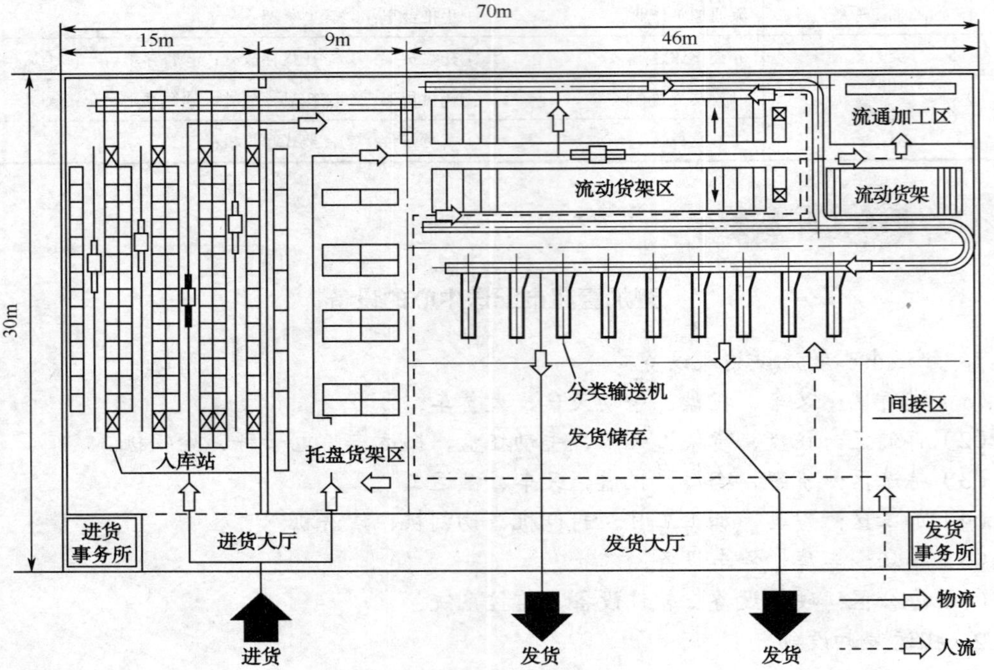


图 2-5 配送中心作业流线图

## 任务三 连锁企业配送中心的运作流程

### 案例分析

#### 家庭日用品的配送作业

某配送中心为北京几个超市提供部分商品的配送服务。某日，该中心接到某客户超市的订单传真，要求配送中心为该超市配送可口可乐 9 箱、飘柔洗发水 8 箱、蒙牛纯牛奶 12 箱、米醋 50 瓶、娃哈哈矿泉水 15 箱等货物，货款按以前的协议于月底结清。

物流员为完成客户要求，做了如下工作：

◆ 录入订单信息；

◆ 筹集部分缺货并进行储存；

◆ 按照客户的要求进行货物选取、分装；

◆ 对所需货物进行配装；

◆ 把装箱的货物运输送达客户；

◆ 在运输和保管货物的过程中，进行装卸搬运作业。

想一想：配送作业流程主要包括哪些环节？

## 一、连锁企业配送中心的一般作业流程

所谓一般作业流程，是指作为一个整体来看，配送中心在进行货物配送作业时所展现的工艺流程。从一定意义上说，一般作业流程也就是配送中心的总体活动所显示的工艺流程，如图 2-6 所示。

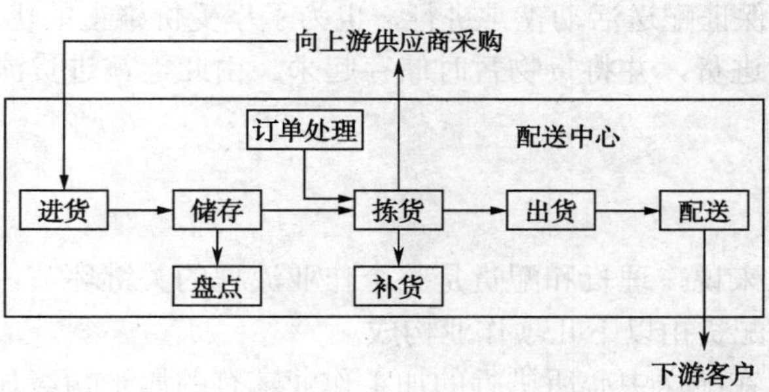


图 2-6　配送中心的一般作业流程

连锁企业配送中心的一般作业流程和具体内容如下。

### 1. 接收并汇总订单

无论从事何种货物的配送活动，配送组织（配送中心）都有明确的服务对象。换言之，无论何种类型的配送中心，其经营活动都是有目的的经济活动。据此，在没有进行实质性的配送活动之前，都有专门的机构（负责调度的机构）以各种方式收集用户的订货通知单并进行汇总。按照惯例，接受配送服务的各个用户（工商企业和商业网点）一般要在规定的时间之内将订单（或要货通知单）发送给配送中心，后者则在规定时间截止后，将各个用户的订单进行汇总，以此来确定所要配送的货物种类、规格、数量和配送时间等。

收集和汇总用户的订单（或要货通知单）是配送中心组织、调度诸如进货、理货、送货等活动的重要依据，是配送中心一般作业流程的开端。

### 2. 进货

配送中心的进货流程包括以下几种作业。

（1）订货。配送中心收到并汇总用户的订货单以后，首先要确定配送货物的种类和数量，然后查询本系统现有库存物资中有无所需要的现货。如有现货，则转入拣货流程；如果没有，或者虽然有但数量不足，则要及时向供应商发出订单，进行订货。有时配送中心也根据各用户需求情况以及与供应商签订的协议提前订货，以备发货。

（2）接货。通常，在货源充足的情况下，配送中心向供应商（生产企业）发出订单之后，后者会根据订单的要求快速组织供货。配送中心的有关人员接到货物以后，先要在送货单上签收，继而还要对货物进行检验（验收）。

（3）验收。验收是指采取一定的手段对接收的货物进行检验（检验货物质量和数量）。若与订货合同要求相符，则很快转入下一道工序（分拣工序）；若不符合合同要求，配送中心将详细记载差错情况，并将合格的货物接收，拒收不合格的货物。按照规定，质量不合格的货物将由供应商自行处理。

（4）分拣。对于生产商送来的货物，经过有关部门验收之后，配送中心的工作人员随即按照类别、品种将其分开，分别存放到指定的仓位和场地，或者直接进行下一步操作——加工和拣货。

（5）储存。为了保证配送活动正常进行，也为了享受价格上的优惠待遇（打折），有些配送中心常常大批量进货，并将货物暂时储存起来。由此，在进货流程中又增加了一项储存作业。

### 3. 理货和配货

从地位和作用上来说，理货和配货是整个作业流程的关键环节，同时也是配送活动的实质性内容。理货和配货由以下几项作业构成。

（1）加工作业。在配送中心所进行的加工作业，有的属于初级加工活动，如按照用户的要求，把一些原材料切割或截成一定尺寸的坯件，将长材、大材改制成短材、小材等；有的属于辅助性加工活动，如按照与生产企业达成的协议在配送中心给服装等商品拴上标签、套上塑料袋等；也有的加工作业属于深加工活动，如把蔬菜、水果等食品进行冲洗、切割、过秤、分份和装袋，以及把不同品种的煤炭混合在一起，加工成“配煤”等。加工作业属于增值型经济活动，它完善了配送中心的服务功能。

（2）拣货作业。有人把这项作业称为“出货的第一个环节”，实际上，它应当属于理货和配货的范围。拣货作业就是配送中心的工作人员根据订货单（或要货通知单）从储存的货物中拣出客户所需要的商品的一种活动。常见的做法是：以摘取的方式拣选商品，也就是说，工作人员拉着集货箱在排列整齐的仓库货架间巡回走动，按照配货单上列出的品种、数量、规格挑选用户所需要的商品并放入集货箱内。

目前，随着配送货物数量的不断增加，配送范围的日益扩大，以及配送节奏的明显加快，许多大型的配送中心已经配置了自动化分拣设备，并开始应用自动分拣技术拣选货物。

（3）包装作业。配送中心将用户所需要的货物拣选出来以后，为了便于运输和识别，有时还要对配备好的货物进行重新包装，并在包装物上贴标签。因此，在拣货作业之后，常常续接包装作业。

（4）配装作业。为了充分利用载货车辆的容积并提高运输效率，配送中心常常把同一条送货路线上的不同客户的货物进行组合，配装在同一辆货车上。于是，在理货和配货流程中还需要完成组配或配装作业。

#### 4. 出货（或送货）

这是配送中心的末端作业，也是整个配送流程中的一个重要环节，它包括装车和送货两项经济活动。

（1）装车。配送中心的装车作业有两种表现形式：一是使用机械装卸货物；二是利用人力装车。通常批量较大的实重商品都放在托盘上，用叉车进行装车；有些散装货物，或用吊车装车，或用传送设备装车。因各配送中心普遍推行混载（或同载）的送货方式，故装车作业有以下两点要求：①按送货点的先后顺序组织装车，先到的要放在混载货体的上边或外面，后到的要放在下边或里面；②要做到“轻者在上，重者在下”、“重不压轻”。

（2）送货。在一般情况下，配送中心都是用自备的车来进行送货作业的。有时，它也借助于社会上专业运输组织的力量联合进行送货作业。此外，为适应不同用户的需要，配送中心在进行送货作业时，常常做出多种安排：有时是按照固定时间、固定路线为圈定的用户送货；有时不受时间、路线的限制，机动、灵活地进行送货作业。

## 二、连锁企业配送中心的特殊作业流程

所谓特殊作业流程是指某一类配送中心（个别配送中心）在进行配送作业时所经过的程序，其中包括不设储存库或储存工序的作业流程，加工型配送中心的作业流程，以及分货型配送中心的作业流程。

#### 1. 不设储存库的作业流程

在流通实践中，有的配送中心主要从事配送业务和送货活动（专职于配送和送货），其本身不设置储存库和存货场所，而是利用设立在其他地方的“公共仓库”来补充货物。因此，在其配送作业流程中没有储存工序。为了保证配货、送货工作的顺利开展，有时配送中心也暂存一部分货物，但一般都把这部分货物存放在理货区，不单独设置储存区。实际上，在这类配送中心内部，货物暂存和配货作业是同时进行的。在现实生活中，配送生鲜食品的配送中心通常都按照这样的作业流程开展业务活动。

#### 2. 加工型配送中心的作业流程

加工型配送中心多以加工产品为主，因此，在其配送作业流程中，储存作业和加工作业居主导地位。

由于流通加工多为对单品种、大批量产品进行加工作业，并且按照客户的要求进行安排；因此，对于加工型的配送中心来说，虽然进货量比较大，但是分类、分拣工作量并不太大。此外，因加工的产品品种（指在某一个加工中心内加工的产品品种）较少，一般都

不单独设立拣货、配货等环节；通常加工好的产品（特别是生产资料产品）可以直接运到按用户户头划定的货位区内，并且进行包装、配货。

### 3. 分货型配送中心的作业流程

分货型配送中心是以中转货物为主要职能的配送组织。在一般情况下，这类配送中心在配送货物之前都先按照要求，把单品种、大批量的货物（如不需要加工的煤炭、水泥等物资）分堆，然后再将分好的货物分别配送到用户指定的接货点；其作业流程比较简单，无须进行拣货、配货、配装等作业程序。

## 任务四　连锁企业配送中心的岗位设置

### 案例分析

某连锁企业配送中心的岗位设置及人员配置如表2-3所示。

表2-3　某连锁企业配送中心的岗位设置及人员配置表

| 部　门 | 职　能 | 人员配置 |
|---|---|---|
| 经理 | 全面负责配送中心的运营与管理 | 2人 |
| 业务部 | ①入库单处理；②订单处理；③客户服务及退货 | 10人 |
| 仓储部 | ①配送中心的内部管理；②接货、卸货、理货；③入库、出库、拣货、盘点；④补货、货架区货物盘点；⑤装卸区入库，拣货盘点；⑥退货再入库；⑦集货、出货、验收 | 50人 |
| 运输部 | ①车辆管理、调度；②送货；③回单处理 | 40人 |
| 技术部 | ①配送中心管理系统维护；②监控系统 | 5人 |
| 后勤部 | 保持清洁 | 5人 |

想一想：结合案例谈谈连锁企业配送中心一般需要设置哪些岗位？

连锁企业配送中心的岗位设置应该由配送中心的组织结构模式和作业流程来决定。配送中心一般可以设置以下几个岗位。

### 1. 采购或进货部门

采购或进货部门主要负责订货、采购、进货等作业环节的安排及相应事务的处理，同时负责货物的验收工作。

### 2. 储存部门

储存部门主要负责货物的保管、拣选、养护等作业环节的管理。

**3. 流通加工部门**

流通加工部门主要负责按照客户的要求对货物进行包装、加工。

**4. 运输部门**

运输部门主要负责按照客户的要求制定合理的运输方案，并将货物配送给客户，同时对配送进行确认。

**5. 配货部门**

配货部门主要负责配送货物的拣选和对组配作业的管理工作。

**6. 营业部门**

营业部门主要负责接收和传递客户的订货信息，送达货物的信息，处理顾客的投诉，受理顾客的退货要求。

**7. 财务部门**

财务部门主要负责核对配送，完成出货表单、进货表单、库存管理表单，协调、控制、监督整个配送中心的货物流动，同时负责管理各种收费、物流收费统计和配送费用结算等工作。

**8. 商务事故处理部门**

商务事故处理部门在接到营业部门处理的退货信息后，负责安排车辆回收退货商品，再将退货商品集中到仓库的退货区，重新清点整理并根据事故原因妥善处理。

在连锁企业配送中心的岗位设置中，不仅要明确各个岗位的工作内容，更要规定该岗位的工作标准，以及与其他岗位的协调关系等内容。以上岗位是一般配送中心设置的主要岗位。在实际生活中，由于配送中心的规模不同，其具体的岗位也不尽相同。

## 任务五　连锁企业配送中心的配送网络体系

以向用户提供配货和送货等服务为职能的配送中心，在其运作和发展的过程中，不仅形成了完整的组织结构（内部结构），而且通过不断完善，构筑起了富有层次的网络体系。如果说，在社会化大生产条件下，为适应市场和消费需要，生产及生产企业是在网络体系中运转和运作的话，那么，作为流通企业组成部分之一的连锁企业配送中心，同样也是在网络体系中从事其业务活动的。虽然从个体的角度看，各个连锁企业配送中心都是独立运作并独自完成配送任务的，但从全社会来看，各种不同类型、不同规模的连锁企业配送中心并非是互不相关、完全孤立运作的；相反，通过科学布局及合理竞争，各种连锁企业配送中心也与生产组织一样，形成了分工协作关系，构筑起了富有层次的网络体系。通过考察可以发现，在不同的国家或地区，虽然连锁企业配送中心的数量不同，布局情况有所差别，但有一点是相同的，那就是各种类型的连锁企业配送中心都是以网络体系的形态存在于社会之中的。综观发达国家连锁企业配送中心的组织结构和布局情况，其网络体系主要有如下几种类型。

## 一、多级、多层次网络体系

多级、多层次的网络体系是由中央级配送中心、区域性配送中心、基层配送中心和具有配送功能的批发商店构建成的。其中，中央级配送中心在网络体系中处于主导地位，区域性配送中心处于被辐射地位，而基层配送中心则是网络体系的基础结构。

### 1. 中央级配送中心

中央级配送中心是指那些在行业内部影响面广泛的大型或超大型配送组织。这类配送组织数量不太多，但是活动能量很大。通常，这种级别的配送中心都设立在资源集中的产地或枢纽城市（大港口城市、大批量货物的集散地），其特点如下。

（1）配送的货物批量较大，其服务对象主要是大中型工商企业（大用户）。

（2）辐射能力很强，能够在全国以至国际范围内进行配送。

（3）占地面积大，拥有的物流设备和设施齐全、先进。

由于中央级配送中心的经营规模比较大，并且其配送的货物批量也比较大，因此，它不可能为社会上所有的用户提供配送服务。尤其是那些需求零散，要求以“小批量、多批次”的方式进行配送多品种商品的用户，很难和中央级配送中心建立业务关系。这些用户，在实践中是由区域性配送中心或基层配送中心来配送货物的。

### 2. 区域性配送中心和基层配送中心

区域性配送中心和基层配送中心，相对于中央级配送中心来说，是经营规模略小的配送组织。在一般情况下，这种配送中心只为地区范围内的用户配送商品，其特点如下。

（1）活动范围较小。

（2）配送货物以小批量为主。

（3）配送方式灵活，既可以直接向用户配送物资，又可以把货物配送给批发商店。

（4）数量较多，分布的地域广阔。

以上几种配送组织在实际运作时，既各自为政，展现出“独立配送”的形态，又相互之间有交叉，呈现出“共同配送”的运行状态。此外，上述这些不同规模、不同层次的配送中心，有时又常常按照一定的原则自上而下地逐级配送货物，从而呈现梯级结构和放射状态。不同层次配送中心分布图如图 2-7 所示。

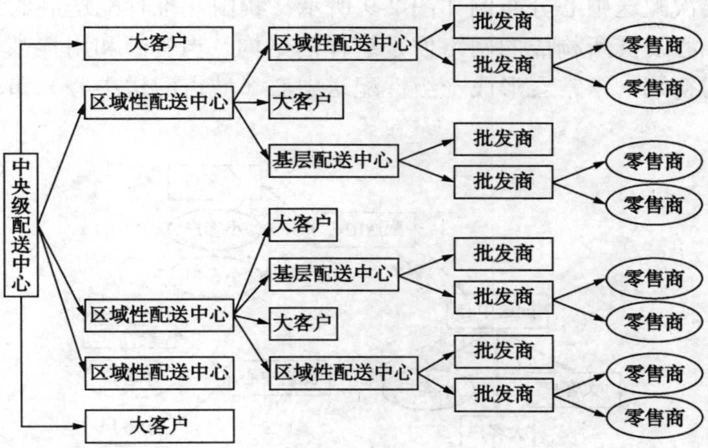


图 2-7　不同层次配送中心分布图

## 二、两级或双层次网络体系

两级或双层次网络体系是由两个层面的配送中心——中央级配送中心和城市配送中心组成的配送体系，也是目前最常见的配送中心网络体系。双层次配送中心分布图如图 2-8 所示。在配送范围比较广、用户比较多且很分散的情况下，会自然地形成这样的网络体系。

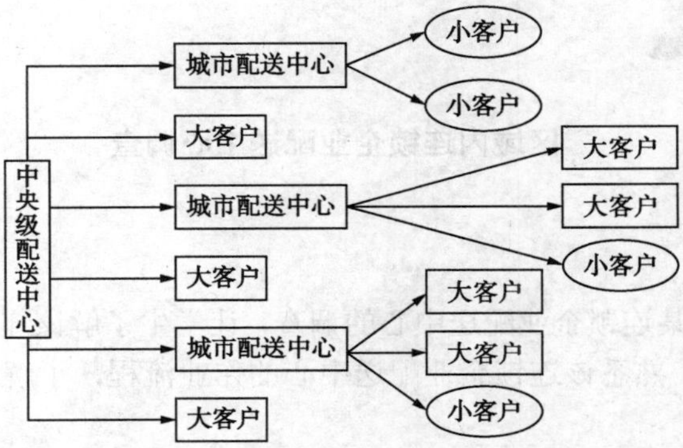


图 2-8　双层次配送中心分布图

从布局和结构上看，由两级配送中心构成的网络，数量较多、分布较广的主要是那些为城市范围内的中小用户服务的城市配送中心，它们是上述配送网络体系的基础结构。

## 三、单层次网络体系

基本上由一种（一级）配送中心构成的连锁企业配送中心网络体系，被称为单层次网络体系。单层次配送中心分布图如图 2-9 所示。我国在推行配送制的过程中所建立的连锁企业配送中心及其所构成的网络便是这样的结构。当资源和用户都很分散时，以及在推行配送制的初期，常常会形成一级性配送中心（城市配送中心）和单层次的配送体系或配送网络。

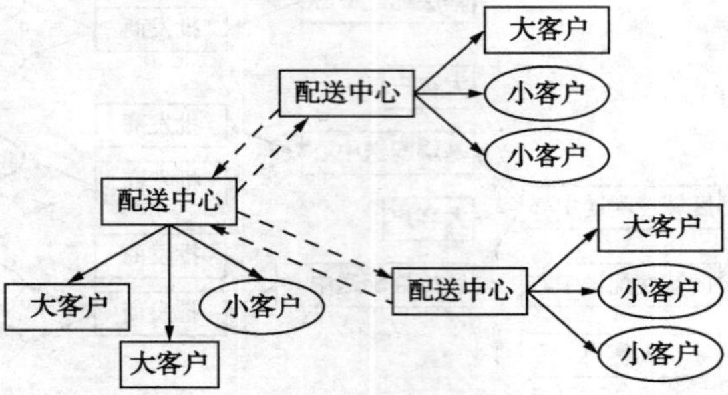


图 2-9　单层次配送中心分布图

在单层次的网络体系中，连锁企业配送中心一般只进行近距离的配送。但也可以借助于“共同配送”向超越城市范围的远距离用户配送货物。

需要指出的是，无论哪一种网络体系，都是人们根据生产发展的需要，经过科学规划和合理布局而形成的。从某种意义上说，配送中心网络体系的构成是特定历史时期经济发展和市场状况的客观反映。事实证明，只有按照经济发展的客观要求组建配送中心，并且进行科学合理的布局，才能充分地发挥其功能和作用。

## 项目训练

### 区域内连锁企业配送中心调查

#### 一、训练目标

1．通过对某区域某连锁企业配送中心的调查，让学生了解该连锁企业配送中心的内部结构与设备配置状况，熟悉该连锁企业配送中心的作业流程，了解该配送中心的岗位设置状况。

2．培养学生市场调研、与人沟通、信息分析的能力和团队意识。

#### 二、训练内容与要求

1．班级内分小组，每组人员 6～8 人，分别选择区域内某一家连锁企业配送中心进行深入调查。主要调查该配送中心的内部结构、设备配置状况，绘制该配送中心的平面布局图、作业流程图，了解该配送中心的岗位设置状况。

2．教师组织学生讨论，分析该配送中心内部结构是否科学，设备配置是否能够满足工作需要，作业流程是否合理，岗位设置是否高效，如何进行改进等问题。

三、训练检测内容与分值比例

1．连锁企业配送中心平面布局图、配送中心作业流程图的绘制占 40%。

2．连锁企业配送中心调研分析报告的撰写占 30%。

3．小组现场研讨相关问题，回答的完整性、合理性，对问题认识的深度，语言表达能力，思维的敏捷性和团队合作精神等，占 30%。

## 项目测试

一、名词解释

配送中心　中央级配送中心

二、填空题

1．连锁企业配送中心的功能主要包括（　　　　）、（　　　　）、（　　　　）、（　　　　）和（　　　　）。

2．一般连锁企业配送中心作业区主要包括（　　　　）、（　　　　）、（　　　　）、（　　　　）、（　　　　）和（　　　　）6 个部分。

3．连锁企业配送中心的出货包括（　　　　）和（　　　　）两项经济活动。

4．连锁企业配送中心的配送网络体系主要有（　　　　）、（　　　　）和（　　　　）3 种类型。

三、简答题

1．简述连锁企业配送中心的类型。

2．简述连锁企业配送中心的一般作业流程。

3．简述连锁企业配送中心的配送网络体系类型。

## 项目实例分析

### 华联超市配送中心建设

华联超市配送中心的规划

合理规划物流配送流程是建设配送中心的重要前提。根据经营商品进、销的不同情况和商品的 ABC 分析，华联超市配送中心的物流可分成 3 部分:（1）储存型物流——这类商品进、销频繁，一般进行整批采购和保管，经过拣选、配货、分拣，配送到门店；（2）中转型物流——这类商品通过计算机网络系统，汇总各商场门店的订货信息，然后整批采购，不经储存，直接在配送中心进行拣选、配货和分拣，再配送到门店；（3）直送型物流——这类商品不经过配送中心，由供货商直接组织货源送往超市门店，而配货、配送信息则由配送中心集中处理。

华联超市配送中心的选址

当华联超市从江、浙两省延伸，向全国辐射发展时，配送中心的建设被放在了首位。2000 年 8 月，华联超市新建的现代化配送中心正式启用。该配送中心位于上海市普陀区桃浦镇一棵树 7 号地段，基地紧贴外环线，直连沪嘉、沪宁、沪杭高速公路，南邻沪宁铁路南翔编组站并通向市区，向外辐射的能力很强。

华联超市配送中心的平面布置

新建的桃浦配送中心，其主体建筑物是高站台、大跨度的单层物流建筑，为了充分利用理货场上方的空间，配送中心的局部为两层钢筋混凝土框架结构的建筑物。新建配送中心的占地面积为 28 041 平方米，总建筑面积 20 000 平方米，商品库存能力 60 万箱，日均吞吐能力 14 万箱。

配送中心基地内部的环状主干道路宽 20 米，实行“单向行驶、分门进出”。配送中心的南北两侧，建有 4 米宽的装卸平台，站台高出室外道路 1 米，当厢式卡车尾部停靠站台时，车厢抱垫板与站台面基本处于同一平面，可将商品的装卸作业变成水平移动，大大减少了装卸作业环节和劳动强度。站台作业线总长 270 米，可供 80 多辆卡车停靠并同时作业。站台上方建有悬挑 8 米宽的雨篷，可以保证一天 24 小时全天候作业。配送中心的中央空间采用金属网架结构，上盖镶嵌统长型采光带的彩色夹芯保温钢板屋面，白天（包括阴雨天）在库内作业时不需要人工照明。绿色非金属耐磨地面，在进行装卸搬运作业时不起灰，确保了食品的卫生安全。

华联超市配送中心的设备配置

新建配送中心具有较高的科技含量。

第一，仓储立体化。配送中心采用高层立体货架和拆零商品拣选货架相结合的仓储系统，大大提高了仓库空间的利用率。在整托盘（或整箱）水平储存区，底层为配货区，存放 7 000 种整箱出货的商品；上面 4 层为储存区，用于向配货区补货；在拆零商品配货区，拆零货架上放置 3 000 种已打开物流包装箱的商品，供拆零商品拣选之用。

第二，装卸搬运机械化。配送中心采用前移式蓄电池叉车、电动搬运车、电动拣选车和托盘，实现装卸搬运作业机械化。此外，原先每辆送货卡车跟装卸工 3 人，现在采用了笼车，卡车开到门店，由门店人员自己把笼车卸下来推到店内，既减轻了劳动强度，又大大缩短了卸车的时间，原来一天跑两车货的，现在可以跑 3 车，提高了卡车的运输效率。同时，由于减少了装卸搬运作业量，既减轻了劳动强度，又降低了物流成本。又由于减少了搬运次数，物流配送过程中的货损、货差大幅度下降。

第三，拆零商品配货电子化。近年来，连锁超市对商品“拆零”作业的需求越来越强烈，国外同行业配送中心拣货、拆零的劳动力已占整个配送中心劳动力的 70%。华联超市配送中心拆零商品的配送作业采用了电子标签拣选系统，届时，只要把门店的订单输入计算机，作业人员便可按照货位指示灯和品种显示器的指示，从货格里取出商品，放入拣货周转箱，然后揿动按钮，货位指示灯和品种显示器熄灭，订单商品配齐后进入理货环节。电子标签拣货系统大大提高了商品处理的速度，减轻了作业强度，大幅度降低了差错率。

第四，物流管理条码化与配送过程无纸化。采用无线通信的计算机终端，开发了条形码技术，从收货、验货、入库，到拆零、配货，全面实现条形码、无纸化。

第五，组织好“越库中转型物流”、“直送型物流”和“配送中心内的储存型物流”，完善“虚拟配送中心”技术在连锁超市商品配送体系中的应用。

**思考：**华联超市的配送中心规划与建设包含哪些方面的内容？

# 项目三

# 熟知连锁企业配送作业

**【项目目标】**

1．了解连锁企业配送中心的基本作业流程；

2．熟悉订单处理、进货、装卸、搬运、储存、拣货、补货、配货、配送、加工、包装和送货等环节的作业内容、作业流程与作业技术。

**【项目导入】**

配送作业是按照用户的要求，将货物分拣出来，并按时、按量、按质发送到指定地点的过程。配送作业是物流运作的核心内容，配送作业流程的合理性及配送作业效率的高低都会直接影响整个物流系统的正常运行。一般来说，配送作业主要包括订单处理、进货、装卸、搬运、储存、拣货、补货、配货、配送、加工、包装和送货等作业。如图 3-1 所示是大润发超市的配送作业流程图，基本体现了配送作业的主要环节。图中 MIS（Management Information System）为管理信息系统，Intranet 为企业内部网，OA（Office Automation）为办公自动化。

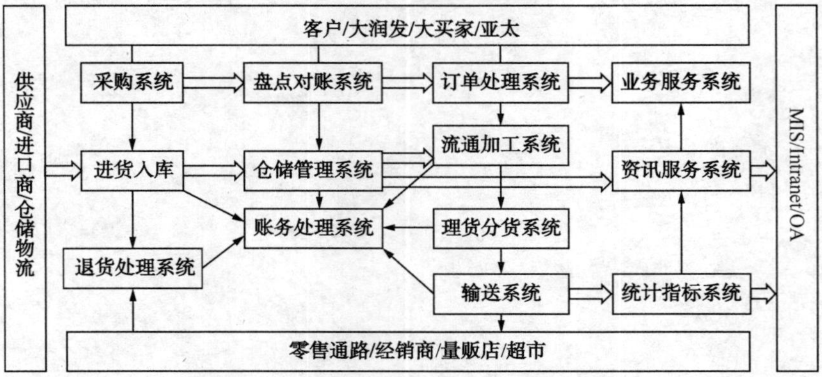


图 3-1　大润发超市的配送作业流程图

# 任务一　订单处理

## 案例分析

### 走进京东商城幕后：一次商品的神奇之旅

如图 3-2 所示为京东商城订单履行流程图，从用户下单的那一刻起，京东提供的不止是商品，还是服务。

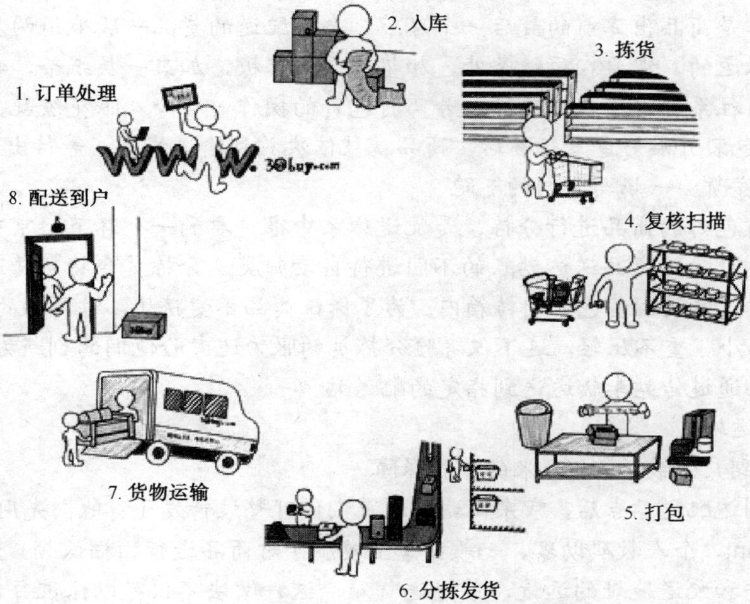


图 3-2　京东商城订单履行流程图

1. 订单处理

2. 入库：商品进入京东的第一道关卡

入库是商品进入京东商城仓储的第一个环节。供货商按照采购协议，将商品运送到京东指定的收货仓库，收货员会根据采购单验收，严格核对商品的品种、数量、规格、型号等信息。这一步表面看起来无关紧要，但事实上却与用户体验直接相关。京东入库组员工需要把好第一道关，不放过任何一件瑕疵品，并最终完成上架工作。除此之外，还要做好日常的理货和盘点工作。

3. 拣货：在商品的海洋里准确捞“针”

当用户按下确认订单及付款按钮后，订单的信息会直接下传到京东的物流信息系统，由拣货员从浩如烟海的商品货架上，将订单上的商品准确无误地放到扫描台上。京东商城每个拣货员都配备无线数据采集设备，他们在扫描完集合订单的批次号后，会逐一核对订单及货架上的商品信息。京东仓库中，货品一般按 A—P 的顺序依次摆放，拣货人员的拣货汇总单也按照 A—P 的顺序排列。这样拣货人员可以从 A 区到 P 区依次取货，正好绕仓库走一圈，不需要走回头路。一般而言，每个拣货员取货一次可拣出 20～50 份订单，拣货单自动根据订单进行货品汇总。熟练的拣货人员每天可以分拣 3 500～4 000 单。

4. 复核扫描：确保商品出货 100%准确

作为商品出库前的关键一步，复核扫描环节任务艰巨，需要复核员复核每一个订单对应的商品型号、颜色，以及对应的面单、发票等出库单据，以确保出库商品和单据的准确性。这里大多都是女孩子“把关”，她们在出库高峰期日均处理订单 8 万份以上，并要求商品出货 100%的准确率，这是对用户购物体验的最大回报。

5. 打包：把好商品出库前最后一关

打包工作是商品出库前的最后一个环节。自行配送的货品一般采用两层塑料袋包装。交由第三方承运的，需要在原纸条外，加垫两层泡沫板，加裹一层纸条，再用胶条封死。完成打包后再往系统中输入订单的编号。打包员的操作过程令人眼花缭乱，可谓“粗中有细”。在完成包装并贴好包裹标签后，商品就被依次放到输送线上，等待出库的旅程。

6. 分拣发货：一场与时间的赛跑

对已经打包好的商品进行分拣，是配送体系中很重要的一个环节。京东商城拥有自动化的分拣机，可针对商品送达站点的不同进行自动归类。分拣员会将从传送带滑轨上下来的商品按照站点装进橙黄色的周转箱内。为了保证商品不受挤压，对商品的摆放很有讲究，要做到大不压小，重不压轻，这不仅考验分拣员的眼力还考验他们的判断力。分拣完成后，发货员将商品通过传站车辆运送到指定的配送站。

7. 货物运输

8. 配送到户：最后 1 000 米的体验保障

在商品到达配送站点后，京东商城配送员们便可整装待发了。他们先用 PDA（Personal Digital Assistant，个人数码助理，一般指掌上电脑）对商品进行扫描认领，然后迅速地将商品按照大小件和配送地址的远近，装进送货箱，这种做法不仅可以保证每件商品在到站时可以被有条不紊地取放，还可大大提升配送效率。

想一想：结合京东商城订单履行流程，谈谈订单处理需要经过哪些环节。

在服务客户的整个过程中，订单处理既是开端，也是服务质量得以保障的根本。在订单处理过程中，订单的分拣和集合是比较重要的环节。从接到客户订单，到着手准备拣货之间的作业阶段，称为订单处理。订单处理要做到迅速、准确、服务周到。

订单处理分为人工处理和计算机处理两种形式。人工处理具有较大弹性，但只适合少量的订单处理，一旦订单数量较多，处理将变得缓慢且易出错；而计算机处理速度快、效率高、成本低，适合大量的订单处理。目前主要采取后一种形式。订单处理的基本内容及步骤如图 3-3 所示。

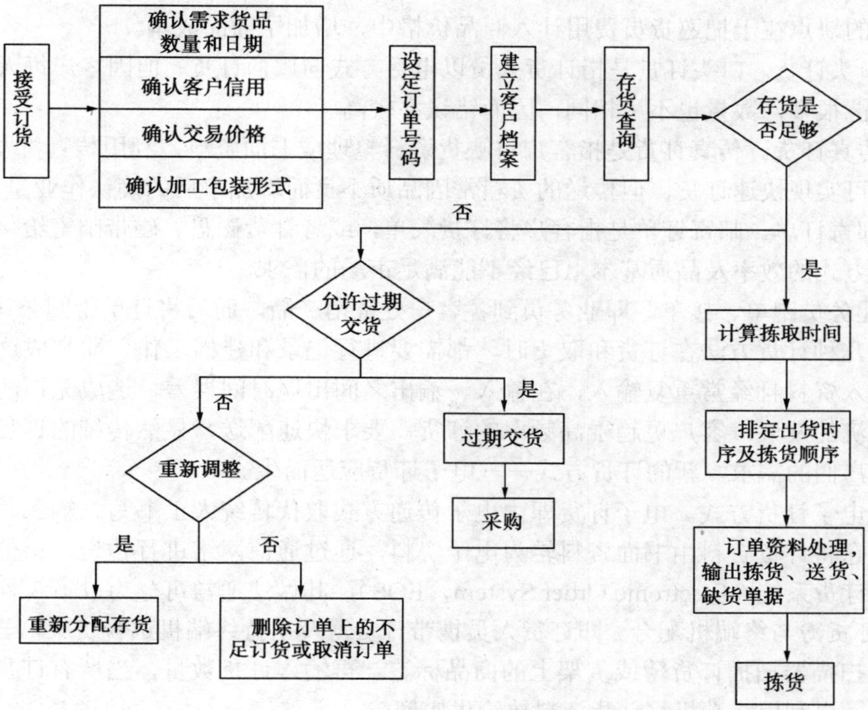


图 3-3 订单处理的基本内容及步骤

# 一、订单处理的内容

一般来说，订单处理主要包括接受订货、检查订单、设定订单号码、建立客户档案、存货查询、存货分配、计算拣货标准时间、按订单排定出货时序与拣货顺序、订单处理结果输出等内容。

### 1. 接受订货

接受订货是订单处理的第一步。随着流通环境的变化和现代科技的发展，接受客户订货的方式也渐渐由传统的人工下单、接单，演变为由计算机间、直接送收订货资料的电子订货方式。

（1）传统订货方式。传统的订货方式有以下 6 种。

① 厂商补货。厂商补货是指供应商直接将商品放在车上，依次给各订货方送货，缺多少补多少。这种方式常用于周转率较高的商品或新上市商品，对周转率较低的商品则不太适用，特别是多品种、小批量商品不能使用这种方法。

② 厂商巡货，隔日送货。供应商派巡货员前一天先到各客户处巡查需要补充的货物，隔天再进行补货。这种方法较为流行，其优点是厂商可利用巡货人员为店铺整理货架、贴标或提供经营管理意见等的机会促销新产品，或者将自己的产品放在最占优势的货架上。

这种方法的缺点在于把巡货员费用计入商品价格中，增加了商品成本。

③ 口头订货。口头订货是指订货人员以电话方式向厂商订货，但因客户每天需要订货的种类可能很多，数量也不尽相同，因而错误率较高。

④ 传真订货。传真订货是指客户将缺货资料整理成书面资料，利用传真机发给厂商。这种方式可实现快速订货，但传送的资料常因品质不良而增加事后的确认作业量。

⑤ 邮寄订单。邮寄订单是指客户将订货表单，或者订货磁盘、磁带邮寄给供应商。目前，这种方式的效率及品质基本上已经不能满足市场的需求。

⑥ 业务员跑单、接单。即业务员到各客户处推销产品，而后将订单带回公司。

上述几种订货方法在订货和取货时，都需要进行记录和建档工作。欲完成这些工作需要人工输入资料且经常重复输入，在输入、输出之间出现时间误差，造成无谓的浪费。随着现代经济的发展，客户更趋于高频率的订货，要求快速配送，显然传统的订货方式已无法满足客户们的需求，新的订货方式——电子订货应运而生。

（2）电子订货方式。电子订货即由电子传递方式取代传统人工书写、输入、传送的订货方式，它将订货资料由书面资料转为电子资料，通过通信网络进行传送，该信息系统被称为电子订货系统（Electronic Order System，EOS），其做法通常可分为以下 3 种。

① 订货簿与终端机配合。即订货人员携带订货簿及手持终端机巡视货架，若发现商品缺货则用扫描器扫描订货簿或货架上的商品标签，再输入订货数量，当所有订货资料皆输入完毕后，再利用终端机将订货资料传给供应商。

② 销售时点管理系统（Point of Sale，POS）。客户若有 POS 收银机，则可在商品库存档里设定安全库存量，每进行一笔商品销售业务，计算机会自动扣除该商品库存，当库存低于安全存量时，即自动产生订货资料，将此订货资料确认后通过通信网络传送给供应商。

③ 订货应用系统。客户资讯系统里若有订单处理系统，就可将订货应用系统产生的订货资料经转换软件转成与供应商约定的共同格式，再在约定时间将资料传送出去。

电子订货方式是一种传送速度快、可靠性及正确性高的订单处理方式。它不仅可以大幅度提高客户服务水平，还可以有效地缩减存货及相关成本费用，但其运作费用较为昂贵，在选择订货方式时应视具体情况而定。

### 2. 检查订单

（1）货物数量及日期的确认。接受订单后需要对货物的数量及日期进行及时确认。货物数量及日期的确认是对订货资料项目的基本检查，即检查品名、数量、送货日期等是否有遗漏、笔误或不符合公司要求的情形。尤其当送货时间有问题或出货时间延迟时，更需要与客户再次确认订单内容或更正运送时间。若采用电子订货方式接单，也需要对已接收的订货资料进行检验确认。

（2）客户信用的确认。无论是何种订单，以何种方式传至公司，接收订单后都要审核客户的财务状况，以确定其是否有能力支付该订单的账款。通常的做法是检查客户的应收账款是否已超过其信用额度。实际工作中一般采取以下两种途径来审核客户信用状况。

① 输入客户代号或客户名称。当输入客户代号或客户名称后，系统将审核客户的信用状况，若客户应收账款已超过其信用额度，系统会给以警示，然后输入人员决定是否继续

输入其订货资料或者拒绝其订单。

② 输入订购项目资料。当输入客户订购项目资料后，若客户此次订购金额加上以前累计的应收账款超过信用额度，系统便将此订单资料锁定，以便主管审核。审核通过后，此订单资料才能进入下一个处理步骤。

一般来讲，客户信用的审核由公司销售部门负责，但有时销售部门为了获取订单并不太重视这项审核工作。实际操作中，有些公司授权运销部门负责审核客户的信用问题。运销部门一旦发现客户有信用问题，则将订单送回销售部门再审核或退回订单。

（3）订单形态的确认。配送中心虽具有整合传统批发商的功能及高效率的物流信息处理功能，但面对较多的交易对象时，仍需要根据客户的不同要求采取不同的做法，在接受订货业务上，表现为多种订单的交易形态，为此，应对不同的客户采取不同的交易及处理方式。订单形态说明如表 3-1 所示。

**表 3-1 订单形态说明**

| 类　别 | 交易形态 | 处理方式 |
|---|---|---|
| 一般交易 | 一般的交易订单，接单后按正常的作业程序拣货、出货、发送、收款 | 接单后，将资料输入订单处理系统，按正常的订单处理程序处理，资料处理完后进行拣货、出货、发送、收款等作业 |
| 现销式交易订单 | 与客户当场交易，直接给货的交易订单。例如，业务员到客户处巡货、补货所得的交易订单或客户直接到配送中心取货的交易订单 | 订单资料输入后，因货物此时已交给客户，所以，订单资料不再参与拣货、出货、发送等作业，只记录交易资料即可 |
| 间接交易订单 | 客户向配送中心订货，直接由供应商配送客户的交易订单 | 接单后，将客户的出货资料传送给供应商代配。需要注意的是，客户的送货单是自行制作或委托供应商制作的，应对出货资料加以核对确认 |
| 合约式交易订单 | 与客户签订配送契约的交易订单，如签订某期间内定时配送某数量商品的合约 | 在约定的送货日，将配送资料输入系统处理以便出货配送；或一开始便输入合约内容中的订货资料并设定各批次送货时间，以便在约定日期系统自动产生所需要的订单资料 |
| 寄库式交易订单 | 客户因促销、降价等市场因素先行订购一定数量的商品，然后再根据需要，要求出货的订单 | 当客户要求配送寄库商品时，系统应核查客户是否确实有此项寄库商品。若有，则配送此项商品，否则应加以拒绝。采用这种方式，需要注意交易价格应依据客户当初订货时的单价计算，而不是依现价计算 |
| 兑换券交易 | 客户兑换券所兑换商品的配送出货 | 将客户兑换券所兑换的商品配送给客户时，系统应核查客户是否确实有此兑换券回收资料，如有，则按兑换券兑换的商品及兑换条件予以出货，并应扣除客户的兑换回收资料 |

（4）订单价格的确认。对于不同的客户（批发商、零售商）或者不同的订购量，可能会采用不同的售价，因而输入价格时系统应加以审核。若输入的价格不符（因输入错误或业务员降价接收订单等），系统应加以锁定，以便主管审核。

（5）加工包装的确认。对于客户订购的商品是否有特殊的包装、分装或贴标等要求，是否有有关赠品的包装等，资料系统都需要进行专门的确认和记录，并将出货要求在订单上注明。

### 3. 设定订单号码

每份订单都要有单独的订单号码，并且此号码一般由控制单位或成本单位来指定，它不仅便于计算成本，还有利于制造、配送等一切相关工作。所有工作的说明单及进度报告等都应附有此号码。

### 4. 建立客户档案

建立客户档案，不但有利于此次交易的顺利进行，而且有利于以后合作机会的增加。客户档案的主要内容，如表 3-2 所示。

表 3-2　客户档案的主要内容

| 客户资料项目 | 说　明 |
|---|---|
| 客户姓名、代号、等级 | — |
| 客户信用额度 | 对批发用户或第三方物流的客户 |
| 客户销售付款及折扣率的条件 | 对批发用户或第三方物流的客户 |
| 开发或负责此客户的业务员 | 经营批发业务的配送中心或第三方物流的客户 |
| 客户配送区域 | — |
| 客户收款地址 | — |
| 客户配送路径顺序 | 根据区域、街道、客户位置，将客户分配于适当的配送路径 |
| 客户点适合的车辆形态 | 客户送货上门点的街道有车辆大小的限制，需要将适合该客户的车辆类型记录在系统中 |
| 客户点卸货地的特性 | 客户所在地点或客户位置，由于建筑物本身或周围环境特性（如地下室有限高或高楼层），可能造成卸货时有不同的卸货需求，在车辆及工具的调度上需要加以考虑 |
| 客户配送要求 | 客户对送货时间有特定要求或有协助上架、贴标等要求 |
| 过期订单处理指示 | 延迟订单的处理方式，可事先约定规则，避免过多的临时询问或紧急处理 |

### 5. 存货查询

存货查询的目的在于确认有效库存是否能够满足客户需求，通常称为“事先拣货”。库存商品资料一般包括品项名称、SKU（Stock Keeping Unit，存货管理单位）、号码、产品描述、库存量、已分配存货、有效存货及客户要求的送货时间。在输入客户订货商品名称、代号时，系统应核查存货的相关资料，看此商品是否缺货。若缺货，则应提供商品资料或此商品的已采购未入库信息，以便接单人员与客户协调，从而提高接单率及接单处理效率。

### 6. 存货分配

将订单资料输入系统，确认无误后，配送中心最主要的处理业务在于如何对大量的订货资料进行最有效的分类、调拨，以便后续物流作业的顺利进行。存货分配模式可分为单一订单分配及批次分配两种。

（1）单一订单分配。单一订单分配模式多为线上即时分配，即在输入订单资料时，就将存货分配给订单。

（2）批次分配。批次分配是指输入所有的订单资料后，一次分配库存。配送中心因订单数量多，客户类型等级多，且多为每天固定配送次数，因此采取批次分配是确保配送中心库存能力的最佳分配方式。实行批次分配时，需要注意订单分批原则，即批次的划分。物流中心的批次划分原则说明如表 3-3 所示。

表 3-3　批次划分原则说明

| 批次划分原则 | 说　明 |
|---|---|
| 按接单时序划分 | 将整个接单时间划分为几个时段，若一天有多个配送时段，将订单按接单先后顺序分为几个批次来处理 |
| 按配送区域/路径划分 | 将同一配送区域/路径的订单汇总后一起处理 |
| 按流通加工需求划分 | 将需要加工处理或需要相同流通加工的订单一起处理 |
| 按车辆需求划分 | 若配送商品需要特殊的配送车辆（如低温车、冷冻车、冷藏车）或由于客户所在地、下货特性等需要特殊配送车辆，可汇总合并一起处理 |

当现有存货数量无法满足客户的需求，而客户又不愿意接受替代品时，应按照客户意愿与公司政策来决定相应的处理方式。具体的处理方法有以下 5 种。

（1）重新调拨。当客户不允许过期交货，而公司也不愿失去此客户订单时，有必要重新调拨分配订单。

（2）补送。对于以下两种情况，应采取补送的方法：一是客户允许不足额的订货，等待有货时再予以补送，且公司政策也允许；二是客户允许不足额的订货，或者整张订单留待下一次订单一起配送。

（3）删除不足额订单。对于以下两种情况，应采取删除不足额订单的方法：一是客户允许不足额订单等待有货时再予以补送，但公司政策并不希望分批出货；二是客户不允许过期交货，且公司也无法重新调拨。

（4）延迟交货。延迟交货有两种方式：第 1 种方式是有时限延迟交货，即客户允许一段时间的过期交货，且希望一起配送所有订货；第 2 种方式是无时限延迟交货，即不论需要等多久，客户都允许过期交货，且希望所有订货一起送达，即等待所有订货到达再出货。

（5）取消订单。在客户希望所有订货一起配送到达，且不允许过期交货，而公司也无法重新调拨时，只有将整张订单取消。

### 7. 计算拣货标准时间

对每份订单或每批订单可能花费的拣货时间要事先进行安排，既要计算订单拣取的标准时间，又要有计划地安排出货时间，通常步骤如下。

（1）先计算每单元（一件、一箱）的拣取标准时间，将之记入计算机档案。

（2）有了单元拣取标准时间后，可根据每项订购数量，再配合每项寻找时间，计算每项拣取标准时间。

（3）根据每张订单或每批订单的订货项目，加上一些纸上作业的时间，算出整批订单的拣货标准时间。

### 8. 按订单排定出货时序与拣货顺序

前面已根据存货状况进行了有关存货的分配，但这些已分配存货的订单的出货时序及拣货先后顺序，应按客户需求和标准拣货时间等具体情况来定。

### 9. 订单处理结果输出

处理订单资料后，即可开始印制出货单据，展开后续的物流作业。

（1）拣货单。拣货单提供商品出库指示资料，是拣货的依据，分户拣货单和品种拣货单如表 3-4 和表 3-5 所示。拣货资料的形式须配合配送中心的拣货策略及拣货作业方式来设计，以提供详细且有效率的拣货信息，便于拣货的进行。

（2）送货单。货物交货配送时，通常需要附上送货单据给客户清点、签收。因为送货单是客户签收和确认出货资料的凭证，故其正确性十分重要，如表 3-6 所示。对于送货单，应特别注意以下内容。

① 单据打印时间。最能保证送货单资料与实际出货资料一致的方法是在出车前完成一切清点工作，对于不相符的资料，在计算机上修改完毕，再打印出货单。但这种方法常因单据数量多，需要耗费较长的时间而影响了出车时间。

② 送货单。送货单据上的资料除基本出货资料外，还应附上一些订单的异常情形，如缺货项目或缺货数量等。

③ 缺货资料。库存分配后，系统应对于缺货商品或缺货的订单资料，提供查询或报表打印功能。一是应对于库存缺货商品，提供按商品或供应商的名称代号查询的缺货商品资料，以提醒采购人员及时采购；二是应对于缺货订单，提供按客户或业务员的名称代号查询的缺货订单资料。

**表 3-4　分户拣货单**

<table>
<tr><td colspan="2">拣货单编号</td><td colspan="4"></td><td colspan="3">用户订单编号</td><td colspan="2"></td></tr>
<tr><td colspan="2">用户名称</td><td colspan="9"></td></tr>
<tr><td colspan="2">出货时间</td><td colspan="4"></td><td colspan="3">出货货位号</td><td colspan="2"></td></tr>
<tr><td colspan="2">拣货时间</td><td colspan="4">年　月　日至　　年　月　日</td><td colspan="3">拣货人</td><td colspan="2"></td></tr>
<tr><td colspan="2">核查时间</td><td colspan="4">年　月　日至　　年　月　日</td><td colspan="3">核查人</td><td colspan="2"></td></tr>
<tr><td rowspan="2">序号</td><td rowspan="2">储位号码</td><td rowspan="2">商品名称</td><td rowspan="2">规格型号</td><td rowspan="2" colspan="2">商品编码</td><td colspan="3">包装单位</td><td rowspan="2">数量</td><td rowspan="2">备注</td></tr>
<tr><td>箱</td><td>整托盘</td><td>单件</td></tr>
<tr><td></td><td></td><td></td><td></td><td colspan="2"></td><td></td><td></td><td></td><td></td><td></td></tr>
<tr><td></td><td></td><td></td><td></td><td colspan="2"></td><td></td><td></td><td></td><td></td><td></td></tr>
</table>

（注：本表是单一用户，多个品种，实际使用的拣货单可能商品种类较多，本表只给出两行，可按实际需要增加行数。）

**表 3-5　品种拣货单**

<table>
<tr><td>拣货单号</td><td colspan="2"></td><td colspan="3">包装单位</td><td rowspan="2">储位号码</td></tr>
<tr><td>商品名称</td><td></td><td rowspan="4">数量</td><td>箱</td><td>整托盘</td><td>单件</td></tr>
<tr><td>规格型号</td><td></td><td></td><td></td><td></td><td></td></tr>
<tr><td>商品编码</td><td></td><td></td><td></td><td></td><td></td></tr>
<tr><td>生产厂商</td><td></td><td></td><td></td><td></td><td></td></tr>
<tr><td>拣货时间</td><td colspan="3">年　月　日至　年　月　日</td><td>拣货人</td><td colspan="2"></td></tr>
<tr><td>核查时间</td><td colspan="3">年　月　日至　年　月　日</td><td>核查人</td><td colspan="2"></td></tr>
</table>

<table>
<tr><td rowspan="2">序号</td><td rowspan="2">订单<br>编号</td><td rowspan="2">用户<br>名称</td><td colspan="3">包装单位</td><td rowspan="2">数量</td><td rowspan="2">出货单位</td><td rowspan="2">备注</td></tr>
<tr><td>箱</td><td>整托盘</td><td>单件</td></tr>
<tr><td></td><td></td><td></td><td></td><td></td><td></td><td></td><td></td><td></td></tr>
<tr><td></td><td></td><td></td><td></td><td></td><td></td><td></td><td></td><td></td></tr>
</table>

（注：本表是单一品种，多个用户，在实际使用时，可根据需要增加用户的数量。）

**表 3-6　送货单**

客户＿＿＿＿＿＿＿＿＿＿送货日期＿＿＿＿＿＿＿＿＿＿

负责人＿＿＿＿＿＿＿＿＿＿单据类型＿＿＿＿＿＿＿＿＿＿

地址＿＿＿＿＿＿＿＿＿＿＿＿＿＿＿＿＿＿＿＿

<table>
<tr><td>序号</td><td>品名<br>规格</td><td>品名<br>代号</td><td>品级</td><td>单位</td><td>数量</td><td>单价</td><td>金额</td><td>重量</td><td>出库<br>单位</td><td>出库<br>代号</td><td>门卫<br>NO.</td></tr>
<tr><td>1</td><td></td><td></td><td></td><td></td><td></td><td></td><td></td><td></td><td></td><td></td><td></td></tr>
<tr><td>2</td><td></td><td></td><td></td><td></td><td></td><td></td><td></td><td></td><td></td><td></td><td></td></tr>
<tr><td>3</td><td></td><td></td><td></td><td></td><td></td><td></td><td></td><td></td><td></td><td></td><td></td></tr>
<tr><td></td><td></td><td></td><td></td><td></td><td></td><td></td><td></td><td></td><td></td><td></td><td></td></tr>
<tr><td></td><td></td><td></td><td></td><td></td><td></td><td></td><td></td><td></td><td></td><td></td><td></td></tr>
<tr><td colspan="2">合计</td><td></td><td></td><td></td><td></td><td></td><td></td><td></td><td></td><td></td><td></td></tr>
<tr><td colspan="5">销货通知单</td><td colspan="7">客户编号</td></tr>
<tr><td colspan="5">提货单</td><td colspan="7">统一发票</td></tr>
<tr><td colspan="11">承运商或送达方法</td><td></td></tr>
<tr><td rowspan="3">备注</td><td colspan="4" rowspan="3">单价金额及统一发票号码由<br>业务部核填</td><td colspan="2">业务部</td><td colspan="3">发送单位</td><td colspan="2">月　日</td></tr>
<tr><td>主管</td><td>主办</td><td>科长</td><td>组长</td><td>填表</td><td colspan="2">交运单</td></tr>
<tr><td></td><td></td><td></td><td></td><td></td><td colspan="2"></td></tr>
</table>

第二联　　　会计联（仓库→业务→会计存）

## 二、订单处理要求

**职业素养拓展 3.1**

### 京东商城“211 限时达”服务

在京东商城，每件商品除了其原本的使用价值外，还寄托着用户的情感诉求，因此客户对配送速度的要求很高。为了确保用户“最后一千米”的满意，京东商城在送货时间上承诺“211 限时达”。所谓“211 限时达”，是指在指定的城区，当日上午 11:00 前提交的现货订单（以订单出库后完成拣货时间点开始计算），当日送达；夜里 11:00 前提交的现货订单（以订单出库后完成拣货时间点开始计算），第二天 15:00 前送达。在京东购物过的消费者都知道，在正常情况下，上午提交的订单，下午就收到了，晚上提交的订单，第二天上午就收到了，购物十分便捷。

京东商城“211 限时达”的配送服务对订单处理提出了更高的要求，要求准确、及时、快速。

一般来说，订单处理要做到以下几点。

#### 1. 要使客户产生信赖感

信赖感是订货的基础。每次接到订单后在处理过程中都要想到，如果这次处理不当，客户下次会怎样。尤其在工业品购买中，要明确订单处理工作是开展客户经营的有机组成部分，两者有密不可分的联系，要通过订单处理建立客户对品牌的信任感和认同感。

#### 2. 尽量缩短订货周期

订货周期是指从发出订单到收到货物所需的全部时间，订货周期取决于订单传送的时间、订单处理的时间以及运输时间。这 3 个方面的安排都是订单处理的内容。尽量缩短订货周期，将大大减少客户的时间成本，提高客户所获得的让渡价值，这是保证客户满意的重要条件。

#### 3. 要提供紧急订货

从客户方面来考虑，紧急订货往往关系重大。因此，强调为客户服务，在紧要关头提供急需的服务，也是与客户建立长久的相互依赖关系的重要手段。

#### 4. 减少缺货情况

减少缺货情况是保持持续订货的关键。缺货会影响客户的整个生产安排，后果有时极其严重。此外，缺货是客户转向其他供货来源的主要原因，企业想要扩大市场，保持充足的供货是一个必要条件。

通常解决缺货问题的最好办法是尽早将缺货情况告知客户。如果企业实施计算机库存管理，并且客户是通过计算机或电话呼叫系统订货的话，就可以立即做到；如果订单采用邮寄方式，则物流部门应通过电话或邮件同客户取得联系。在任何情况下，都应告知客户在什么时候可将订货发运，如果没有现货，可否选购有现货的其他类似产品。

**5. 不忽略小客户**

小客户的订货虽少，但也可能是大批买卖的前驱，而且大客户也有要小批量的时候。如果小客户对订单处理的满意程度高，就可能带来以后的大批量订购或持续订购。最重要的是，如果客户与企业建立了稳定而信任的供销关系，就会为以后的继续订购打下良好的基础，企业的声誉也会因为大小客户的传播而树立起来。因此，要在成本目标允许的范围内，做出令小批量购买的客户满意的安排。

**6. 尽量做到装配完整**

不论工业品还是消费品都应力求做到装配完整，以“客户拿到就能用”为原则。实在办不到时，也应采取便于客户自行装配的措施，如适当的说明及图示等。

**7. 提供对客户有利的包装**

包装要便于客户处理。有些零售货物的包装要适于在货架上摆放，有些要适于经销商及厂商开展促销活动。例如，一家企业使用多达 6 种不同规格尺寸的纸箱重新包装一种洗涤剂，以支持经销商各种促销方案的需要，就是一个典型的例子。对于消费品的包装要做到有吸引力，尤其是可在家庭中另做他用，减少废弃。

**8. 要随时提供订单的处理情况**

物流部门要使客户随时了解配货发运的进程，以便预计何时到货，便于安排使用或销售。了解这方面的信息是巩固与客户关系的重要手段，也利于企业本身的工作检查。在暂时缺货的情况下，物流部门应及时地告知客户有关情况，做出适当的道歉与赔偿，以减少客户的焦虑和不满。

**9. 要注意控制和解决订单作业中的“波峰”现象**

所谓订单作业中的“波峰”现象，是指大量的客户集中在同一时间段内发出订单，使订单处理系统因超负荷而延误订单的及时处理，从而造成整个订货周期的延长，对企业客户的服务水平下降。

解决波峰现象的关键是控制客户发出订单的日期，如果企业能影响客户的订货日期，那么就能使订货平衡，从而减少订单处理工作中的“波峰”和“波谷”现象。一般来说，可以使用 3 种方式控制客户订货：第一，外勤销售人员定期走访客户，与客户确定到访的固定时间，上门订货；第二，电话销售人员每月定期给客户打电话，受理客户订货；第三，向定期发送订单的客户提供较大的价格折扣优惠。

# 任务二　进货作业

## 案例分析

某配送中心近期部分订单如下：客户李某要求在 20 天以后为其配送 50 台“戴尔”笔记本电脑、20 台彩色电视机；客户张某要求在 10 天以后为其配送 30 台“戴尔”笔记本电脑、10 台扫描仪；客户王某要求在 10 天以后为其配送 2 台多功能传真机；客户赵某要求 10 天后为其配送 12 台扫描仪、15 部“佳能”数码相机。目前配送中心有“戴尔”笔记本电脑 50 台、扫描仪 20 台、数码相机 8 部、彩色电视机 15 台、多功能传真机 2 台。与客户要求相比，还差 30 台“戴尔”笔记本电脑、2 台扫描仪、7 部数码相机和 5 台彩色电视机。显然，配送中心需要组织进货。

想一想：进货作业流程包括哪些环节？

进货作业是配送备货中的一个重要环节。一般而言，配送中心或配送公司接收订单后，应根据客户需求量、现有库存量、库存容量、缺货情况及时进货。进货作业主要包括采购（订货）、接货、检验、分拣、入库等环节，进货作业流程如图 3-4 所示。

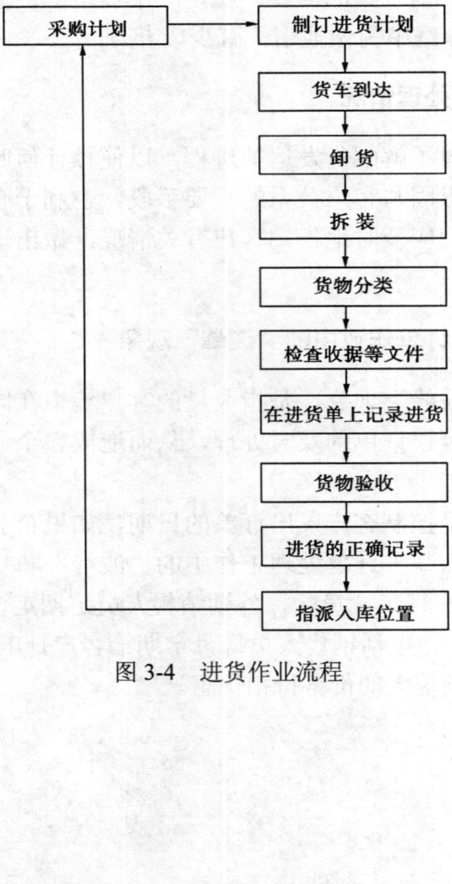


图 3-4　进货作业流程

# 一、订货

配送中心收到并汇总客户的订单以后，首先要确定配送货物的种类和数量，然后要查询管理信息系统，确认现有库存商品中有无所需要的订货商品，如有现货且数量充足，则转入拣货作业；如果没有现货或现货量不足，则要及时向供应商发出订单，提出订货。另外，为了能够保证流转速度较快的热门商品及时供货，配送中心也可以根据需求情况提前组织订货，在批量方面最好采用经济批量。

# 二、接货

## 1. 准备工作

接货前的准备工作主要涉及以下两个方面。

（1）制订进货作业计划。进货作业计划是指依据采购计划、实际的进货单据、供应商的送货规律与送货方式编制的商品入库数量和入库时间进度的计划。它的主要内容包括进库商品的品名、种类、规格、数量、入库日期、所需仓容、仓储保管条件等。通过进货作业计划掌握货物到达的时间、品类、数量及到货方式，尽可能准确预测到货时间，以便尽早做好卸货、储位及人力、物力等方面的计划和安排。进货作业计划的制订有利于保证整个进货流程的顺利进行，同时有利于提高作业效率，降低作业成本。

（2）接货前的准备。在货物到达配送中心之前，必须根据进货作业计划，在掌握入库货物的品种、数量和到库日期等具体情况的基础上做好进货准备。

① 储位准备。根据进库商品的品名、数量、储存时间，结合商品堆码的要求，核算货位面积，确定存放的具体位置，可以通过“四号定位法”等储位标示的方法明确货物的存放位置。

② 人力安排。依照到货的时间和数量，预先安排好接运、卸货、检验、搬运货物的作业人员。

③ 设备器材准备。根据货物的理化性能及包装、单位货重、单位体积、到货数量等信息，确定检验、计量、卸货与搬运方法，准备好相应的度量器具、卸货及码货的工具与设备，并安排好卸货站台空间。对一些室外储放的货物，还需要准备相应的防雨、防雪用具等。

## 2. 接货方式

接货方式主要有以下 3 种。

（1）车站、码头和机场接运。在车站、码头和机场接运的货物都来自其他城市和地区，一般仓库在接运前应收到发运单位寄来的取货凭证，接运人员应根据取货凭证到相应的车站、码头和机场进行接运，与承运单位办理交接，并联系好运回仓库的车辆。若发现有货损或货差，应当场要求承运单位出具证明或记录，以备为日后索赔提供依据。

（2）供货方送货到库。一般由供货方委托公路运输部门送货到仓库。仓库管理人员应以企业的订单或货主的入库单作为收货的依据，审核送货单、实物与检验依据的一致性，若发现件数、规格及外观质量等有差错或问题，应拒收或在送货单上做好记录，为日后索赔提供依据。

（3）仓库自提。仓库自提是指仓库自派车辆到供方单位提货，提货人员应根据提货凭证核对实物，办理好交接工作。

**3. 进货流程**

接货时应合理安排进货流程，避免车多、货多时出现堵塞和延误。为了安全、有效地卸货及按期正确地收货，安排进货流程时应做到以下几点。

（1）多利用配送车司机卸货，以减少公司作业人员和避免卸货作业的拖延。

（2）尽可能将多样活动集中在同一工作站，以节省必要的空间。

（3）尽可能平衡停泊码头或车站的配车调用。例如，按进、出货的需求状况制定配车排程，或分散安排部分耗时的进货作业，尽量避开进货高峰期。

（4）码头、车站到储存区的活动，应尽量保持直线流动。

（5）根据活动的相关性安排进货流程，使距离最小化。

（6）在进货高峰期，使货物能维持正常速率的移动。

（7）尽量使用同样的容器，节省更换容器的时间。

（8）详细记录进货资料以备后续存取核查。

（9）在出货期间尽可能省略不必要的货品搬运及储存。

（10）小批量进货时准备小车。

**4. 责任划分与处理原则**

在接货过程中，若出现破损、短少、变质和错到等问题，应按以下原则进行责任划分和处理。

（1）破损。商品破损主要有两种情况：一种是商品本身的破损，影响了其价值或使用价值，甚至导致商品报废；另一种是包装的破损，影响了商品的储存保管。破损主要发生在接运前和承运中。如果破损责任属于生产厂、发货单位或承运单位，提运员或接运员应向承运部门索取有关事故记录，并交给保管员，作为向供应商或承运单位进行索赔的依据。如果在接运过程中，因装卸不当等原因造成破损，签收时应写明原因、数量等，报仓库主管处理，一般由责任方负责赔偿。

（2）短少。短少也分接运前和接运中两种情况。接运前短少的，可按上述办法处理。如果在接运中因装载不牢而导致货物丢失，或者因无人押运等原因而导致货物被窃，在签收时应报告保卫部门进行追查处理。

（3）变质。以下情况可能导致商品变质。一是由于生产或保管不善，存期过长等导致商品变质，在这种情况下如果责任在供货方，可退货、换货或索赔，但在保管员签收时应详细说明变质数量和变质的程度；二是在承运中因污染、水渍等使商品变质，责任在承运方，保管员在签收时应索取有关记录，交给货主交涉处理；三是在提运中，因商品混放、雨淋等原因造成的变质，应由接运人员承担责任。

（4）错到。商品错到的原因是多方面的，因而责任归属也不同。例如，有的是发运方的责任，如错发、错装等，因此，应通知发运方处理；有的是提运、接运中的责任，如错卸、错装等，因此，保管员在签收时应详细说明，然后报仓库负责追查处理；有的是承运方责任，如错运、错送等，因此，应索取承运方记录，交给货主交涉处理。

对于无合同、无计划的到货，应及时通知货主查询，经批准后，才能办理入库手续，货主应及时将订货合同、到货计划送交仓库。

## 三、货物检验

所谓货物检验，是指根据合同或标准，对货物的数量、质量、包装等进行检查、检验的总称。商品在入库之前必须进行商品检验工作，以明确货主与保管人的责任。检验后，若与订货合同要求相符，则很快转入下一道工序（分拣工序）；若不符合合同要求，配送中心应详细记载差错情况，并拒收货物。按照规定，质量不合格的货物将由供应商自行处理。经检验确认后，必须填写“货物检验单”，其格式如表 3-7 所示。

表 3-7　货物检验单

| 检验单 | | | | | | | | |
|---|---|---|---|---|---|---|---|---|
| 供货商 | | | 采购订单号 | | | 检验员 | | |
| 运单号 | | | | | | 检验日期 | | |
| 运货日期 | | | 到货日期 | | | 复核员 | | |
| | | | | | | 复核日期 | | |
| 序号 | 储位号码 | 商品名称 | 商品规格型号 | 商品编码 | 包装单位 | 应收数量 | 实收数量 | 备注 |
| | | | | | | | | |
| | | | | | | | | |
| | | | | | | | | |
| | | | | | | | | |
| | | | | | | | | |
| | | | | | | | | |
| | | | | | | | | |

### 1. 货物检验的标准

为了准确及时地验收货物，首先必须明确检验标准。在实际进货作业过程中通常依据以下标准检验货物。

（1）采购合同或订单所规定的具体要求和条件。

（2）议价时的合格样品。

（3）采购合约中的规格或图解。

（4）各类产品品质的国家标准或国际标准。

### 2. 货物检验的内容

货物检验的内容主要涉及以下 3 个方面。

（1）数量检验。入库货物按不同供应商或不同类别经初步整理查点大数后，必须依据送货单和有关订货资料，按货物品名、规格、等级、产地、牌号进行核对，以确保入库货物准确无误。由于入库货物数量准确与否直接关系到配送中心的库存数量控制和流动资产管理，所以，数量检验是进货作业中非常重要的内容，通常采用计件和计量两种方法。计件法一般有标记计件法、分批清点和定额装载 3 种方法，计量法通常包括衡量称重和理论换算两种方法。

（2）质量检验。配送中心对入库货物进行质量检验主要是检验其质量指标是否符合规定，以便及时发现问题，分清责任，确保到库货物的质量。质量检验有感官检验法和仪器检验法两种。感官检验法主要是借助于检验人员丰富的商品知识和实践经验，通过视、听、味、触、嗅觉来判断商品的质量。仪器检验法则是利用各种仪器设备，对商品的规格、成分、技术要求标准进行物理、化学、生物方面的分析、测定。

（3）包装检验。包装检验时，首先要通过检验产品的外部包装是否受损来判断货物是否受损。其次要看包装是否符合有关标准，主要是看包装使用的材料、规格、制作工艺、标志、打包方式等。当需要对货物进行拆包检验时，一般应有两人以上同时在场操作，以明确责任。

## 四、分类与入库

对于生产商送交的货物，经过有关部门验收之后，配送中心的工作人员要按照类别、品种将其分开，随后存放到指定的仓位和场地，或直接进行下一步操作：加工和拣货。

同时，货物检验后进行搬运入库、堆码等作业。要求员工按照预定堆垛方案堆垛或上架，并及时处理现场发生的事故和突发事件，清扫作业现场等。

货物入库后有以下两种作业方式。

（1）货物入库上架，等有出库需求时再出货。货物入库上架需要由计算机或管理人员按照仓库区规划管理原则或货物生命周期等因素来指定储放位置并登记，方便日后的库存管理或出货查询。

（2）直接出库。此时管理人员需要按照出货需求将货物送往指定的出货码头或暂时存放地点。出库搬运过程中需要由管理人员选用搬运工具、调派工作人员并安排工作进程。

## 五、交接与登记

交接手续是指仓库对收到的货物进行确认，表明已接收货物。办理完交接手续，意味着划分清楚运输、送货部门和仓库的责任。交接的内容包括各种货物资料、运输货运记录、货单、交接清单、入库资料、验收证明等，经与接货或承运人相互签字后方可确认有效。

然后，利用计算机仓储管理信息系统进行登账处理，主要内容有：货物名称、规格、数量、件数、累计数或结存数、存货人或提货人、批次、金额、货位号或运输工具、接发人或经办人。随后打印货物内容卡片，将其插放在货物下方的货架支架上或摆放在货垛正面明显位置处。最后，打印入库清单，复核确定后存档。

## 六、商品编码与分类

商品编码与分类贯穿整个配送作业流程。对商品进行编码和分类，可以为信息处理和作业管理提供便利，同时提高信息处理和作业管理的准确性与效率。为了使后续作业准确而快速地进行，并使商品品质及作业水准得到妥善维持，在进货阶段对商品进行有效的编码和分类是一项十分重要的工作内容。

### 1. 商品编码

使用商品编码的目的是为了便于进行商品输送的分类、检索和统计。商品编码可以标记于容器、储位上，也可以直接反映在单据上。通常容器及储位上标记的编码有特定的使用目的，保留时间较长。

（1）商品编码的结构。编码是表示特定事物或概念的一个或一组字符，通常是阿拉伯数字、拉丁字母或便于记忆和处理的符号。其基本结构包括：

① 编码长度——一个编码中所包含的有效字符的个数；

② 编码顺序——编码字符排列的逻辑顺序；

③ 编码基数——编制编码时所选用代码字符的个数，如数字编码的字符为0～9，基数是10。

（2）商品编码的功能。商品编码具有以下几种功能。

① 标志。编码是在一定范围内鉴别编码对象的标志，这是编码的最基本特性。

② 分类。当将编码对象按属性或特征分类，并分别赋予不同的类别代码时，代码又可以作为区分编码对象类别的标志。

③ 排序。当按编码对象的属性或特征赋予一定规则的编码时，编码可以作为对编码对象进行排序的工具。

④ 特定含义。由于某种客观原因需要采用一些专用符号时，编码又可表示一定的特定含义。

（3）商品编码的作用。商品编码的主要作用有：提高商品信息传递与处理的正确性；方便检查、核对与管理商品的信息资料；提高商品进、出、存的作业效率，便于进行信息传递；便于利用计算机管理；有利于加强存货控制、降低库存等。

（4）商品编码的原则。进行商品编码要遵循以下原则。

① 简易性。编码结构应尽量简单，长度尽量短，这不仅便于记忆，也可以节省机器存储空间，减少编码处理中的差错，提高信息处理效率。

② 完全性。每种商品都有一种编码表示。

③ 单一性。每个编码只对应一种商品。

④ 一贯性。编码要统一，有连贯性。

⑤ 充足性。采用的文字、记号或数字应足够用来编码。

⑥ 可扩充性。为未来商品的扩展及商品规格的增加留有扩充的余地，使其可以根据需要而自由延伸，或随时从中插入。

⑦ 组织性。编码应有组织性，以便存档或查找账卡及相关资料。

⑧ 适应性。编码应尽可能反映商品的特点，易于记忆、暗示或联想。

⑨ 分类展开性。若商品过于繁杂，使得编码庞大，则应使用渐进分类的方式来进行编码。

⑩ 应用性。管理计算机化已成为目前趋势，编码应与计算机配合使用。

（5）商品编码的方法。商品编码的种类很多，常见的有无含义编码和有含义编码。无含义编码通常可以采用顺序码和无序码来编排，有含义编码则通常是在对商品进行分类的基础上，采用顺序码、层次码、特征组合码及复合码等进行编排。常用的方法有以下几种。

① 顺序码法。顺序码法又称流水编号法，即将阿拉伯数字或英文字母按顺序往下编码，常用于账号及发票编号等，在少品种、多批量配送中心，也可用于商品编码，但为了使用方便，常与编码索引配合使用，其示例如表 3-8 所示。

表 3-8　顺序码法示例

| 编　码 | 商品名称 |
|---|---|
| 1 | 白酒 |
| 2 | 葡萄酒 |
| 3 | 果汁 |
| … | …… |
| n | 奶制品 |

② 层次码法。层次码是以编码对象的从属层次关系为排列顺序组成的编码。编码时，将编码分成若干层次，并与分类对象的分类层级相对应，编码自左至右表示层级由高到低，编码的左端为最高位层级编码，右端为最低位层级编码，每个层级的编码可采用顺序或系列顺序。例如，编码为“1010050312”的商品，其编码所示的层级关系及含义如表 3-9 所示。

表 3-9　层次码法示例

| 商品编码 | 层数编码 | 所属层次 | 层级编码含义 |
|---|---|---|---|
| 1010050312 | 1 | 大类 | 食品 |
| | 01 | 小类 | 饮料 |
| | 005 | 品名 | 可口可乐 |
| | 03 | 形状 | 圆瓶 |
| | 12 | 规格 | 400 毫升 |

③ 数字分段码法。数字分段码法把数字进行分段，每段数字代表具有同一共性的一类

商品，其示例如表 3-10 所示。

**表 3-10　数字分段码法示例**

| 编　码 | 商品名称 | 备　注 |
|---|---|---|
| 1 | 单块装香皂 | 1～3 用于香皂编号 |
| 2 | 2 块装香皂 | |
| 3 | 4 块装香皂 | |
| 4 | 高露洁牙膏 | 4～8 用于牙膏编号 |
| 5 | 田七牙膏 | |
| 6 | 佳洁士牙膏 | |
| 7 | 竹盐牙膏 | |
| 8 | …… | |

④ 实际意义编码法。实际意义编码法是指按照商品的名称、重量、尺寸、分区、储位、保存期限或其他特性等实际情况对商品进行编码的方法。此方法的优点在于通过商品编码可知商品的相关信息，其示例如表 3-11 所示。

**表 3-11　实际意义编码法示例**

| 编　码 | 含　义 | |
|---|---|---|
| FO4915B1 | FO | 表示 FOOD，食品类 |
| | 4915 | 表示 4×9×15，尺寸大小 |
| | B | 表示 B 区，商品储位区号 |
| | 1 | 表示第一排货架 |

⑤ 暗示编码法。暗示编码法用数字与文字的组合进行编码，编码本身虽不直接指明商品的实际情况，但却能暗示商品的内容。此法容易记忆又不易让外人知道，例如，编码为“BY005WB10”的商品，其编码的具体含义如表 3-12 所示。

**表 3-12　暗示编码法示例**

| 商品编码 | 编　码 | 所属类别 | 编码含义 |
|---|---|---|---|
| BY005WB10 | BY | 商品名称 | 自行车 |
| | 005 | 尺寸 | 5 号 |
| | WB | 颜色与型号 | 白色、小孩型 |
| | 10 | 供应商号码 | 10 号供应商 |

商品分类编码后，应制作系统的商品分类编码表。商品分类编码表使用一段时间后，会因新商品增加，旧商品淘汰而需要进行定期修正。新商品导入应注意分类编码的连贯性和完整性，淘汰商品应定期删除其编码，并加强登录管理。

### 2. 商品分类

（1）商品分类的原则。①分类必须根据企业本身的需要，选择适用并且统一的分类方式。②分类必须系统地展开，从大类到小类按层级划分类别。③分类应明确且类别之间不能互相交叉。④分类应覆盖所有参加分类的商品，而且分类一旦确定后不可随意改变。⑤分类应具有伸缩性，以便增补新货。

（2）商品分类的方式。①为满足商品储存和保管的需要，可以按商品特性进行分类。因为不同特性的商品所需要的保管条件不同，有些商品如果不加区分，随意存放，就会产生商品间的相互影响，导致商品失去原来的特性，如挥发性和吸附性强的商品混合存放会引起商品串味、变质。②可以按商品的使用目的、方法及程序进行分类。例如，对需要进行流通加工的商品，可按不同的加工方法进行分类；为方便商品采购，可按交易行业进行分类。③也可依据商品的其他信息进行分类，如配装送货前，按不同的客户或不同的目的地进行分类。

（3）商品自动分类入库应用范例。

① 商品自动分类入库的一般作业流程，如图 3-5 所示。

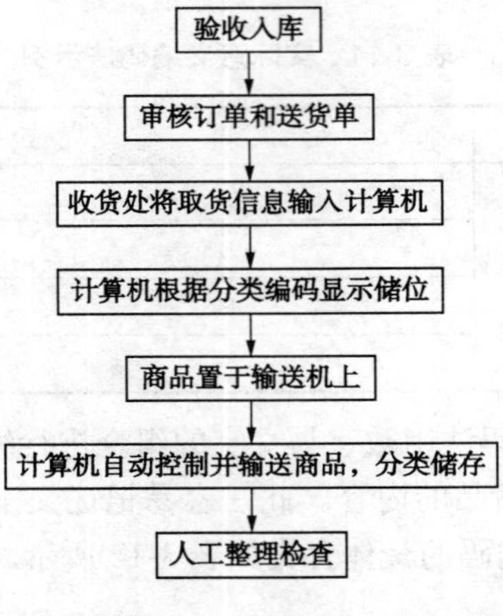


图 3-5　商品自动分类入库的一般作业流程

② 商品自动分类入库应用范例，如图 3-6 所示。其具体作业过程如下。

a．商品验收完毕，由 1 号条码扫描机读取商品包装上的条码，依据条码信息，计算机自动查询确认商品分别应归属上层或下层的输送线。

b．决定楼层归属后，商品分别通过不同的输送线被传送至上、下两层。由 2 号、3 号条码扫描机再次读取条码，将商品按不同的品类或其他分类方式传送到各条储存线上。

c．在每条储存线的商品切离口，当商品堆满一托盘时，作业人员就会用叉车将其送至指定的储位。

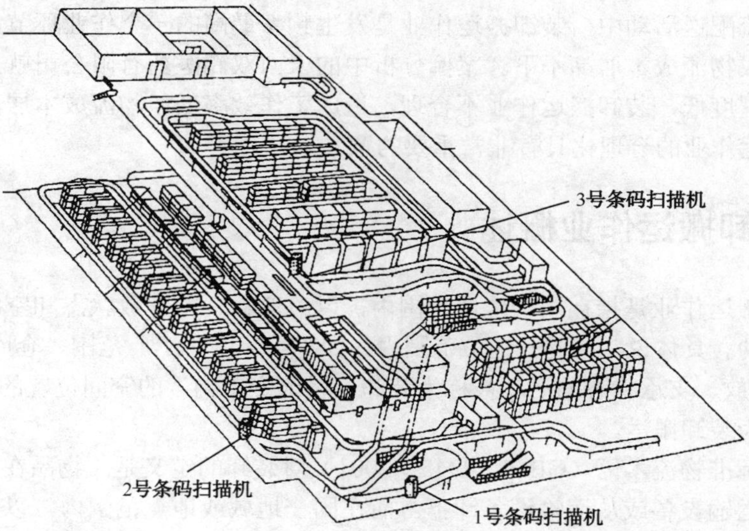


图 3-6 商品自动分类入库应用范例

# 任务三 装卸搬运作业

## 案例分析

### 云南双鹤医药的装卸搬运环节分析

云南双鹤医药有限公司是“北京双鹤”这艘医药航母部署在西南战区的一艘战舰，是一个以市场为核心，以现代医药科技为先导，以金融支持为框架的新型公司，是西南地区经营药品品种较多、较全的医药专业公司。

虽然“云南双鹤”已形成规模化的产品生产和网络化的市场销售，但其流通过程中物流管理严重滞后，造成物流成本居高不下，不能形成价格优势。这严重阻碍了物流服务的开拓与发展，成为公司业务发展的“瓶颈”。

装卸搬运活动是衔接物流各环节正常进行的关键，而“云南双鹤”恰好忽视了这一点，由于搬运设备的现代化程度低，只有几个小型货架和手推车，大多数作业仍处于以人工作业为主的原始状态，所以工作效率低，且易损坏物品。另外仓库设计不合理，造成长距离的搬运，并且库内作业流程混乱，形成重复搬运，大约有70%属于无效搬运，这种过多的搬运次数，不但损坏了商品，也浪费了时间。

资料来源：http://wlkc.zjtie.edu.cn/xdwlsb/view.asp？newsid=42&cid=7

想一想：1. 简述装卸搬运环节对企业发展的作用。

2. 针对医药企业的特点，请对“云南双鹤”搬运系统的改造提出建议和方法。

在物流配送活动中，装卸搬运作业是发生频率最高的一个作业环节，忽视装卸搬运作业往往造成物流成本居高不下。案例分析中的云南双鹤医药有限公司就是因为装卸搬运设备现代化程度低，装卸搬运作业不合理，造成工作效率低、物流成本居高不下。因此，实现装卸搬运作业的合理化具有非常重要的意义。

## 一、装卸搬运作业概述

装卸搬运作业是指在同一地域范围内，以改变物资的存放状态和空间位置为主要内容的作业活动。具体说，在同一地域范围内（如车站范围、工厂范围、仓库内部等），以改变“物”的存放、支承状态的活动被称为装卸，以改变“物”的空间位置的活动被称为搬运，两者统称为装卸搬运。

我国标准物流术语（GB/T 18345—2001）对装卸的定义是：物品在指定地点以人力或机械装入运输设备或从运输设备卸下。而在同一地域或地点范围内，以改变“物”的空间位置（通常指短距离的空间位移）为目的的活动称为搬运。在实际操作中，装卸与搬运是密不可分的，两者通常伴随发生。因此，在物流中并不过分强调两者的差别，而是将它们作为一种活动来对待。

任何商品，不论处于什么状态，只要对它进行运输、储存、配送、包装或流通加工，就都需要进行装卸搬运作业。装卸搬运是物流配送各环节的结合，是连接储存及运输的纽带，它贯穿于物流配送的全过程。在商品流通日益繁荣、商品运输方式和保管设施日益现代化的情况下，装卸搬运就显得更加重要了。据统计，装卸搬运作业量约占全部作业量的60%～70%。

## 二、装卸搬运作业的类型

装卸搬运作业类型如表 3-13 所示。

**表 3-13　装卸搬运作业类型**

| 序　号 | 分类依据 | 类　别 | 特　点 |
|---|---|---|---|
| 1 | 按装卸搬运施行的物流设施、设备对象分类 | 仓库装卸 | 配合出库、入库、维护、保养等活动进行，并且以堆垛、上架、取货等操作为主 |
| | | 铁路装卸 | 对火车车皮的装进及卸出，是一次作业就实现一车皮的装进或卸出，很少有像仓库装卸时出现的整装零卸或零装整卸的情况 |
| | | 港口装卸 | 包括码头前沿的装船和后方支持性装卸，有时还采用小船在码头与大船之间“过驳”的办法，因而其装卸的流程较为复杂，往往经过几次的装卸及搬运作业才能最后实现船与陆地之间货物过渡的目的 |
| | | 汽车装卸 | 一般一次装卸批量不大，由于汽车的灵活性强，可以减少或减去搬运活动，而直接、单纯利用装卸作业达到车与物流设施之间货物过渡的目的 |
| | | 飞机装卸 | — |

续表

| 序　号 | 分类依据 | 类　别 | 特　点 |
|---|---|---|---|
| 2 | 按装卸搬运的机械及其作业方式分类 | “吊上吊下”方式 | 采用各种起重机械从货物上部起吊，依靠起吊装置的垂直移动实现装卸，并在吊车运行的范围内或回转的范围内实现搬运或依靠搬运车辆实现小搬运 |
| | | “叉上叉下”方式 | 采用叉车从货物底部托起货物，并依靠叉车的运动进行货物位移，搬运完全靠叉车本身，货物可不经中途落地直接放置到目的处 |
| | | “滚上滚下”方式 | 利用叉车、半挂车或汽车承载货物，连同车辆一起开上船，到达目的地后再从船上开下，称为“滚上滚下”方式。利用叉车在船上卸货后，叉车必须离船；若利用半挂车、平车或汽车，则拖车将半挂车、平车拖拉至船上后，拖车开下离船，而载货车辆连同货物一起运到目的地，再原车开下或拖车上船拖下。“滚上滚下”方式需要有专门的船舶，对码头也有不同要求，这种专门的船舶被称为“滚装船” |
| | | “移上移下”方式 | 在两车之间（如火车及汽车）进行靠接，利用各种方式，不使货物垂直运动，而靠水平移动从一个车辆上推移到另一车辆上，称“移上移下”方式。“移上移下”方式需要使两种车辆水平靠接，需要对站台或车辆货台进行改变，并配合移动工具实现 |
| | | “散装散卸”方式 | 对散装物进行装卸，一般从装点直到卸点，中间不再落地，这是集装卸与搬运于一身的装卸方式 |
| 3 | 按货物运动形式分类 | 垂直装卸 | 呈垂直运动状态，上述“吊上吊下”方式即为垂直装卸 |
| | | 水平装卸 | 呈水平运动状态，上述“叉上叉下”方式即为水平装卸 |
| 4 | 按装卸搬运对象分类 | 散装货物装卸 | 装卸物呈散装状态，如煤、沙子等 |
| | | 单件货物装卸 | 货物状态为单件包装状态 |
| | | 集装货物装卸 | 已将单件货物集装在一起，可将集装在一起的几件货物同时进行装卸与搬运 |
| 5 | 按装卸搬运作业特点分类 | 连续装卸 | 主要是同种大批量散装或小件杂货通过连续输送机械，连续不断地进行作业，中间无停顿，货间无间隔。在装卸量较大、装卸对象固定、货物对象不易形成大包装的情况下适于采取这一方式 |
| | | 间歇装卸 | 有较强的机动性，装卸地点可在较大范围内变动，主要适用于货流不固定的各种货物，尤其适于包装货物、大件货物，散粒货物也可采取此种方式 |

## 三、装卸搬运作业合理化

### 职业素养拓展 3.2

新来的装卸物流员组织工人卸水泥，他让工人们用人工把水泥袋一包一包卸下堆码，这样干既累又慢。这时，有工人向装卸物流员建议利用滑板往下卸水泥，那样做既省时又省力。他接受了工人的建议，利用滑板和水泥的重力，很快将任务完成。

装卸搬运作业合理化是配送作业合理化的一个重要问题，改善装卸搬运作业是加速车船周转、加快商品运达速度、减少资金占用、简化包装、减少货损的重要手段，对提高配送总体效益具有重要作用。职业素养拓展中的工人提的建议就是合理地利用了滑板进行装卸，使装卸作业省时省力，大大提高了装卸作业的效率。一般而言，要实现装卸搬运合理化，需要从以下两方面入手。

### 1. 防止和消除无效作业

无效作业是指在装卸作业活动中超出必要的装卸搬运量的作业。显然，防止和消除无效作业对装卸作业的经济效益有重要作用。为了有效地防止和消除无效作业，可从以下几个方面入手。

（1）尽量减少装卸次数。要使装卸次数降到最少，要避免没有物流效果的装卸作业。

（2）提高被装卸物料的纯度。物料的纯度，指物料中含有水分、杂质等与物料本身使用无关的物质的多少。物料的纯度越高，装卸作业的有效程度越高；反之，无效作业就会增多。

（3）包装要适宜。包装是物流中不可缺少的辅助作业手段。包装的轻型化、简单化、实用化会不同程度地减少作用于包装上的无效劳动。

（4）缩短搬运作业的距离。物料在装卸、搬运当中，要实现水平和垂直两个方向的位移，选择最短的路线完成这一活动，就可避免超越这一最短路线的无效劳动。

### 2. 提高装卸搬运的活性

（1）装卸搬运活性的含义。装卸搬运活性是指从物的静止状态转变为装卸搬运运动状态的难易程度。如果很容易转变为下一步的装卸搬运而不需要过多做装卸搬运前的准备工作，则活性高；如果难于转变为下一步的装卸搬运，则活性低。

为了对装卸搬运活性有所区别，并能有计划地提出活性要求，使每步装卸搬运都能按一定活性要求进行操作，对于不同放置状态的货物做了不同的活性规定，“活性指数”就是依据标准确定活性的一种方法。

（2）“活性指数”等级。“活性指数”分为0～4共5个等级，如表3-14所示。

**表3-14 装卸搬运“活性指数”等级**

| 放置状态 | 需要进行的作业 | | | | 活性指数 |
|---|---|---|---|---|---|
| | 整理 | 架箱 | 提起 | 拖运 | |
| 散放在地上 | 需要 | 需要 | 需要 | 需要 | 0 |
| 置于一般容器中 | — | 需要 | 需要 | 需要 | 1 |
| 集装化 | — | — | 需要 | 需要 | 2 |
| 无动力车 | — | — | — | 需要 | 3 |
| 动力车辆或传送带 | — | — | — | — | 4 |

### 3. 实现装卸作业的省力化

合理选择装卸搬运方式，节省体力消耗；利用机械设备，缩短搬运距离；采用移动距离（时间）最小化原则等均可以实现装卸作业的省力化。装卸搬运使物料发生垂直和水平位移，必须通过做功才能实现，因此要尽力实现装卸作业的省力化。

在装卸作业中，应尽可能地消除重力的不利影响。在有条件的情况下利用重力进行装卸，可减轻劳动强度和能量的消耗。将设有动力的小型运输带（板）斜放在货车、卡车或站台上进行装卸，使物料在倾斜的输送带（板）上移动，这种装卸就是靠重力的水平分力完成的。在搬运作业中，不用手搬，而是把物资放在一台车上，由器具承担物体的重量，人们只需要克服滚动阻力，使物料水平移动即可，这是十分省力的方法。

利用重力式移动货架也是一种利用重力实现省力化装卸的方式之一。重力式货架的每层格板均有一定的倾斜度，利用货箱或托盘可使货物沿着倾斜的货架层板自行滑到输送机械上。为了使物料滑动的阻力小，通常货架表面会处理得十分光滑，或者在货架层上装有滚轮，或者在承重物资的货箱或托盘下装上滚轮，这样将滑动摩擦变为滚动摩擦，物料移动时所受的阻力会更小。

### 4. 合理组织装卸搬运设备，提高装卸搬运作业的机械化水平

组织物资装卸搬运设备是以完成装卸任务为目的，并是以提高装卸设备的生产率、装卸质量和降低装卸搬运作业成本为中心的技术组织活动。

随着生产力的发展，装卸搬运的机械化程度将不断提高。此外，由于装卸搬运的机械化能把工人从繁重的体力劳动中解放出来，尤其对于危险品的装卸作业，机械化不但能保证人和货物的安全，而且是装卸搬运机械化程度不断提高的动力。

### 5. 推广组合化装卸搬运

在装卸搬运作业过程中，可根据不同物料的种类、性质、形状和重量来确定不同的装卸作业方式。处理物料装卸搬运的方法有 3 种：将普通包装的物料逐个进行装卸，叫做“分块处理”；将颗粒状物料不加小包装而原样装卸，叫做“散装处理”；将物料以托盘、集装箱、集装袋为单位进行组合后装卸，叫做“集装处理”。对于包装的物料，尽可能进行“集装处理”，可以充分利用机械进行操作，实现单元化装卸搬运。

### 6. 合理地规划装卸搬运方式和装卸搬运作业过程

装卸搬运作业过程是指对整个装卸作业的连续性进行合理的安排，以减少运距和装卸次数。装卸搬运作业现场的平面布置是直接关系装卸、搬运距离的关键因素，装卸搬运机械要与货场长度、货位面积等相互协调。要有足够的场地集结货物，并满足装卸搬运机械工作方面的要求，场内的道路布置要为装卸搬运创造良好的条件，有利于加速货位的周转。使装卸搬运距离达到最小平面布置是减少装卸搬运距离最理想的方法。

# 任务四 储存作业

## 案例分析

作为美的集团旗下的大型综合性物流企业，2008 年，安得物流就围绕“节能减排、绿色环保”的总体目标，开始了对“绿色仓储”的探索。通过优化仓储布局、投入专业设备及工具、推动无纸化办公等措施，安得物流在绿色仓储方面取得了长足的发展，成为了现代“绿色物流”的倡导者和先行者。美的集团旗下的安得物流现代化仓储设施如图 3-7 所示。

图 3-7 美的集团旗下的安得物流现代化仓储设施

优化仓储布局

要想打造绿色物流，就要对仓储进行合理的布局与规划。合理的仓储布局，能够有效节约运输成本。布局过于密集，会增加运输的次数，从而增加资源的消耗；布局过于松散，则会降低运输的效率，增加空载率。目前，美的集团安得物流在全国范围内拥有 200 多个服务网点，同时正在全国 33 个主要城市规划及筹建综合物流园区，目标直指优化国内主要经济区域间的物流运输环境，从而提升物流运营的整体效率。合理的仓储布局，让安得物流的仓库货物运输成本降到最低，也为客户节省了不少运输成本，受到了广大客户的认可。

投入专业设备及工具

在仓储环境中，叉车尾气排放对环境污染尤为明显。当前，美的集团安得物流管理的仓储面积超过 400 万平方米，这显然需要大量的专业物流设备及工具。为进一步推进绿色物流，安得物流累计投入 350 多台纯电动叉车及托盘车（平均每台电动设备的采购成本是油动设备的 2～5 倍），直接减少油动叉车的使用率。先进物流装备的使用，使得安得物流能够尽可能减少燃油叉车尾气的排放，实现了对环境的有效保护。

推动无纸化办公

高度的电子信息化，能够实现无纸化办公，有助于节约资源，保护环境。据了解，RF 技术是推进物流信息化进程中的一种技术手段，它能够实现物流信息的高度共享，从而在很大程度上减少办公用纸，进而实现无纸化办公。为此，美的集团安得物流通过投入巨额资金，大力发展 RF 技术，截止到目前，安得物流已经顺利完成 150 万平方米仓库的 RF 应用。

仓储是物流的重要环节，要实现绿色物流，绿色仓储的建设是必不可少的。当前“绿色物流”还处于概念培育阶段，许多物流企业尚未完全建立起发展绿色物流的概念。而作为现代物流的佼佼者，美的集团安得物流在建设绿色仓储的路上，已经走在行业的前头。

想一想：结合案例谈谈什么是绿色仓储？提高仓储作业效率的方法有哪些？

## 一、储存作业内容

货物经过验收入库后，便进入储存保管阶段，它是连锁企业配送作业的重要环节之一。通过商品的在库科学管理，保持商品的原有使用价值。其主要内容包括货位规划、商品存放的分区分类、货物的堆码与苫垫、货物的保管维护、货物的在库盘点、货物检查和货物的保管损耗控制等。

### 职业素养拓展 3.3

**Bin 系统——亚马逊公司的库存秘密**

检货区与存货区分离，从表面上看，使检货员的检货路径缩短了，而存货区可以使用立体存储方式。存储密度的提高有着明显的好处，但这也导致了系统逻辑复杂，尤其是补货逻辑极为复杂，难以操作。

而货位与库存数量绑定，则有着明显的好处，如果将这一思想贯彻到极致，则会自然而然地出现本篇将要介绍的货位系统，不如称其为库存货位绑定的货位系统，简称 Bin 系统，这就是亚马逊公司的仓库管理系统。

Bin 系统操作流程

1. 收货。在实际操作中，收货时是将采购订单看成一个货位，将运货车看成另外一个货位，收货员将货品逐个从采购订单的货位转移到运货车的货位上去。这样的操作精度高，而且效率也相当高。

2. 上架。上架实际上也是将货品从待上架的货位（运货车）中转移到存储用的货位上的过程。

上架操作按批次进行，每辆运货车作为一个批次，一个批次中包含了多次的上架操作。每次的上架操作只涉及一个 SKU，在操作时，需要输入系统的信息为：上架 SKU，目标货位，上架数量（批次号中已经包含了运货车货位的信息）。

在 Bin 系统下，由于货位和货品数量绑定，因此在上架操作时，也不要求将一个 SKU 一次性放到同一个货位上，而是可以根据货架的实际剩余情况，灵活安排到两个、三个甚至更多的货位上。

由此可以看到，在 Bin 系统下，上架员的操作具有相当大的灵活性，看到哪里有空隙，就可以将货品放到哪里。这样的库房虽然看起来杂乱无章，但实际上所有的信息都存储在货位系统中，任何需要都可以随时满足。

3. 盘点。在 Bin 系统下，每个存储货位中分别有几个 SKU，每个 SKU 有多少数量，这些信息都是在货位系统存储的。并且，由于每次库存实物操作都与系统相对应，所以实物与系统是同步更新的。

在这样的情况下，盘点可以在任意时间，任意货位操作。在盘点的同时可以进行上架、检货等操作，盘点的精度也完全被影响。这是其他的任何系统都无法做到的。

4. 检货。在 Bin 系统中，由于货位与货品数量绑定，因此在生成检货批次的同时，可以指定检货库位，只有被指定的有检货需求的货位才会被路径规划系统所考虑。例如，订单中需要 10 个 SKU A，而当前可用库存共有 23 个 SKU A，这 23 个货品分别位于 Location（位置）A、B、C 上，每个位置各有 8 个、9 个、6 个，如果在 Location A、B 上分别占用 8 个、2 个，则 Location A 上的 8 个及 Location B 上的 2 个库存属性会被设置为“订单占用库存”。检货时，根据所有已占用库存货位的位置，自动规划出检货路径。检货时，只能检出“订单占用库存”，而不能检出普通库存。检货时检出的货品，将被放在检货容器中——同样也是一种特殊的货位。

5. 出货。出货时，订单中包含的货品，从检货容器中转移至包裹中，可以对包裹号进行追踪。

综上所述，Bin 系统将货品、货位、数量的绑定关系做到了极致。这样做的好处有目共睹，亚马逊公司所使用的货位系统在原理上与上述一致，支撑起了每年 400 亿美元的销售规模，并且完全可以支持更大的规模。

但是人们也必须清醒地认识到，Bin 系统可以实现库存的精细化管理，但是成本非常高。首先，Bin 系统数据库虽然结构较简单，但是数据量很大，任何库存转移的操作都必须与系统同步，造成了数据库的读写负荷极大，对数据库系统的可靠性、稳定性的要求很高；其次，所有库存转移的操作与系统同步都需要设备，这些设备必须具有移动能力，每个操作人员都必须配备，这一投资也是非常巨大的。以最为常用的 Symbol 的 RF 移动扫描枪为例，一台就要将近 8 000 元，如果给每个操作员工配备一台的话，那么设备投入的金额是非常大的。

资料来源：中国物流与采购网

#### 1. 货位规划

根据已确定的商品分区分类保管方案，对各库房、货场进行合理布局，规划和确定库房和货场的货位摆放形式。

库房的货位布局主要有以下 3 种形式。

（1）横列式。所谓横列式就是指货位、货架、货垛与库房的宽向平行排列布置。横列式货位布局如图 3-8 所示。其特点是货垛整齐美观，存取查点方便，通风采光良好，但此方式的仓容利用率较低。

（2）纵列式。所谓纵列式就是指货位、货架、货垛与库房的宽向垂直排列布置。纵列式货位布局如图 3-9 所示。其特点是仓容利用率较高，主干道货位利于存放周转期短的物品，支干道货位利于存放周转期长的物品，但此方式不利于通风采光及机械化作业。

（3）混合式。所谓混合式就是指横列式和纵列式在同一库房内混合出现，布置货位或货架的一种形式。混合式货位布局如图 3-10 所示。此方式兼有上述两种方式的特点，是最常用的一种方式。

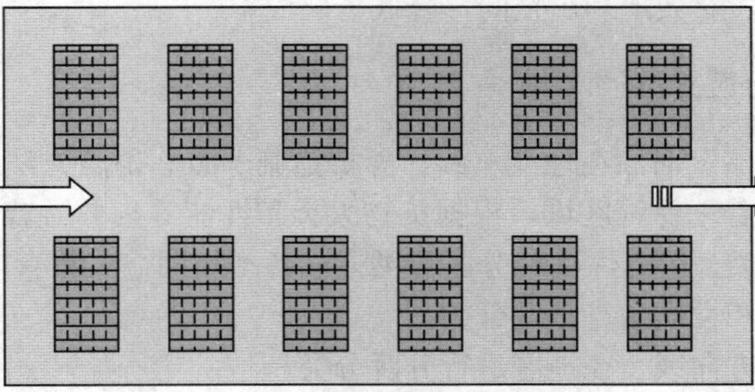

图 3-8　横列式货位布局

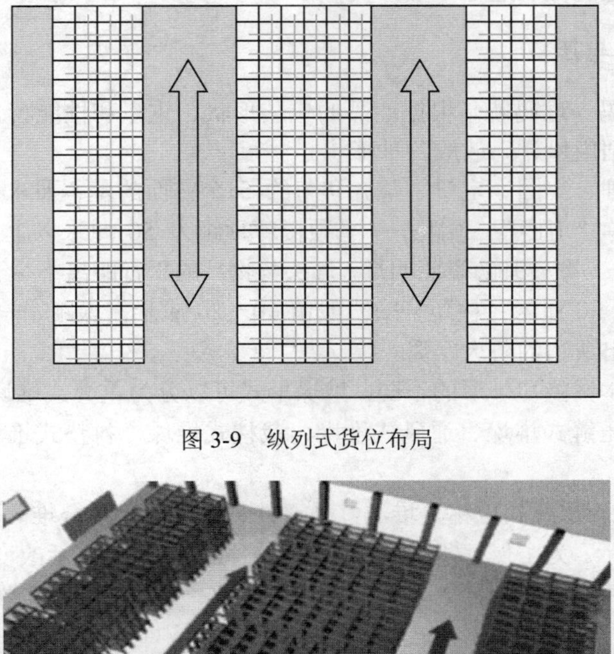

图 3-9　纵列式货位布局

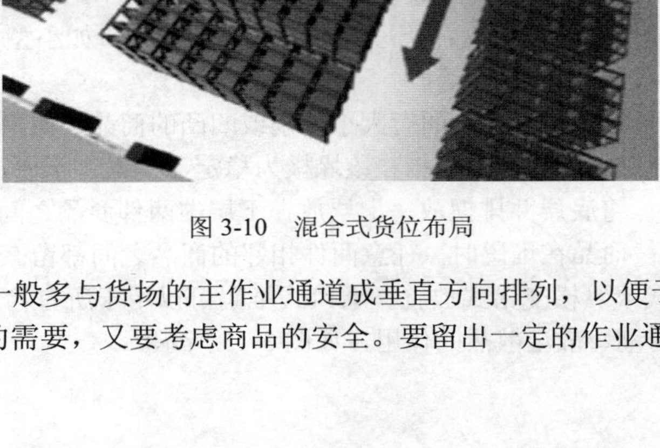

图 3-10　混合式货位布局

露天货场货位一般多与货场的主作业通道成垂直方向排列，以便于装卸和搬运。货位布置既要考虑操作的需要，又要考虑商品的安全。要留出一定的作业通道、垛距、墙距等，要合理、充分利用库房面积，尽量提高仓库、货场的利用率。

货位布局除了考虑平面布局外，还应考虑空间布局，如就地堆码与架上平台共用、货架存放、空中悬挂等，有效地利用空间，降低仓储成本。

### 2. 商品存放的分区分类

分区分类就是对储存商品在性能一致、养护措施一致、消防方法一致的前提下，把库房货棚、货场划分为若干保管区域，根据货物大类和性能等划分为若干类别，以便分类集中保管的方式。不同类型的仓库，其分区分类方法各不相同，大致有以下 4 种分法：

（1）按商品种类和性质进行分区分类；

（2）按商品流转方向或发往地区进行分区分类；

（3）按不同货主的商品经营分工进行分区分类；

（4）按商品的危险性质进行分区分类。

### 3. 货物的堆码与苫垫

（1）货物的堆码。堆码就是根据商品的包装形状、重量和性能特点，结合地面负荷和储存时间将商品分别堆垛、码放成各种形状。

堆码应满足合理、牢固、定量、整齐和节约 5 个方面的基本要求。库内物品堆码要留出适当的距离，俗称“五距”：顶距——平顶楼库顶距为 50 厘米以上，人字形屋顶以不超过横梁为准；灯距——要安装防爆照明灯，灯头与物品的平行距离不少于 50 厘米；墙距——外墙 50 厘米，内墙 30 厘米；柱距——一般留 10～20 厘米；垛距——通常留 10 厘米。对易燃物品还应该留出适当的防火距离。

根据商品的基本性能和外形的不同，堆垛形式可以分为重叠式堆垛、纵横交错式堆垛、仰俯相间式堆垛、压缝式堆垛、通风式堆垛、栽柱式堆垛、衬垫式堆垛和梅花形堆垛等多种形式。

① 重叠式堆垛。重叠式也称直堆法，是逐件、逐层向上重叠堆码，一件压一件的堆码方式，如图 3-11 所示。为了保证货垛的稳定性，在堆码一定层数后改变方向继续向上堆放，或者长宽各减少一件继续向上堆放。该方法方便作业、计数，但稳定性较差。适用于袋装、箱装、箩筐装商品，以及平板、片式商品等。

② 纵横交错式堆垛。这种形式是将长短一致，宽度排列可以与长度相等的商品，一层横放，一层纵放，纵横交错堆码，形成方形垛，如图 3-12 所示。这种垛形也是机械码垛的主要垛形之一。纵横交错式堆垛适合长短一致的长条形货物，如小型方钢、钢锭、长短一致的管材、棒材、狭长的箱装材料等。

③ 仰俯相间式堆垛。将上下两面有大小差别或凹凸的商品，如槽钢、钢轨等，仰放一层，在反一面俯放一层，仰俯相向相扣。该垛极为稳定，但操作不便，如图 3-13 所示。

④ 压缝式堆垛。将底层并排摆放，上层放在下层的两件商品之间，如图 3-14 所示。

⑤ 通风式堆垛。商品在堆码时，任意两件相邻的商品之间都留有空隙，以便通风。层与层之间采用压缝式或纵横交错式放置。通风式堆码可以用于所有箱装、桶装和裸装商品的堆码，起到通风防潮、散湿散热的作用，如图 3-15 所示。

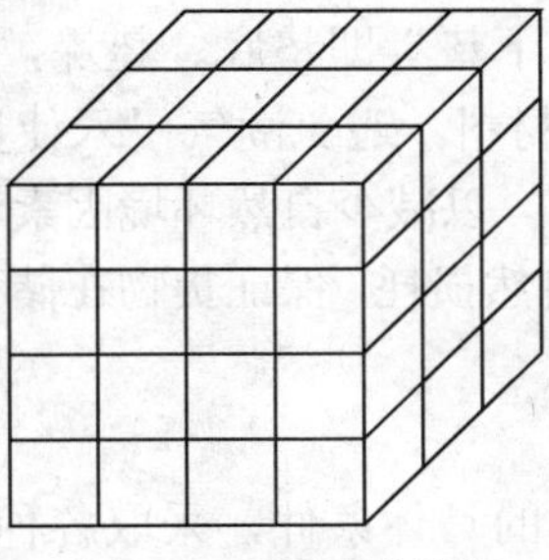

图 3-11 重叠式堆垛

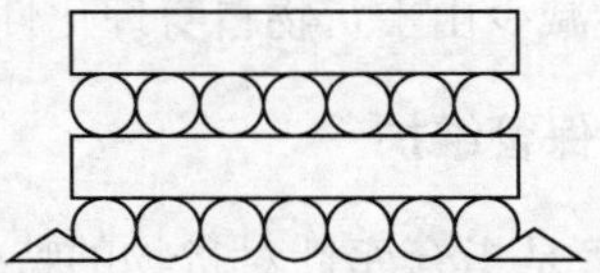

图 3-12 纵横交错式堆垛

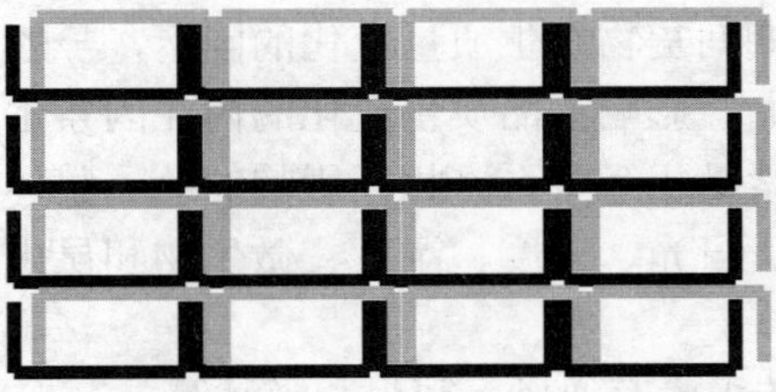

图 3-13 仰俯相间式堆垛

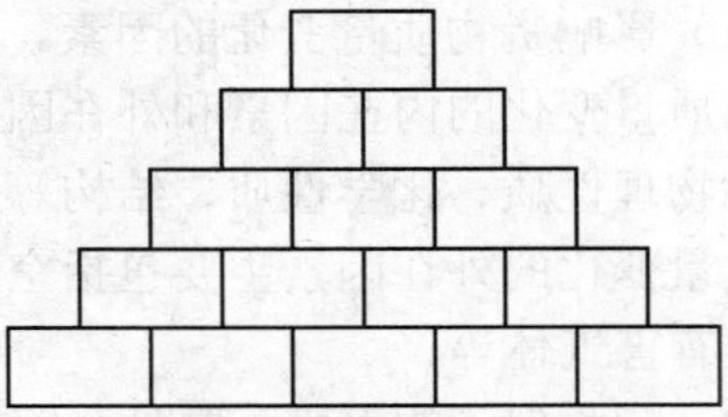

图 3-14 压缝式堆垛

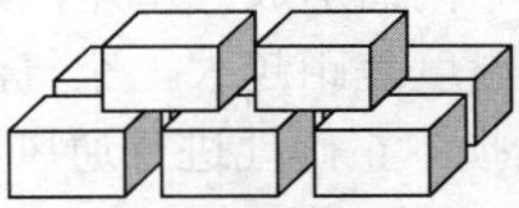

（a）箱装

（b）桶装

图 3-15 通风式堆垛

⑥ 栽柱式堆垛。码放商品前先在堆垛两侧栽上木桩或铁棒，然后将商品平码在桩柱之间，码好几层后用铁丝将相对两边的桩柱相连，再往上摆放商品。此法适用于棒材、管材等长条状商品，如图 3-16 所示。

⑦ 衬垫式堆垛。码垛时，隔层或隔几层铺放衬垫物，待衬垫物铺得平整牢靠后，再往上码放物品。此法适用于不规则且较重的商品，如无包装电机、水泵等。

⑧ 梅花形堆垛。此为比较罕见的堆放方式，对于圆柱形、圆饼形物料比较适用，可在地面上用此法堆放大物料，如图 3-17 所示。

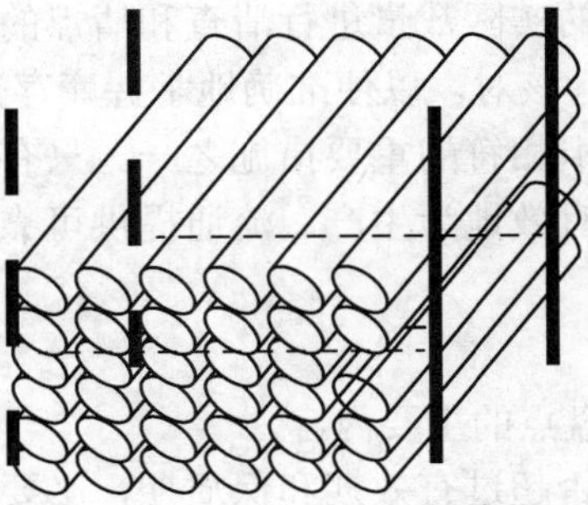

图 3-16 栽柱式堆垛

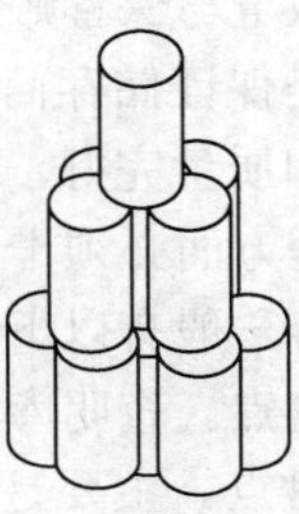

图 3-17 梅花形堆垛

（2）货物的苫垫。在堆码时，为了避免货物受到日光、雨水、冰雪、潮气等自然环境因素的损害，应该对成垛的货物进行“上苫下垫”。“下垫”即垫底、垫垛，是指在货物码垛前，按照垛形的大小和重量，在货垛底部放置铺垫材料，避免潮气侵入使货物受损。“上苫”即苫盖，是指采用专门的苫盖材料对货垛进行遮盖，以减少自然环境因素对货物的侵蚀、损害，并尽可能减少由于货物自身理化性质所造成的自然损耗，保证货物在储存期间的质量。

**4. 货物的保管维护**

货物的保管是指仓库针对货物的特性，结合仓库的具体条件，采取各种科学的方法对货物进行养护，从而防止和延缓货物质量变化的活动。

（1）影响货物质量变化的因素。造成储存期间货物发生质量变化的因素，一般包括影响物品质量变化的内在因素和外在因素两个方面。影响物品质量变化的内在因素主要包括物品的物理性质、化学性质、结构等，这些因素是相互联系、相互影响的统一整体。影响物品质量变化的外在因素主要包括空气中的氧、日光、温度、湿度、微生物和昆虫、卫生条件、有害气体等。

（2）货物保管的手段。常见仓库货物保管的手段有通风、密封和吸潮等。

① 通风。通风就是利用仓库内外温度的不同而形成气压差，使仓库内外空气形成对流，以达到调节库内温、湿度的目的。仓库内外温度差距越大，空气流动就越快，但风力不能超过 5 级，否则将因灰尘较多而造成货物受损。正确地进行通风，不仅可以调节与改善仓库内的温、湿度，还能及时地散发货物及包装中的多余水分。

② 密封。仓库密封就是把整库、整垛或整件货物尽可能地密封起来，减少外界不良的气候条件对其的影响，以达到安全储存商品的目的。密封能保持仓库内温、湿度处于相对稳定的状态，达到防潮、防热、防干裂、防冻、防融化的目的，还可收到防霉、防火、防锈蚀、防老化等方面的效果。

③ 吸潮。吸潮是与密封配合，用以降低仓库内空气湿度的一种有效的方法。在梅雨季节或阴雨天，当仓库内湿度过大，又无适当通风时机的时候，可在密封库里采用吸潮的办法，以降低仓库内的湿度，常采用吸潮剂或去湿机进行吸潮。

**5. 货物的在库盘点**

所谓盘点，是指定期或临时对库存商品的实际数量进行清查和清点的作业，将仓库现有物品的实际数量与保管账上记录的数量进行核对，以便准确地掌握库存数量。

货物盘点是保证储存商品达到账、货、卡相符的重要措施之一。只有使库存商品经常保持数量准确和质量完好，仓储部门才能更有效地为生产、流通提供可靠的供货保证。因此，在存货管理方面必须十分重视盘点工作。

盘点的内容一般有以下 4 个方面。

（1）数量盘点。查明库存的实际数量是盘点的主要内容。

（2）质量盘点。主要是检查在库产品是否超过有效期和保质期，必要时对产品进行技术检查。

（3）货与账核对。根据盘点商品的实际数量，逐笔核对商品保管账上所列的结存数字。

（4）账与账核对。仓库保管账应定期与货主的商品账进行核对，必要时应随时核对。

在盘点对账中如发现问题，要做好记录，并逐一进行分析，及时与存货人联系，找出原因，协商对策，并纠正账目中的错误。对霉烂、变质、残损货物，应采取积极挽救措施，尽量减少损失。

6. 货物检查

为了掌握货物在储存期间的变化情况，掌握库存动态，及时发现和解决保管中的问题，必须对库存货物进行保管期间的检查。货物检查的内容包括查质量、查数量、查设备器具和查安全4项内容。货物检查的方法包括日常检查、定期检查和临时检查3种方式。

7. 货物的保管损耗

货物在保管期间会发生自然损耗、由人为因素或自然灾害等造成的损耗，以及由运输与磅差等造成的损耗，这些损耗有的可以避免，有的则难以避免。一般采用货物保管损耗率来表示货物的损耗情况。

## 二、储存作业合理化的原则

1. 面向通道进行保管原则

面向通道进行保管原则，是指货物的码放和货架的朝向都应该面向通道。这是为了方便货物的上架和取出。

2. 高层堆码原则

高层堆码原则，是指在保证安全，防止破损的前提下，把货物码放到尽可能高的层位上。这是为了充分地利用仓库容积，提高保管效率。

3. 先入先出原则

先入先出原则，是指先入库的货物优先出库。这是为了防止由于货物储存时间过长而出现变质、腐败、老化等现象。

4. 周转对应保管原则

周转对应保管原则，是指按照出库频率选择保管位置。出库和进货频率高的货物，尽可能在接近出口、利于作业的地方存放；相反，则放到离门口较远的位置。

5. 同一性原则

同一性原则，是指相同的物品尽量摆放在同一个地方。这是为了提高出入库和保管效率。

6. 类似性原则

类似性原则，是指类似的物品放在邻近的位置保管。这也是为了提高出入库和保管效率。

### 7. 重量特性原则

重量特性原则，是指按照物品的重量特性安排保管位置，主要是将重量大的物品摆放到货架下面；反之，则放在货架上面。

### 8. 形状特性原则

形状特性原则，是指按照物品的形状安排保管方法，主要是将形状规则的物品放在托盘或货架上，形状不规则的物品采用特殊器具保管。这主要是为了方便存取和保管。

### 9. 位置标志原则

位置标志原则，是指物品存放的位置要有明确的标志。这主要是为了方便货物的存取。

## 三、储存作业合理化的措施

### 1. 对储存货物进行重点控制

重点控制法建立在货物的 ABC 分类基础上。由于在货物的存储中，少数品种的货物占据着存储总金额的很大比例，而占库存的大多数的品种却占存储总金额的比例不大。因此，可将货物按用途分为 A、B、C 三类，即重要的库存（A 类）、一般重要的库存（B 类）和不重要的库存（C 类），然后对不同类别的货物实行不同的管理方法，重点对 A 类、B 类货物进行控制，同时兼顾其他货物，从而实现有效的货物存储控制。

### 2. 采取有效的“先进先出”存储方式

保证每个被储物的储存期不至过长，“先进先出”是一种有效的方式，也成了储存管理的准则之一。有效的“先进先出”方式如表 3-15 所示。

表 3-15 有效的“先进先出”方式

| 序号 | 方式 | 组织方式 |
|---|---|---|
| 1 | 贯通式货架系统 | 利用货架的每层，形成贯通的通道，从一端存入物品，从另一端取出物品，物品在通道中自行按先后顺序排队，不会出现越位等现象 |
| 2 | “双仓法”储存 | 给每种被储物都准备两个仓位或货位，轮换进行存取，再配以“必须在一个货位中取光才可补充”的规定，则可以保证实现“先进先出”方式 |
| 3 | 计算机存取系统 | 在存储时向计算机输入时间记录，编入一个简单的、按时间顺序输出的程序，取货时计算机就能按时间给予指示，以保证“先进先出”。这种计算机存取系统还能将不做超长时间的储存和快进快出结合起来，即在保证一定“先进先出”前提下，将周转快的物资随机存放在便于存储之处，以加快周转，减少劳动消耗 |

### 3. 提高储存密度，提高仓容利用率

提高储存密度，提高仓容利用率可以节约固定资产投资，降低单位产品存储成本，提高单位存储面积的利用率，减少土地占用，主要有3类方法，如表3-16所示。

表3-16 提高储存密度，提高仓容利用率的主要方法

| 序号 | 方法 | 组织方式 |
|---|---|---|
| 1 | 采取高垛的方法，增加储存的高度 | 采用高层货架仓库、采用集装箱等都可比一般储存方法大大增加储存高度 |
| 2 | 缩小库内通道宽度以增加储存有效面积 | 采用窄巷道式通道，配以轨道式装卸车辆，减少车辆运行宽度；采用侧叉车、推拉式叉车，以减少叉车转弯所需的宽度 |
| 3 | 减少库内通道数量以增加储存有效面积 | 采用密集型货架，采用可进车的可卸式货架，采用各种贯通式货架，采用不依靠通道的桥式吊车装卸技术等 |

### 4. 采用有效的储存定位系统

储存定位就是指对货物存储位置的确定。例如，传统的“四位数定位”方法，用四位数分别表示货物的序（区）号、架号、层号和位号，这样每个货位都有一个编号。在货物入库时将货物的编号记录在账或录入计算机中，提货时按照编号很快就可以将货物找出来。

### 5. 采用有效的监测清点方式

对储存物资数量和质量的监测不但是掌握基本情况之必须，也是科学库存控制之必须。在实际工作中稍有差错，就会使账物不符，所以，必须及时且准确地掌握实际储存情况，经常与账卡核对，这是人工管理和计算机管理必不可少的。此外，经常的监测也是掌握被存物质量状况的重要工作。主要的监测清点方法如表3-17所示。

表3-17 主要的监测清点方法

| 序号 | 方法 | 内容 |
|---|---|---|
| 1 | “五五化”堆码 | 这是在手工管理中采用的一种科学方法。储存物堆垛时，以“五”为基本计数单位，堆成总量为“五”的倍数的垛形，如“梅花五”、“重叠五”等，堆码后，有经验者可过目成数，大大加快了人工点数的速度，且能减少差错 |
| 2 | 光电识别系统 | 在货位上设置光电识别装置，该装置可对被存物进行扫描，并可将准确数目自动显示出来。使用这种方式不需要进行人工清点就能准确掌握库存的实际数量 |
| 3 | 电子计算机监控系统 | 用电子计算机指示存取，可以防止人工存取出现的差错，如果在被存物上采用条形码认寻技术，使识别计数和计算机联结，那么每存取一件物品，识别装置会自动识别条形码，并将其输入计算机，计算机会自动做出存取记录。这样只需要对计算机进行查询，就可了解所存物品的准确情况，而无须再建立一套对实有数的监测系统 |

### 6. 采用现代储存保养技术

采用现代储存保养技术是使储存合理化的重要方面。以下是3种先进的储存保养技术。

（1）气幕隔潮。在潮湿地区或雨季，室外湿度高且持续时间长，若想使仓库内保持较低的湿度，就必须防止室内外空气的频繁交换。一般仓库在打开库门作业时，便自然形成了空气交换的通道，由于作业频繁，室外的潮湿空气会很快进入库内，一般库门、门帘等设施隔绝潮湿空气的效果不理想，因此可在库门上方安装鼓风设施，使之在门口处形成一道气流，由于这道气流有较高的压力和流速，门口便形成了一道气墙，可有效阻止库内外空气交换，防止湿气浸入，并且不能阻止人和设备的出入。气幕还可起到隔热并保持室内温度的作用。

（2）气调储存。通过调节和改变环境空气成分，来抑制被储物的化学变化和生物变化，抑制害虫生存及微生物活动，从而达到保持被储物质量的目的。具体做法包括：①在密封环境中更换调配好的气体；②充入某种成分的气体；③除去或降低某种成分的气体等。

气调方法对于有新陈代谢作用的水果、蔬菜、粮食等物品的长期保质、保鲜和储存很有效（如粮食可长期储存，苹果可储存3个月），对防止生产资料在储存期的有害化学反应也很有效果。

（3）塑料薄膜封闭。塑料薄膜虽不完全隔绝气体，但能隔水隔潮，用塑料薄膜封垛、封袋、封箱，可有效地造就封闭小环境，阻缓内外空气交换，完全隔绝水分。若在封闭环境内置入杀虫剂、缓蚀剂，或者注入某种气体，则该环境内部可以长期保持该种物质的浓度，形成一个稳定的小环境。用这个方法来进行气调储存更加简便易行且成本较低，也可以用这个办法对水泥、化工产品、钢材等做防水封装，以防变质和锈蚀；对托盘货物封装后再用热缩性塑料薄膜进行热缩处理，则可基本排除封闭体内部之空气，塑料膜缩贴到被封装物上，不但能有效与外部环境隔绝，而且还起到紧固作用，防止塌垛、散垛。

### 7. 采用集装箱、集装袋、托盘等运输存储装备一体化的方式

集装箱等集装设施的出现，也给储存带来了新观念。集装箱本身便是一栋仓库，不需要再有传统意义的库房，在物流过程中也就省去了入库、验收、清点、堆垛、保管、出库等一系列储存作业，因而对改变传统储存作业有很重要的意义，是储存合理化的一种有效方式。

## 任务五　拣货作业

### 案例分析

某连锁企业物流配送中心接到甲、乙、丙、丁等不同零售点的送货要求，甲零售点要求为其配送50盒200克规格的北味牌东北黑木耳、30盒礼品包装的中老年型黄金搭档、20

盒 750 毫升×2 规格的茅台红葡萄酒、100 瓶 500 毫升规格的海天特级味极鲜酱油和 200 袋京式臭豆腐；乙销售点要求为其配送 100 盒 200 克规格的北味牌东北黑木耳、10 盒 750 毫升×2 规格的茅台红葡萄酒和 50 袋 227 克规格的大白兔奶糖；丙销售点要求为其配送 50 盒礼品包装的中老年型黄金搭档、20 桶 3 000 毫升规格的长白山野生葡萄酒、25 箱 500 毫升×15 规格的娃哈哈营养快线；丁销售点要求为其配送 50 袋京式臭豆腐、200 盒 125 克规格的力士香皂、100 支 80 克规格的竹盐牙膏、50 瓶 400 毫升规格的潘婷润发精华素。所有货物需要在 2015 年 2 月 10 日 16 时之前准备出库，物流经理通知配送物流员做好各种商品的拣选工作。

想一想：拣货作业包括哪些环节？

所谓拣货，是指按照订单将客户所需的货物尽可能迅速、准确地从其储位或其他区域拣取出来的作业过程。有人将拣货作业称为“出货的第一环节”，也有人称之为物流配送中心的“心脏”，由此可见其重要性。据有关资料统计，物流成本约占商品最终售价的 30%，其中包括配送、搬运和储存等成本。一般来说，拣货成本比其他厂区内堆叠、装卸和暂存等成本的总和还要多，占物流搬运成本的绝大部分。为此，若要降低物流搬运成本，首先应以拣货作业为主要考虑对象，这样才能达到事半功倍的效果。

### 职业素养拓展 3.4

网上超市 1 号店拥有 12 条产品线，其商品种类达 90 万。随着业务规模的持续扩大，1 号店已在北京、上海、广州、武汉、成都分设了 5 个仓储物流中心。1 号店是如何不断加强供应链和物流管理能力的呢？其仓储物流解决方案如下。

1. 拆零拣选技巧

1 号店在对订单进行拆零拣选作业方面，全程使用 RF 手持终端设备操作，综合多种拆零拣选模式。据 1 号店供应链信息技术总监杨平透露，目前电子标签 DAS/DPS 管理系统已覆盖整个仓库的大部分区域。

1 号店拆零拣选方案的考虑因素主要依靠：（1）确认货品是否属于贵重、温控和特殊品类；（2）对商品的体积进行分类，因为异形或者大体积货品、中小体积货品的订单流程都是不同的；（3）货品的重量也是需要考虑的因素之一，因为超重商品的订单流程和一般商品的流程不同；（4）还要专门针对快消货品和长尾货品进行分析，分别制定出与之相适宜的操作流程。

2. 波次拣货法

1 号店采用波次拣货方法。根据客户的送货时间要求建立一个数据池，对这些数据进行分析，把订单进行分类，再进行预分配。这样既可把有共性的订单合并在一个波次中，又可使其拣选路径变短，拣货效率大幅提高。

3. 订单合并法

在仓储拣选管理上，拣选路径设计对仓储物流效率有着至关重要的影响。通过订单合并的方法，根据一个波次中的商品分布情况来选择最短的拣货路径，将波次逻辑嵌入 TSP 模型，对波次的拣货任务进行拣货路径优化，以缩短整个波次的拣货路径，并且采用电子标签 DAS（Digital Assorting System，播种式电子标签拣货系统）和 DPS（Digital Picking System，摘取式电子标签拣货系统）进行系统管理，目前已覆盖整个仓库大部分的区域，可提高拣货和分拣的准确性和效率。

资料来源：中国物流与采购网

## 一、拣货作业的流程

拣货作业的一般流程如图 3-18 所示。

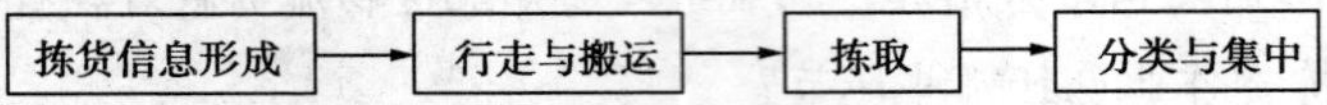


图 3-18 拣货作业的一般流程

### 1. 拣货信息形成

在拣货作业开始之前，指示拣货作业的单据或信息必须先行处理完成。虽然有些配送中心直接利用客户的订单或公司的交货单作为人工拣选指示，但因为此类传票容易在拣选作业中受到污损导致错误发生，无法正确标示货物的储位，从而延长了拣货人员寻找货物的时间。所以大多数物流配送中心一般先将原始的传票转换成拣选单或电子拣货信号，以便拣货人员或自动拣取设备进行更有效率的拣货作业。

### 2. 行走与搬运

拣货时，拣货人员或机器必须直接接触并拿取货物，因而形成拣货过程中的行走与货物的搬运。这一过程的完成主要有两种方式。

（1）“人—物”方式。拣货人员通过步行或搭乘拣选车辆到达货物储存位置，该方式的特点是货品采取一般的静态储存方式，如托盘货架、轻型货架等，主要移动方为拣货人员。

（2）“物—人”方式。与上述方式相反，主要移动的一方为被拣取物，也就是货物，拣货人员在固定位置内作业，无须寻找货物的储存位置。该方式的主要特点是货物采用动态方式储存，如负载自动仓储系统、旋转自动仓储系统等。

### 3. 拣取

当货物出现在拣货人员面前时，接下来的动作便是抓取与确认。无论是人工拣取货物还是机械拣取货物，都必须首先确认被拣货物的品名、规格、数量等内容是否与拣货信息传递的指示一致。这种确认既可以通过人工目视读取信息，也可以利用无线传输终端设备读取条码，并由计算机进行对比，后一种方式往往可以大幅度降低拣货的错误率。拣货信息被确认后，拣取的过程可以由人工或自动设备完成。通常体积小、批量小的货物，或者货重在人力可承受范围内且出货频率不是特别高的货物，可以采取手工方式拣取；对于体积大、质量大的货物可以利用升降叉车等搬运机械进行辅助作业；对于出货频率很高的货物可以采用自动分拣系统进行拣取。

### 4. 分类与集中

配送中心在收到多个客户的订单后，可以形成批量拣取，然后再根据不同的客户或送货路线分类集中。有些需要进行流通加工的货物还应根据加工方法进行分类，加工完毕再按一定的方式分类出货。多品种货物分货的工艺过程较复杂，难度较大，容易发生错误，必须在形成规模效应的基础上提高作业的精确性。在物品体积小、货重轻的情况下，可以采取人工分货，也可以采取机械辅助作业，或者利用自动分货机对拣取出来的货物进行自动分类与集中。分类完成后，经过核对、包装，便可以对货物进行出货、装运和送货了。

## 二、拣货信息

### 1. 传票

直接利用订单或公司的交货单作为拣货指示，即传票。

### 2. 拣货单

把用户的原始订单输入计算机，进行拣货信息处理后，打印拣货单，拣货人员按拣货单进行拣货。这种方式的优点是避免传票在拣货过程中受到污损，同时物品的储位编号可以显示在拣货单上，更方便拣货。

### 3. 贴标签

用印有物品名称、位置、数量和价格的标签取代拣货单。因货物和标签同步前进，利用扫描器读取货品的条码，拣货错误率极低。

### 4. 显示方式

在货架上安装液晶显示器，通过计算机控制，显示应在该货位拣取货物的数量。

### 5. 条码

条码被贴附在物品或货箱表面上，经过扫描器阅读，计算机解码，把“线条符号”转变成“数字符号”，便于计算机运算。通过条码阅读器自动读取，不但能准确、快速掌握商品信息，而且可以提高库存管理精度，是一种实现商品管理现代化，并能提高效率的有效方法。

### 6. 无线电识别器

把无线电识别器安装在移动设备上，同时把接收和发射电波的ID（Identification，身份识别）卡或标签等信息反应器安装在货品或储位上，当无线电识别器接近货物时，立即读取货物或储位上反应器中的信息，通过识别电路传给计算机。例如，可以将ID卡安装在托盘上，把无线电识别器安装在堆垛机上，当堆垛机接近托盘时，托盘上的信息可被无线电识别器读取并传递给计算机。

#### 7. 计算机随行指示

在堆垛机或台车上安装辅助拣货的计算机终端，在拣货之前把拣货信息输入计算机，拣货人员根据计算机显示引导，能迅速而准确地拣取货品。

#### 8. 自动拣货系统

当电子信息输入自动拣货系统后，系统能自动完成拣货工作。这是世界上最先进的拣货系统，是物流设备发展的方向。例如，日本某物流中心的拣货作业系统就是一个典型的自动拣货系统，其模式如图 3-19 所示。

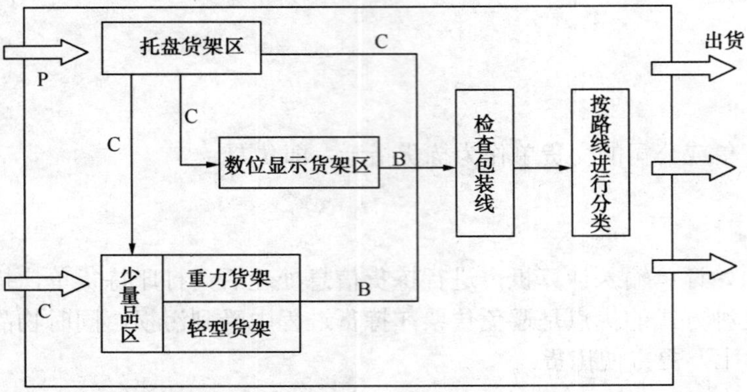


图 3-19　日本某物流中心的拣货作业系统模式

## 三、拣货单位

拣货单位因货物品种不同而有不同的形式。通常拣货单位可分为托盘、箱和单件 3 种。一般而言，托盘是体积、重量最大的拣货单位，其次为箱，最小者为单件。如果订货的最小单位是“箱”，那么拣货单位至少要为“箱”。对于体积大、形状特殊，且无法按“托盘”和“箱”为单位进行归类的特殊品，可采用特殊的拣货方法，如桶装液体、散装颗粒、冷冻食品等，拣货时以特定的包装形式和包装单位为标准。

## 四、拣货方式

#### 1. 摘果式拣取

摘果式拣取是作业人员巡回于仓库内，将每份订单所列的货物品种及数量，逐一从仓库储位或其他作业区中取出，然后将取出的货物集中在一起的拣货方式。摘果式拣取的一般作业流程如图 3-20 所示。

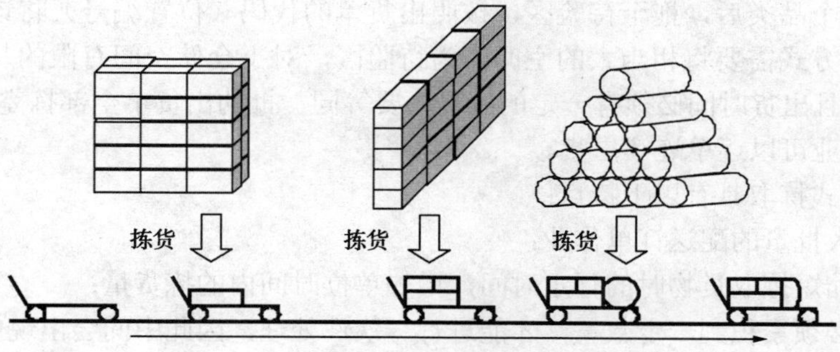


图 3-20　摘果式拣取的一般作业流程

进行摘果式拣取配货时，每位拣货员以出货单为准，按照品类顺序或储位顺序，到每种品类储位下层的拣货区，拣取出货单内该品类的数量，码放在托盘上，再继续拣取下一个品类，直到该出货单拣取结束。然后，将拣好的货物与出货单放置于待运区的指定位置，由出货验收人员接手。

摘果式拣取适合订单内容差异较大、订单数量变化频繁和季节性强的货物配送。在货物外形、货物类别和货物性质的差异较大的情况下，也适宜采用这种方式，如化妆品、家具、电器、高级服饰等。

摘果式拣取主要具有以下特点：

（1）作业方法单一，接到订单后可以立即进行拣货、送货，所以作业前置时间短；

（2）作业人员责任明确，易于安排人力；

（3）货物品种多时，拣货行走路径加长，拣取效率降低；

（4）拣货区域较大时，搬运系统设计比较困难。

### 2. 播种式拣取

播种式拣取又称为批量拣取，即把多张订单集合成一个批次，按商品品种汇总后再进行拣取，然后按不同客户或不同订单做分类处理。播种式拣取的一般作业流程如图 3-21 所示。

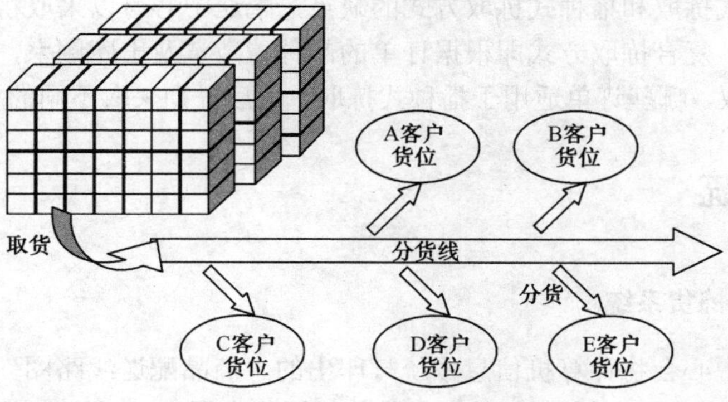


图 3-21　播种式拣取的一般作业流程

拣货人员的工作是先按照拣货总表的品类总量，到指定储位下层的拣货区一次取一类货物。取完一个品类后，拖至待验区，按照出货单的代码（位置编号）将该品类应出货的数量放下。该方式需要将相当大的空间作为待验区，对于仓储空间有限的从业者而言有较大的困难。而且出货时间必须有一定的间隔（要等同一批的出货单全部拣完、验完），不像摘果式拣取作业可以逐单连续出货。

（1）播种式拣取具有以下特点：

① 适合大批量的配送订单作业；

② 可以缩短拣取货物时的行走时间，增加单位时间内的拣货量；

③ 订单必须累积到一定数量，才能进行一次性处理，因此中间会出现停滞时间。

播种式拣取通常在系统化、自动化设施完备，作业速度快，产能调整能力降低的情况下采用。这种拣货方式适合订单变化较小、订单数量稳定的配送中心，以及外形比较规则、固定的货物出货，如箱装、扁形袋装的货物。另外，需要进行流通加工的货物也适合采用播种式拣取，拣取后进行批量加工，最后分类配送，这样有利于提高货物的加工效率。

（2）播种式拣取的订单分批原则如下。

① 合计量分批原则。首先合计拣货作业前所有累积的订单中每个商品项目的总量，然后再按这一总量进行拣取。适合固定点之间的周期性配送。

② 时窗分批原则。当订单要求紧急发货时，可利用此策略，开启短暂而固定的时窗，如 5 分钟或 10 分钟，再将这一时窗中所有的订单进行批量拣取。这种方式比较适用于对密集频繁的订单进行处理，且能应付紧急插单的需求。

③ 定量分批原则。按照“先到先处理”的基本原则对订单进行分批，当订单累积到设定的数量时，开始进行拣货作业。这种方式偏重于维持较稳定的作业效率，但在处理速度上慢于时窗分批方式。

④ 智慧型分批原则。将订单信息输入计算机，经计算机处理后，将拣取路径相近的订单分成一批。采用这种分批方式的配送中心通常将前一天的订单进行汇总，经过计算机处理后，在当日产生拣货单据，速度较快。

### 3. 复合拣取

为克服摘果式拣取和播种式拣取方式的缺点，配送中心可以采取将两种方式组合起来的复合拣取方式。复合拣取方式即根据订单的品种、数量及出库频率，分别确定哪些订单适用于摘果式拣取，哪些订单适用于播种式拣取，然后分别采取不同的拣货方式进行操作。

## 五、拣货系统

### 1. 叉车货架拣货系统

通常，配送中心会将计算机信息系统打印出的“商品配送线路图”提供给配货人员拣选商品用，同时打印“各库配货汇总表”供复核用。如图 3-22 所示，叉车货架拣货系统是一种常用的高层货架拣货系统，商品入库时使用旋转侧移式叉车将整个托盘的商品放入高层货架上，拣货时用拣选叉车深入货架，拣选叉车的货叉上设置载人和载货平台，操作人员在平台上操纵叉车，在到达一定的货格位置时进行人工拣货，把商品搬到平台的托盘上。这种拣货系统的特点是投资少、货架走道宽度小（仅为 1.7 米，而普通货架走道宽度在 2.5 米以上）。

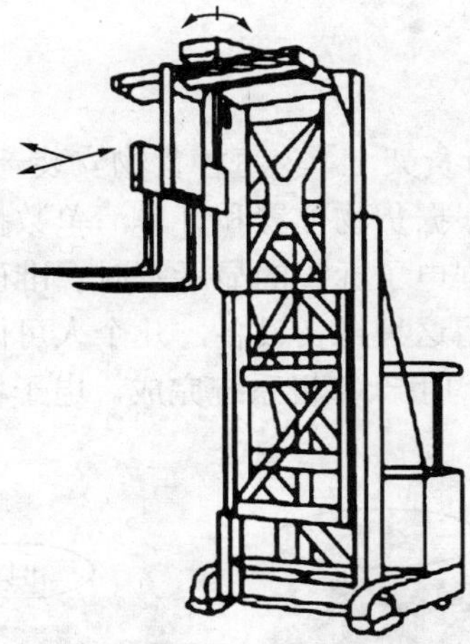

（a）旋转侧移式叉车

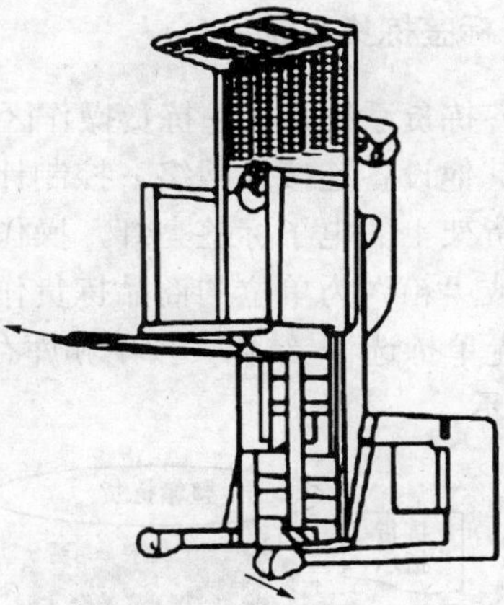

（b）拣选叉车

图 3-22 叉车货架拣货系统

## 2. 拣选重力式货架系统

该系统应用较为普遍，适用于以纸箱为单位和开箱拆零的人工拣选，它是一种轻型的重力货架，高度以人手可取为宜，每层可放纸箱 6～10 只，几个单位可按需要的长度连接起来。货架以带坡度（约 4°）的滚轮轨道作为货箱的支撑架，货箱两侧有导向条，作为箱间的分隔，如图 3-23 所示。

图 3-23 拣选重力式货架系统

拣选人员在货架前面拣货，开箱拆零，当第一箱商品取完后，拿走空箱，后面一个箱子自动向前移动补充。

这种拣货系统具有以下优点：

（1）先进先出，保证商品质量；

（2）节约仓间面积，减少配货人员的往返距离和时间；

（3）商品平面集中，拣选时省时、省力，减少差错；

（4）货架前面拣货，后面补充，存取分开，可同时作业，互不干扰；

（5）在货架一侧设置一条出货输送带，便于实行分段拣选的流水作业，以提高拣选的工作效率。

### 3. 电子标签拣货系统

电子标签拣货系统是指在拣货操作区中的所有货架上，为每种货物安装一个电子标签，并与系统的其他设备连接成网络。控制计算机可根据货物位置和订单清单数据，发出出货指示，并使货架上的电子标签亮灯，操作人员根据电子标签的显示及时、准确、轻松地完成以“件”或“箱”为单位的商品拣货作业。运用这种拣货设备，几个人可同时作业，实现所谓的“无单拣选”，结算、抄单和库存管理也均由计算机系统完成。电子标签拣货系统如图 3-24 所示。

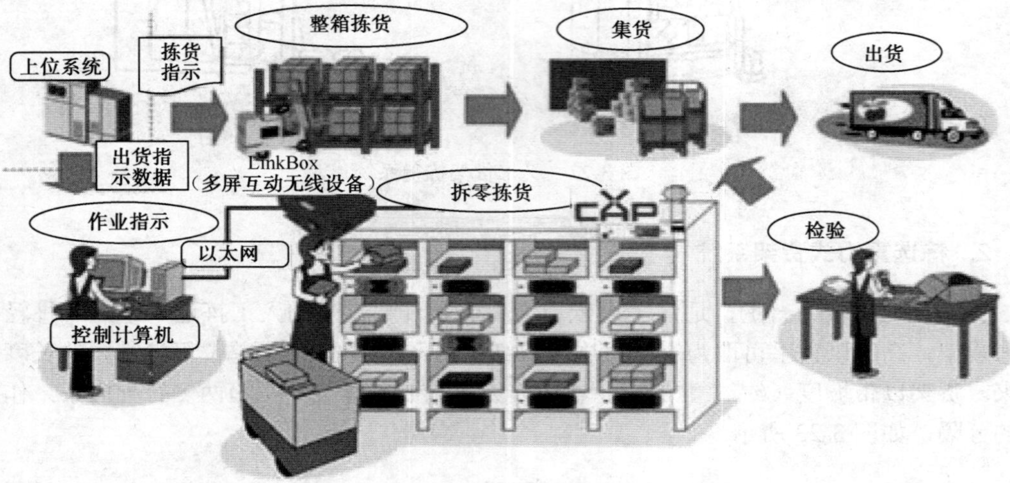


图 3-24　电子标签拣货系统

## 六、补货作业

补货的含义有广义与狭义之分。广义的补货是指库存量低于最低库存量时，向供应商或配送中心发出订货、补货信息，采用批量、连续补货等方式，通过市场信息的实时传递，保证不断货并降低缺货率。狭义的补货是指在配送作业的流程中，从储存区把货物运到拣货区的工作。这里所讲的补货作业是狭义的补货，其作业流程如图 3-25 所示。

在配送中心的一般运作流程中，补货实际上是拣货的一种辅助活动，所以不作为一个独立的作业环节；但由于拣货是配送流程中的关键环节，与之息息相关的补货，其经常性特征也得以凸显，因此在这里单独加以阐释。

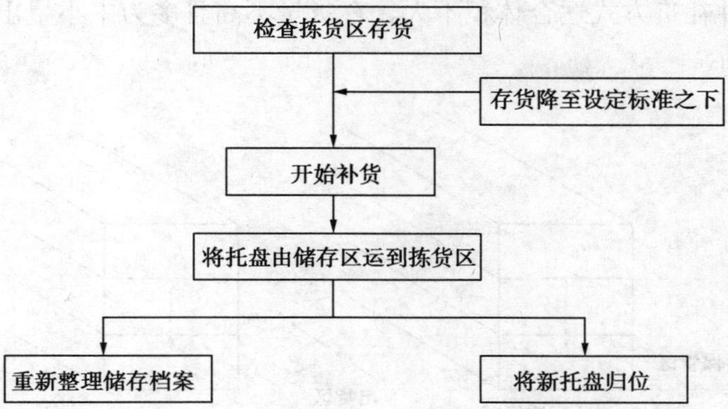


图 3-25 补货的一般作业流程

**1. 补货类型**

补货类型通常有以下 3 种。

（1）批次补货。每天由计算机统计出所需货物的总量，然后查看动态管理区存货量，在拣货之前一次性补足。

（2）定时补货。把每天分为几个时点，在设定的时点上统计存货量，当动态管理区存货量小于设定标准时，立即补货。

（3）随机补货。巡视员发现动态管理区存货量小于设定标准时，立即补货。

**2. 补货方式**

补货方式通常分为以下 4 种。

（1）循环式补货。根据储存货架与流动式货架组成的存货、拣货、补货系统，这种补货方式适合体积小、量少且多样出货的商品。循环式补货如图 3-26 所示。

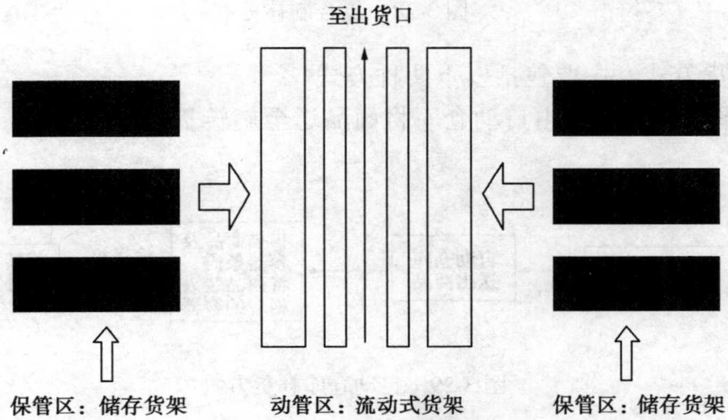


图 3-26 循环式补货

（2）垂直式补货。将货架的上层作为储存区，下层作为拣货区，商品由上层货架向下层货架补货，这种补货方式适合体积不大、存货量不高且多为中小量出货的商品。垂直式补货如图 3-27 所示。

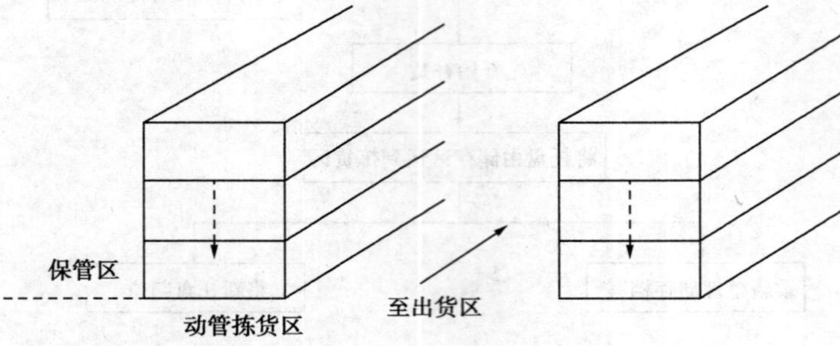


图 3-27　垂直式补货

（3）复合制补货。该方式中动管拣货区的货物采取“相同种类相邻放置”的方式，而保管区则采取“两处两阶段”的补货方式。第一保管区为高层货架仓库，第二保管区为动管拣货区旁的临时保管处。进行第一阶段补货时，先把货物从第一保管区的高层货架运至第二保管区。在进行第二阶段补货时，待动管拣货区内的其中一个托盘拣取完毕后，即将空托盘移出，后面托盘依次序往前推进，第二保管区再将补货托盘移进动管拣货区。复合制补货如图 3-28 所示。

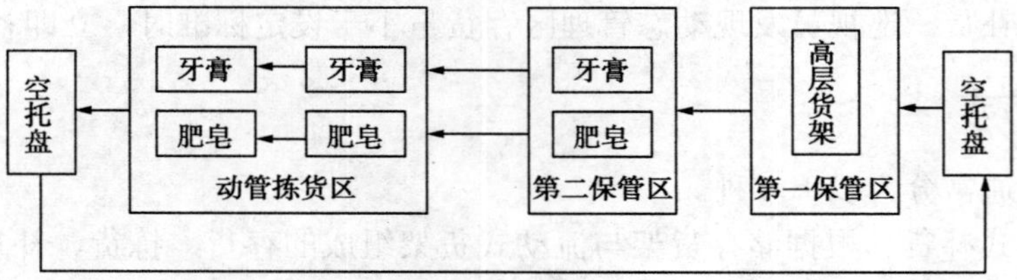


图 3-28　复合制补货

（4）其他补货方式。主要包括以下两种方式。

① 自动仓库补货方式。由自动仓库将商品送至旋转货架进行补货，其方式如图 3-29 所示。

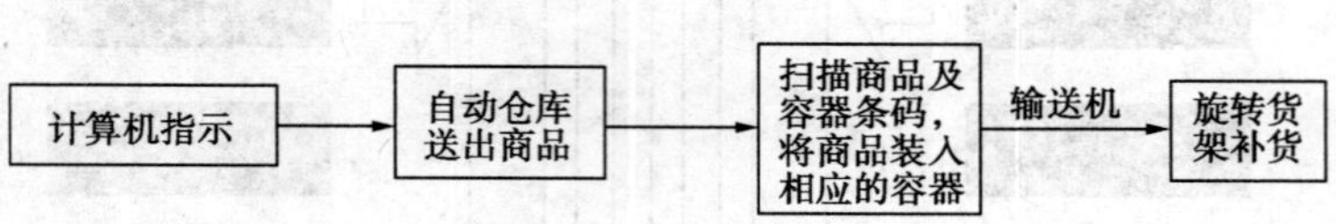


图 3-29　自动仓库补货方式

② 直接补货方式。将需要补货的商品直接送入动管拣货区，不需要经保管区转送的补货方式，如图 3-30 所示。

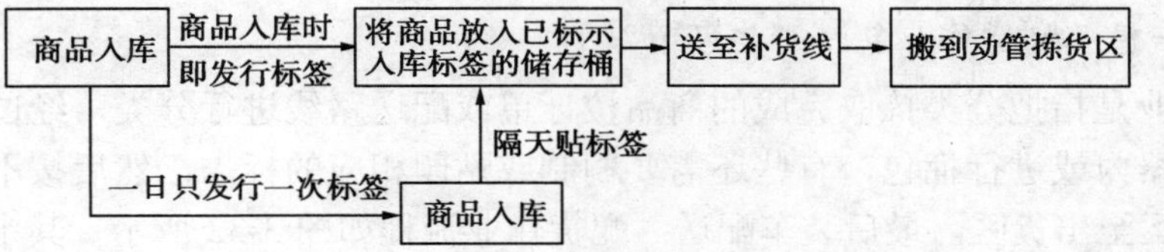


图 3-30 直接补货方式

# 任务六 配货作业

## 案例分析

### 某公司自动仓库出货作业

某公司自动仓库出货作业流程如图 3-31 所示，该自动仓库出货作业的特点是零星拣货与整托盘配合作业。必要的分货和配货工作由人工在白天完成，晚上由无人搬运叉举堆高机（升降式叉车）继续独立进行分货和配货作业。这样不仅有效分配了人力和设备资源，有利于降低成本，而且充分利用了自动分类机，依靠计算机自动分辨系统完成分货工作，提高了分货和出货作业的自动化程度和准确性。

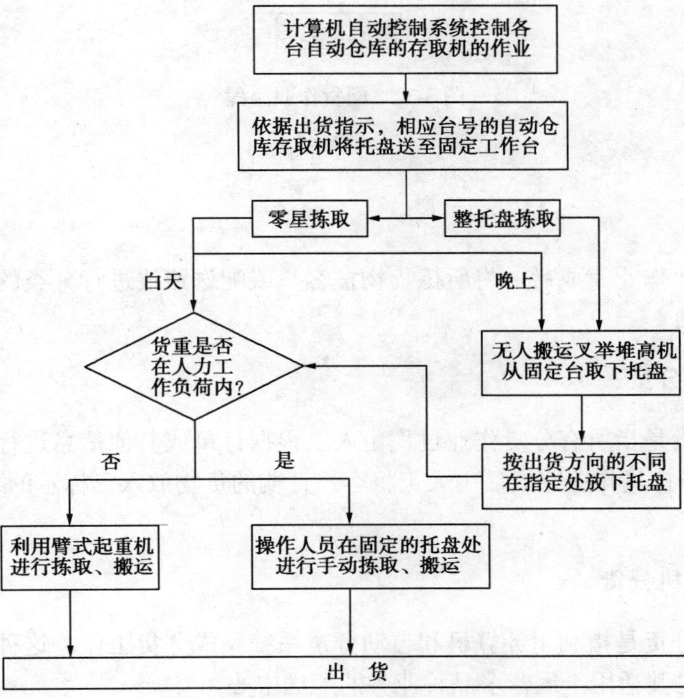


图 3-31 某公司自动仓库出货作业流程

想一想：配货作业包括哪些环节？

配货作业是指把分类拣取完成的商品按订单或配送路线进行分类，经过配货检查，装入合适的容器内或进行捆包，有些还需要刷制或贴印相应的标志，然后按不同客户或行车路线将货物运至出货区，最后装车配送。配货作业流程如图 3-32 所示，其中分货、配货检查和出货前包装是配货作业的重点环节。

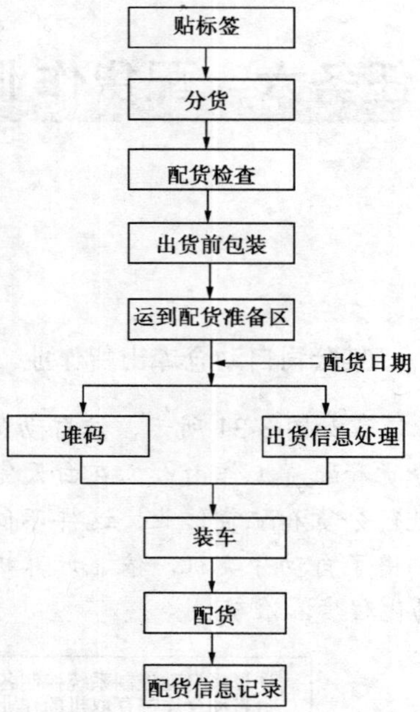


图 3-32　配货作业流程

## 一、分货

分货是指拣取作业完成后，将所拣货物按客户或配送路线进行分类的工作。主要有以下 3 种方式。

### 1. 人工目视分货

人工目视分货是指所有分货作业过程由人工根据订单或其他信息进行，不借助任何自动化的辅助设备。拣货作业完成后由人工将客户订购的货物放入已标示的各区域或容器中，等待出货。

### 2. 自动分类机分货

自动分类机分货是指利用计算机和自动分辨系统完成分货工作。这种方式不仅快速、省力而且准确，尤其适用于经营多品种业务的配送中心。

自动分类机主要由搬运输送机（包括传送带式输送机、滚筒输送机、整列输送机、垂直输送机）、移载装置、分类装置、排出装置、输入装置、控制装置等构成，如图 3-33 所示。其分货过程如下：首先将有关货物及分类的信息通过自动分类机输入自动控制系统；当货物通过移载装置移至输送机上时，由输送系统运送至分类系统；分类系统是自动分类机的主体，这部分的工作过程是先由自动识别装置识别货物，再由分类、排出装置按预先设置的分类要求，将货物送出自动分类机。自动分类机送出方式主要有推出式、浮起送出式、倾斜滑下式、皮带送出式等。为了避免货物发生碰撞，还应配备缓冲装置。

图 3-33　自动分类机

### 3. 旋转式货架分货

旋转式货架分货是指将旋转架的每格当成客户的出货框，分类时只要在计算机中输入各客户的代号，旋转架就会自动将货架转至作业人员面前。作业人员与旋转式货架配合进行拣选配货，作业人员固定在拣货的位置，按客户的订单操纵旋转式货架作业，当订单上的货物旋转到配货人员面前时，将货物取出，也可同时将几个客户共同需要的货物拣选出来进行配货。旋转式货架按旋转方向分为垂直旋转架和水平旋转架两种。所谓垂直旋转架，是指旋转方向是垂直的，而水平旋转架是按水平方向运动的。典型的水平旋转式货架如图 3-34 所示。

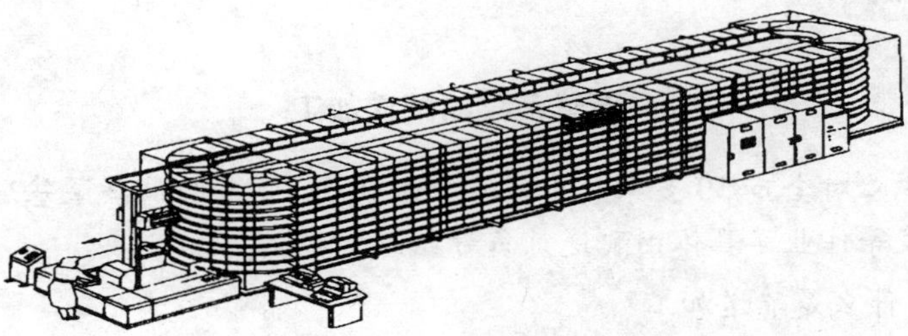

图 3-34　典型的水平旋转式货架

## 二、配货检查

配货检查是根据客户信息和车次，对拣选物品进行商品号码和数量的核实，并对产品的状态和品质进行检查。

配货检查是进一步确认拣货作业是否无误的处理工作。检查方法有商品条码检查法、声音输入检查法和重量计算检查法 3 种。

**1. 商品条码检查法**

这种方法要导入条码。由于条码是随货品移动的，因此在检查时用条码扫描器阅读条码内容，计算机会自动把信息与发货单进行对比，从而检查商品数量和号码是否有误。

**2. 声音输入检查法**

这是一项新技术。作业人员发声读出货物名称、代码和数量，计算机接收声音并自动判断，将声音转变成资料信息再与发货单进行对比，从而判断是否有误。

**3. 重量计算检查法**

这种方法是把货单上的货品重量自动相加起来，并称量发货品的总重量，把两种重量相对比，可以检查发货品是否正确。

## 三、包装

包装是配货作业中一项重要的工作，它起到保护商品，方便搬运、储存，提高客户购买欲望，以及易于进行商品辨认的作用，内容详见“任务八 包装作业”。

# 任务七 配送加工作业

### 案例分析

**新鲜蔬菜的配送加工**

某蔬菜配送中心对全市 50 多家超市实施配送服务，需要把从蔬菜基地进货的蔬菜进行清洗、去根、包装等作业，具体由配送员负责组织实施。

想一想：什么是配送加工？

为了便于保存，提高流通效率，食品的配送加工不可或缺。例如，鱼和肉类的冷冻，生奶酪的冷藏，将冷冻的鱼肉磨碎，对蛋品进行加工，生鲜食品的原包装，上市牛奶的灭菌和摇匀等。要从客户的角度出发，考虑配送加工的具体标准，如保鲜、卫生、健康和便利性，以便进行具体的配送加工项目。配送加工所要达到的首要目的，就是使加工后的企业产品能够满足客户各方面的具体要求，为客户创造更大的转移价值，使产品更加适销对路。

## 一、配送加工概述

### 1. 配送加工的概念

配送加工是在配送过程中，根据需要施加包装、分割、计量、分拣、贴标、组装等简单作业的总称。具体来说，配送加工是配送企业在配送系统内，按用户要求设立加工场所进行的加工活动，如卷板展平、开片、下料，原木锯材，型煤加工，玻璃集中套裁等，把货物变为客户需要的尺寸、规格或成分。此外，还有器件组装、包装（这里所说的包装是指为保持货物在运送过程中完好无损和便于识别，对经过分拣的客户所需要的货物进行重新包装。这种包装要记录货物的品种、数量，收货人地址、姓名，送货时间等）、集装、换装等。

**职业素养拓展3.5**

**阿迪达斯的流通加工**

阿迪达斯公司在美国有一家超级市场，设立了组合式鞋店，店内展示的不是做好了的鞋，而是做鞋用的半成品，其款式花色多样：有6种鞋跟，8种鞋底，均为塑料制造；鞋面的颜色以黑、白为主，款式有百余种。顾客进店后可任意挑选各个部位的花色和式样，交给店员进行现场组合。只要10分钟，一双崭新的鞋子便唾手可得。

这家鞋店昼夜营业，店员技术熟练，鞋子的售价与批量制造的鞋子价格差不多，有的还稍微便宜些，因此顾客络绎不绝，销售金额是邻近鞋店的10倍。

资料来源：阿迪达斯的流通加工案例，http://www.sywl.gov.cn/.

### 2. 配送加工的方法

配送加工的方法因商品性质的不同而有所差异，主要有研磨（磨碎）、切断（分割）、涂装（装潢）、包装（大包拆小包、小包装大包）、组装（部件装整机）、加热（冰冻软化）、冷却（冷藏保鲜）、拣选清洗（除杂、除尘）、贴标和打制条码等。

### 3. 配送加工的功能

（1）提高配送运输效率，降低货物消耗。

（2）满足客户需要，提高配送质量，完善配送功能，提高配送的总体经济效益。

（3）创造更好的即时配送条件，缩短了企业客户的出入库时间，增强了配送能力。通过提供直接上架商品或对商品进行预处理、预包装等增值服务，配送加工作业为物流配送创造了更好的即时配送条件，加工后的商品运达仓库后，只需要进行简单的相关检验即可入库并出库，缩短了企业客户的商品流转周期，增强了企业仓库的配送功能。

## 二、生鲜食品的配送加工方法

### 1. 冷冻加工

为解决鲜肉、鲜鱼在流通中的保鲜及搬运装卸问题，采取低温冻结的方式进行加工。这种方式也适用于某些液体商品。

### 2. 分选加工

农副产品规格、质量的离散情况较大，为获得一定规格的产品，采取人工或机械分选的方式进行加工。此方式广泛适用于果类、瓜类、谷物、棉毛原料等。

### 3. 精制加工

农、牧、副、渔等产品的精制加工是在产地或销售地设置加工点进行的，不但大大方便了购买者，而且可以对加工产生的剩余物进行综合利用。例如，鱼类在精制加工后，剔除的内脏可以制成某些药物或饲料，鱼鳞可以制成高级黏合剂，鱼头和鱼尾可以制成鱼粉；蔬菜的加工剩余物可以制成饲料、肥料等。

### 4. 分装加工

许多生鲜食品的零售起点较小，而为保证高效运送出厂，一般包装较大，或者采用集装运输方式运达销售地区。为了便于销售，可在销售地区按所要求的零售起点进行新的包装，即大包装改小包装、散装改小包装、运输包装改销售包装等。

**职业素养拓展 3.6**

**蔬菜深加工发展方向**

随着一些发达国家的蔬菜生产成本不断加大，不少国家和地区都愿意从我国进口廉价的商品蔬菜。为推动我国蔬菜加工业从资源优势转变为产品优势与经济优势，结合蔬菜产品市场特点，今后蔬菜深加工的发展方向主要有以下几个方面。

1. 脱水蔬菜

蔬菜经过干燥技术处理，体积大大缩小。以鲜葱为例，每13吨鲜葱加工后仅得到1吨脱水葱，并且不必冷藏运输，保存十分方便。加工时通常采用冷冻干燥法，先将蔬菜洗净处理，再将其冷冻，使体内水分冻成冰状，而后移放于较高温度的真空干燥条件下，使冰迅速化为水汽而蒸发掉。经过脱水加工的蔬菜，复水性好，维生素和其他营养成分不受破坏。因此，出售到市场上将受到欢迎。

2. 速冻蔬菜

洗净的蔬菜经烫漂处理后，放入-15℃～-18℃的环境中，在较短时间内以极快的速度使之冰化，可在低温条件下较好地保持原菜的色香味和各种有效的营养成分。速冻蔬菜的特点是解冻后复原性能好，近似于新鲜蔬菜。

3. 洁净蔬菜

这种蔬菜适于在城市近郊加工，方法是将收获的新鲜蔬菜进行初加工，剔除残根、老叶、虫伤株，再洗净包装成干净的新鲜蔬菜上市销售。此种蔬菜的特点是新鲜洁净，消费者购买后可以直接加工食用，十分方便快捷。

4. 菜汁饮料

这是一种新型纯天然保健饮料，其加工方法是先将蔬菜洗净，通过研磨粉碎获取70%～80%的悬胶状蔬菜原汁，它能保持蔬菜原有的风味和营养，口感好，可与茶、酒、奶等配制成混合型饮料。

5. 粉末蔬菜

以新鲜蔬菜为原料，经干冻脱水后磨研成粉末，然后加入其他食品中，以提高食品的风味与营养。

6. 美容蔬菜

黄瓜、西瓜等一些瓜类汁液，具有保护皮肤、防止衰老的功效。提纯的瓜汁可与高级脂肪、化工原料进行科学配调，制成高级美容护肤霜、洗面奶等。这类高级美容化妆品在国外的化妆品市场上十分畅销。因此，高科技含量的美容产品将越来越受到人们的欢迎。

资料来源：今后蔬菜深加工发展方向，中华商务网.

## 三、配送加工合理化

要实现配送加工的功能，最大限度地满足客户需求，就必须努力促进配送加工的合理化。

### 1. 使企业的配送加工适应客户的多样化需要

配送加工所要达到的首要目的，就是使加工后的企业产品能够满足客户各方面的具体要求，为客户创造更大的转移价值。因此，配送加工合理化的首要工作就是增强企业配送加工的作业能力，能适应客户多样化的需要，使得产品更加适销对路。

### 2. 进行集中的配送加工，提高加工质量，有效提高产品利用率

集中加工可减少原材料的消耗，提高产品的加工质量，从而更有效地提高产品的利用率。因此，配送加工合理化要做到对加工材料的充分合理利用，达到加工效率高、加工费用低的标准。

### 3. 增强对产品预处理等作业的管理，提高物流效率，降低物流损失

由于某些产品自身的特殊形状，其装卸、运输作业的效率较低，极易发生流失与损耗的情况，而通过适当的配送加工可以弥补这些产品的物流缺陷，减少产品在物流过程中的损失。所以，配送加工合理化应追求通过对产品的预处理等加工作业，最大化配送加工所能创造的价值，最大限度地提高物流效率。

# 任务八　包装作业

## 案例分析

**福茗堂跨界 Philippi 推出 UFO（Unidentified flying Object，不明飞行物）普洱茶饼礼盒**

福茗堂 UFO 普洱茶饼礼盒如图 3-35 所示，其设计概念，要从中国香港福茗堂茶庄最新的发展方向说起。2010 年，福茗堂赞助名模杨峥小姐参与由仁爱堂举办的“野外长征南极考察之旅”，将福茗堂的优质茶包带到南极，慰劳在极地进行生态研究的科学家们，为他们送暖打气。从此，在远及地球极地的地方，也可以享用福茗堂茗茶了。下一步，福茗堂的脚步该走得更远吧！

之后，福茗堂与德国知名品牌 Philippi 合作，创作了 UFO 普洱茶饼礼盒，以“传统和无尽”为设计概念，将科幻元素加入储茶器皿，寓意把茶文化由过去传承至未来。众所周知，普洱茶须经历陈化的过程，才能达到“愈陈愈醇”之效，UFO 普洱茶饼礼盒的设计以非密封式的盒盖保留让普洱陈化的空间，华实兼备。

UFO 普洱茶饼礼盒以不锈钢制造，备有光面及哑光面两款，每款零售价为人民币 1 580 元。

图 3-35　福茗堂 UFO 普洱茶饼礼盒

想一想：结合案例，谈谈包装的作用有哪些？

## 一、认识包装

包装是配送作业中重要的组成部分。在集货时，要对已破损的包装进行修补或更换，并进行适当的集装以便于储存；在分货后，要按客户要求形成新的组合或新的装运形态；配送时要对加工后的商品进行包装，便于储运和客户销售。在配送作业里，既存在单件包装和内包装，又存在外包装和集合包装。因此，合理选择包装技法，提高包装效益，是配送的重要任务。现代商品的包装已经不仅仅局限于保护商品，还具有便利、信息传递和提升产品竞争力等功能。

### 1. 包装的概念

我国“包装通用术语”国家标准GB122-83中对包装有明确定义：包装是指在流通过程中保护产品、方便储存、促进销售，按一定技术方法采用的容器、材料及辅助物等的总体名称，包括为了达到上述目的而进行的操作活动。简言之，包装就是包装物及包装操作的总称。

### 2. 包装的功能

（1）保护功能。保护是包装最基本的功能。包装可以保护商品的外形完整，以免商品在运输、储存过程中遭受污染，遭受微生物、害虫的侵蚀及外力的破坏，防止温度、湿度、日光、有害气体等外界环境因素的影响，以保护商品质量的完好。同时也可以防止内装物对与其接触的人、生物或环境造成的危害。

实践证明，如果商品在流通过程中没有包装或包装不良，由于其自身的物质运动，加之外部环境的诱发因素，就会影响其质量，乃至完全丧失使用价值。例如，高温易导致食品腐败变质，低熔点商品（肥皂、巧克力等）变形，高分子材料老化；又如氧气和水分的综合作用，会使金属锈蚀。为避免上述不良情况的发生，目前常采用“缓冲包装”、“密封包装”、“防潮包装”、“避光包装”，“冷冻包装”等包装方法，从根本上保护商品质量的完好，满足消费者的需求。对于多数商品来说，用于商品保护功能所花费的成本已经占据了包装成本相当大的比例，而且商品往往价值越高，越易破碎，包装的保护功能成本就越高。因此，在配送操作过程中，应根据商品的形态、特征、运输环境、销售环境等因素，采用适当的包装材料，设计全部的包装结构，才既能有效地保护商品，又能最大限度地降低包装成本。

（2）便利功能。配送包装便于配送和消费，有利于提高配送效率。其便利功能具体体现在以下3个方面。

① 便于储运。商品形态千差万别，如果没有包装或包装不适应运输要求，必定将增加装卸、搬运的困难，甚至无法装运。例如，商品的物质形态有气态、液态、固态和胶态等，其理化性能也各异，可能是有毒、有腐蚀性，或者易挥发、易燃、易爆等；商品在外形上可能有棱角、刃口等危及人身安全的形状。凡此种种，只有加以合适的包装，才便于运输、携带和存放，保证运输中的安全。

② 便于陈列与销售。例如，可挂式包装、堆叠式包装，可以充分利用超市的空间，节省货位；开窗式与展开式包装、配套包装、系列包装、成品包装及各种手提式方便携带包装，也都有利于商品的销售。此外，包装上的绘图、商标和文字说明等，既方便消费者辨认，又介绍了商品的成分、性质、用途、使用和保管方法等，起着指导和方便消费的作用。

③ 便于点验商品。商品在整个流通过程中，一般要经过发货、中转、收货等作业环节。为了分清每个作业环节和托运、承运之间的责任界限，必须办理商品交接、点验手续。商

品没有包装，就会给清点带来许多麻烦；商品有了包装，按包装计数、点件、交验，就会简捷方便。

（3）信息传递功能。商品包装是“无声的推销员”，它是传达商品信息的主要媒介，担负着传达商品牌号、性质、成分、容量、使用方法、生产单位等的功能。精致美观的商品包装，可增强商品的美感，给消费者留下美好的印象，促进销售。在超市、自选商场、自动售货机等无销售人员的场所中，主要靠商品包装来向顾客介绍并推销商品。

**职业素养拓展3.7**

**杜邦定律**

美国的化学工业巨头杜邦公司的一项调查表明：63%的消费者是根据商品的包装来选购商品的。这一发现就是著名的“杜邦定律”。另据英国市场调查公司报告，一般到超级市场购物的妇女，因受精美包装的吸引所购买的物品，通常超出进门时计划购物数量的45%。可见，生产经营者除了应注重商品的内在质量外，还须注重商品的外在质量（商品的外形和包装）。

### 3. 包装的分类

企业产品的种类繁多、形态各异，相应的产品包装也多种多样。为了满足各种产品性质的差异并适应流通、销售条件的要求，应使包装在设计、选择、制造技法等方面呈现多样化。具体而言，包装的类型如表3-18所示。

**表3-18 包装的类型**

| 序号 | 分类依据 | 类别 | 特点 |
| --- | --- | --- | --- |
| 1 | 按包装在流通中的作用分类 | 商业包装 | 以促销为目的的包装，又称零售包装或小包装。起着保护、美化、宣传商品，促进销售和方便使用的作用。通常随商品一起出售给消费者，是消费者在挑选商品时认识商品、了解商品的一个依据，对商品起着有效的促销作用 |
| | | 运输包装 | 又称工业包装、大包装。主要以满足运输、装卸、储存需要为目的，起着保护商品、方便管理、提高物流效率的作用。运输包装一般不直接接触商品，而是由许多小包装集装而成，通常不随同商品出售给消费者 |
| 2 | 按包装的通用性分类 | 专用包装 | 根据被包装对象的特点进行专门设计、专门制造，只适用于该种产品的包装，如水泥袋、蛋糕盒、可口可乐瓶等 |
| | | 通用包装 | 根据标准系列尺寸制作的包装容器，用以包装各种无特殊要求的产品。 |
| 3 | 按包装在不同层次的保护作用分类 | 逐个包装 | 交到使用者手中的最小包装，把物品的一部分或全部装进袋子或其他容器，并予以密封的状态或技术 |
| | | 内包装 | 将逐个包装的物品归并为一个或两个以上的较大单位，置于中间容器中的状态或技术 |

续表

| 序　　号 | 分类依据 | 类　　别 | 特　　点 |
| --- | --- | --- | --- |
| 4 | 按包装在不同层次的保护作用分类 | 外包装 | 从运输作业的角度考虑，为对物品起到保护作用并方便输送搬运作业，而将物品置于箱、袋等容器之中的状态或技术，对容器有缓冲防震、固定、防湿、防水的不同技术措施要求 |
| 5 | 按包装在贸易中有无特殊要求分类 | 一般包装 | 一般包装又称普通包装，是货主对包装形式没有任何特殊要求的包装 |
| | | 中性包装 | 中性包装是指不在商品的内、外包装上注明生产国别、产地、厂名、商标、牌号的包装 |
| | | 定牌包装 | 定牌包装是指不强调在商品的内、外包装上注明生产国别、产地、厂名，但是要注明指定商标或牌号的包装 |
| 6 | 按包装的耐压程度分类 | 硬质包装 | 包装材料质地坚硬，能承受较大的挤压，如木箱、铁箱等 |
| | | 半硬质包装 | 包装材料能承受一定的挤压，如纸箱等 |
| | | 软包装 | 包装材料是软质的，受压后会变形，如麻袋、布袋等 |
| 7 | 按包装容器结构形式分类 | 固定式包装 | 包装结构固定，不易变形 |
| | | 可拆卸折叠式包装 | 包装可以拆卸或折叠 |
| 8 | 按包装容器的使用次数分类 | 一次性包装 | 包装用过一次后无法再重复利用 |
| | | 多次周转性包装 | 包装可回收再利用，可供多次包装使用 |

## 二、选择包装材料

包装材料选择的正确与否直接关系到包装质量的优劣。用于物流包装的材料很多，从传统的纤维纸板到最新的记忆型塑料袋，可谓应有尽有，要根据被包装商品的特点和包装材料的特点进行选择。

### 1. 纸、纸板制品

纸的品种很多，有专用包装纸，一般指牛皮纸，多选用强度较大的制成纸袋，如图 3-36 所示。纸袋为 3～6 层的多层叠合构造，如果需要，还可以进行防潮处理，将牛皮纸和塑料薄膜制成复合多层构造的纸袋。大型纸袋通常用于水泥、肥料、谷物等粉粒状货物的包装。牛皮纸的强度与每平方米纸张的重量有关，一般有 4 种规格：75 克、78 克、81 克、84 克。特性项目包括抗拉强度、抗裂强度、伸长率、耐水率等，均有国家标准。

纸板是指用牛皮纸浆、化学纸浆、旧纸浆等为原料制成的厚纸板的总称。根据不同用途可分为：瓦楞原纸、白板纸、黄板纸等，其中瓦楞原纸的用途最广泛，产量也最大。瓦楞纸箱如图 3-37 所示。

瓦楞原纸分为中芯原纸和内衬原纸，前者用于制造瓦楞波形部分，后者贴在外侧，两者黏合制成瓦楞纸板。瓦楞波形有“波高”和“波数”两个参数，波高用毫米计量，一般在 2.5～5 毫米，波数用 30 厘米宽度内的波的数量计量，一般有 36～50 波。不同参数组合有不同强度，分成 A、B、C、D 四种槽形。根据不同用途和方式可制成不同层数的瓦楞纸板，常见的有单面瓦楞纸板、双面瓦楞纸板、两层双面瓦楞纸板和三层双面瓦楞纸板。

图 3-36　牛皮纸袋

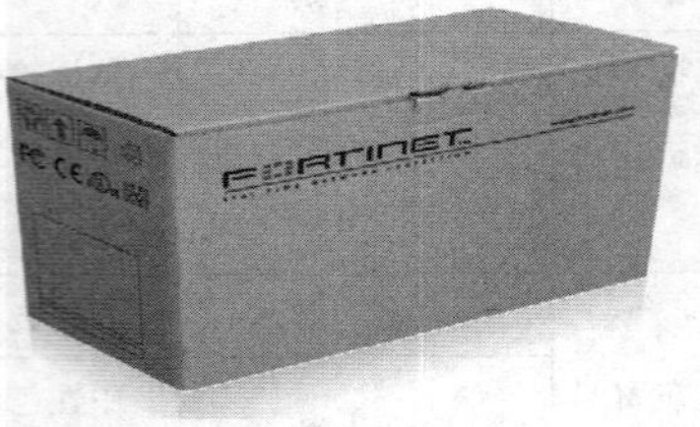


图 3-37　瓦楞纸箱

### 职业素养拓展 3.8

据粮食包装业人士介绍，传统的包装粮食的布袋、麻袋、塑料袋等将逐渐被纸包装袋所替代。做纸袋的材料是一种伸缩性纸，其强度与普通纸相比高出 15 倍，一袋装满 25 千克面粉的纸袋是由 4 层伸缩性纸组成的，从 15 米高处自由落下 15 次仍不破损。用纸袋包装粮食的突出优点是无毒、无味、无污染，符合粮食卫生标准。纸袋的密封性比布袋好，可以防止面粉外渗，防止尘土侵入。在相同条件下，纸袋包装面粉的保质期比布袋包装面粉的保质期长 2～3 个月。

资料来源：零度包装将损害降到零，http://www.21food.cn/html/news/6/116822.htm

### 职业素养拓展 3.9

#### 另类体验的包装纸箱

所谓另类体验的包装纸箱，就是跟大家之前接触的瓦楞纸箱稍微有所不同，不仅能带来约 20%的成本上的节省，而且能提供更好的用户体验。目前，世界包装中心的另类体验的包装纸箱有 3 种：重瓦包装纸箱、拉链纸箱与高网线纸箱。

1. 重瓦包装纸箱

重瓦包装，全称为高强度重型瓦楞纸箱包装。它是以高强度重型瓦楞纸板为材料，通过专业的包装机械设备生产出来的瓦楞纸箱，是木质包装、金属包装的升级替代产品，是中国包装业向低碳经济转型的重大决策之一，特别在机电产品包装中更为强调“以纸代木”的包装。

高强度重型瓦楞纸板作为以纸代木的包装材料，在工业产品各类包装中的市场占有率一直很高，且使用范围越来越广。其主要使用领域是家电、自行车、电动车、摩托车、医疗器械、电机、金属配件等机电产品，其次是家具、民用品和特殊工业制品等。目前，在中国国内销售的家电、自行车、电动车、摩托车等机电产品已基本实现高强度重型瓦楞纸箱包装，重瓦包装纸箱的年产量达到 15 亿平方米，占全国瓦楞纸板总产量的 3%左右，节约木材 400 万立方米，在以纸代木包装中起着关键作用，占以纸代木包装总量的 70%。我国在发展高强度重型瓦楞纸板为主的同时，也在积极推动蜂窝纸板和纸浆模塑的发展。

2. 拉链纸箱

拉链纸箱，全称为拉链型瓦楞纸箱包装，是以瓦楞纸板为材料，通过专业的包装机械设备生产出来的瓦楞纸箱。一般情况下，纸箱正面带有拉链，开启时，只需要按照箱子上的指示将拉链轻轻一拉即可，杜绝繁复的开箱过程，方便客户拿取货物。拉链纸箱如图 3-38 所示。

3. 高网线纸箱

高网线纸箱，全称为高网线瓦楞纸箱包装。它是以瓦楞纸板为材料，通过专业的包装机械设备生产出来的瓦楞纸箱，是介于普通水印与彩印之间的产品，也是中国包装业宣传的环保产品，如图 3-39 所示。

随着新设备、新材料、新技术的不断涌现，瓦楞纸板的印刷技术正日趋成熟。以瓦楞纸板直接印刷和离线预印刷为主要特征的纸箱包装生产工艺，以质量高、综合成本低、周期短、效率高、绿色环保等优势，在包装领域得到了广泛应用。它们在一定程度上取代了胶印，并成为一种趋势。

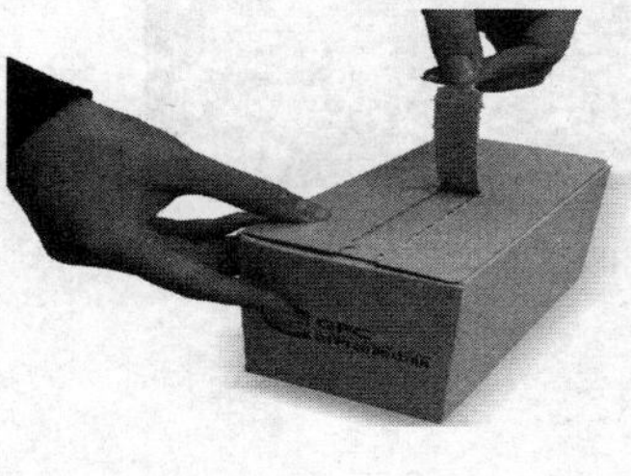
图 3-38　拉链纸箱

图 3-39　高网线纸箱

资料来源：中国包装设计网

## 2. 塑料制品

塑料在包装中被广泛使用，可用于单个包装、内包装、外包装，在用于运输包装时可被制成各种塑料容器。聚乙烯塑料袋是最常见的包装物，用于替代 20～30 千克的纸袋包装。聚乙烯和聚丙烯塑料编织袋（俗称蛇皮袋）用于替代 40～60 千克的麻袋包装，如图 3-40 所示。

在箱、袋结合的运输包装中，一般将塑料制成各种盛液体的容器，以替代玻璃瓶、金属罐、木桶等，再把塑料容器放入瓦楞纸箱内。成型容器（塑料罐、箱）也是塑料包装的重要领域，受价格和成型难易程度影响，多数用聚乙烯材料制成，国家在容量、尺寸、强度等方面都有相关规定。另外，用于替代木箱的运输用塑料箱也大量使用，一般在食品、饮料等物品的运输包装中常用，如图 3-41 所示。

图 3-40　蛇皮袋

图 3-41　塑料箱

### 3. 木材

木材是最传统的包装材料，至今仍有较为广泛的使用。木材具有良好的包装特性，其在重物包装及出口物品等方面使用较多，木质包装盒如图 3-42 所示。但也由于木材资源的再生速度很慢，在许多包装领域已被纸或塑料替代。木材较多用于制作木桶、木箱和胶合板箱 3 类容器。普通的密闭木箱可装 200 千克的货物，如果选用下设垫板的木箱，则可装运 200 千克以上的货物。为了承载重物，通常选用木垫板，可装载并固定 60 吨的重物。木材的另一个用途是制作托盘，如图 3-43 所示。

图 3-42　木质包装盒

图 3-43　木质托盘

### 4. 金属材料

用于运输包装的金属容器有罐和桶两种，如图 3-44 和图 3-45 所示，一般用镀锌铁板制成。罐有方形和圆形两种，主要用于食品、药品，以及石油类、涂料类及油脂类物品的包装；桶主要用于以石油为主的非腐蚀性半流体、粉末体、固体等物品的包装，容量为 20～200 升。

图 3-44　金属包装罐

图 3-45　金属包装桶

### 5. 其他包装材料

（1）草制包装材料。这是一种较落后的包装材料。用一些天然生的草类植物，编制成草席、蒲包、草袋等包装材料。其防水、防潮能力较差，强度也很低，已逐渐被淘汰。

（2）纤维包装材料。这是指用各种纤维制作的袋状容器。天然生的纤维有黄麻、红麻、大麻、青麻、罗布麻、棉花等。经工业加工的有合成树脂、玻璃纤维等。

（3）陶瓷与玻璃包装材料。此类包装材料的优点是耐风化、不变形、耐热、耐酸、耐磨等，尤其适合各种液体货物的包装；可回收复用，有利于包装成本的降低，易洗刷、消毒、灭菌。缺点是易碎。

### 职业素养拓展 3.10

**世界权威调查显示玻璃瓶包装仍受欢迎**

全球首屈一指的战略品牌推广机构 Siegel+Gale 公司接受 Owens-Illinois 公司（纽约证交所：OI）委托进行一项全球调研，就消费者在食品、饮料包装方面的偏好问题，对 9 个国家 2 900 多名消费者做了调查，旨在评测消费者如何在不同包装类型中进行选择，以及选择包装时做出权衡的标准。调查结果显示：

消费者最偏爱玻璃包装——

93.5%的消费者偏爱玻璃瓶装葡萄酒；

66%的消费者偏爱玻璃瓶装的非酒精饮料；

84%的消费者偏爱玻璃瓶装的啤酒，这在欧洲国家尤为明显；

在接受调查的受访者中有 91%偏爱玻璃瓶包装的食品，这在拉丁美洲尤为明显，占受访者的 95%。

该调查结论是全球消费者青睐玻璃瓶包装的食品和饮料。

以上资讯也许在一定程度解释了为何在中国啤酒界推行聚酯瓶包装啤酒多年仍未见起色，市场响应寥寥。由此可见，传统玻璃瓶装啤酒一统天下的地位，断难撼动！

资料来源：慧聪网.

（4）复合包装材料。复合包装材料是将两种以上具有不同性质的材料复合在一起，它可以改进单一包装材料的性能。应用最广泛的合成材料是将塑料与玻璃纸、塑料与塑料、金属箔与塑料复合，金属箔、塑料和玻璃纸复合等。

### 职业素养拓展 3.11

**牛奶和饮料的纸包装具有良好的环保特性**

利乐无菌包装由纸、铝箔和聚乙烯塑料的 6 层材料复合而成，其中长纤维优质纸浆、铝和塑料的含量分别约为 75%、5%和 20%。该包装可有效阻挡所有可使牛奶和饮料变质的因素“入侵”，包括病菌、氧气、微生物、紫外线、水分等，从而达到保质、保鲜、保营养、保美味的效果。采用利乐无菌包装的产品，不用添加防腐剂，常温状态下可长期保存，最短的可保存 45 天，最长的可达 12 个月。

随着人们生活水平的提高，健康意识的不断增强，对牛奶、果汁等饮料的需求量越来越大，由此产生的废弃利乐包装也越来越多。由于人们不太了解利乐包装可以再生利用，因此往往将废弃包装随手扔掉。其实，它们完全是一种“放错了地方的资源”，通过专业厂家的处理和加工，废弃利乐包装能够生产出再生纸、地板、垃圾桶、衣架、乒乓球拍、托盘等一大批工业用料和生活用品，既有益于环保，又能产生良好的经济效益。

目前，回收后的利乐包装主要采用以下 4 种技术或工艺进行处理，以得到再生利用。

① 水力再生浆技术

将利乐包装中的纸浆分离出来，生产再生纸；将利乐包装中的塑料和铝成分挤压成粒，成为生产塑料和铝制品的优质原料。

② 塑木工艺

利乐包装本身包含优质的纸质纤维和塑料，把它们碾碎挤压，可以生产塑木产品，如室内家具、室外园艺设施、工业托盘等，做到物尽其用。

③ 彩乐板工艺

将利乐包装直接粉碎、热压处理，制成彩乐板。彩乐板可以制成多种产品，尤其是果皮箱，美观耐用，成本低廉。在2010年上海世博会上大放异彩的“世博环保长椅”就是采用这种材料制作而成的。

④ 铝塑分离工艺

采取半化学半机械的方法将铝膜层和塑料薄膜层完全分离，经过有关科研机构检测，分离后的铝粉和塑料薄膜完全满足工业原料的品质要求。塑料薄膜造粒后可以广泛使用在各种非食品容器的制作中，铝粉研磨后可以广泛用作农药、油漆、烟花爆竹、铝塑板材及礼品制作的原料。

资料来源：http://news.tangjiu.com/html/shichangxingqing/yinliao/20110727/122958.html

## 三、包装技术

包装技术是包装系统的一个组成部分，是包装过程中涉及的技术的机理、原理、工艺过程和操作方法的总称。包装技术有很多，大体可以分为以下7种。

### 1. 防霉包装技术

防霉包装的保护对象是食品和其他有机碳水化合物。一般采用真空包装和充气包装，选用阻气、阻湿性良好的材料，以维持包装内的最佳气体组成。一般常采用以下几种方法。

（1）化学药剂防霉包装技术。化学药剂防霉包装技术是使用防霉防腐化学药剂（简称“防霉防腐剂”）将待包装物品、包装材料进行适当处理的包装技术。在实际操作中，有的将防霉防腐剂直接加入某个生产工序，有的将其喷洒或涂抹在商品表面，有的则需要将待包装物用防霉防腐剂浸泡后再予以包装。这些处理会使有些商品的质量与外观受到不同程度的影响。

（2）气相防霉腐包装技术。气相防霉腐包装技术是利用具有挥发性的防霉防腐剂挥发产生的气体，直接与霉腐微生物接触，杀死或抑制霉腐微生物的生长，以达到商品防霉腐的目的。由于气相防霉腐包装技术是使气相分子直接渗透到商品内，因此对其外观和质量不会产生不良影响，但要求包装材料和包装容器具有透气率小、密封性能好的特点。

（3）气调防霉腐包装技术。气调防霉腐是生态防霉腐的形式之一。气调防霉腐包装技术就是在商品包装内充以对人体无毒性，对霉腐微生物有抑制作用的气体，目前主要是充二氧化碳和氮气。这种技术充分利用了霉腐微生物与生物性商品的呼吸代谢都离不开空气、水分、湿度这3个关键因素的原理，只要有效地控制其中一个因素，就能达到防止商品发生霉腐的目的。例如，控制和调节空气中的含氧浓度，人为制造一个低氧环境，霉腐微生物的生长繁殖和生物性商品的自身呼吸就会受到抑制。

气调防霉腐包装技术的关键是密封和降氧。包装容器的密封是保证气调防霉腐的关键，降氧是气调防霉腐的重要环节。目前人工降氧的方法有机械降氧和化学降氧两种。机械降氧法主要有真空充氮法和充二氧化碳法；化学降氧是采用脱氧剂来使包装内的氧气浓度下降。

（4）低温冷藏防霉腐包装技术。低温冷藏防霉腐包装技术是通过控制商品本身的温度，使其低于霉腐微生物生长繁殖的最低界限，抑制酶的活性，减慢细菌活动和化学变化的过程，以延长存储期，但这种方法不能完全消除食品的变质。

（5）干燥防霉腐包装技术。干燥防霉腐包装技术是通过降低密封包装内的水分与商品本身的水分，使霉腐微生物得不到生长繁殖所必需的水分来达到防霉腐的目的。

（6）电离辐射防霉腐包装技术。电离辐射防霉腐包装技术目前主要应用于 X 射线与 Y 射线，包装的商品经过电离辐射后即完成了消毒灭菌过程。经照射后的商品，如果不再污染，配合冷藏条件，小剂量辐射能使保存期延长数周至数月，大剂量辐射可彻底灭菌，长期保存。

（7）紫外线、微波、远红外线防霉腐包装技术。紫外线的波长范围为 100～400 纳米，其中，波长为 200～300 纳米的紫外线具有杀菌作用，尤以波长为 265～266 纳米的紫外线的杀菌力最强。但紫外线的穿透力很弱，只能杀死商品表面的霉腐微生物。微波是频率为 300～300 000 兆赫的超高频电磁波，它通过高频电波使含水和脂肪成分多的菌体吸收微波的能量并转变为热能，利用热能产生的高温使菌体死亡来达到灭菌防霉的目的。远红外线是频率高于 300 000 兆赫的电磁波，其作用与微波相似，其防霉腐原理主要是通过远红外线的光辐射和产生的高温使菌体迅速脱水干燥而死亡。

### 2. 防潮包装技术

防潮包装是为防止潮气影响包装件，进而影响内装物质量而采取的防护包装。采用防潮材料对产品进行包封，可以隔绝因外部空气相对湿度的变化而对产品产生的影响，使包装内的相对湿度符合产品的要求，从而保证产品质量。根据产品性质和实际条件，可以选择以下 7 种包装方法。

（1）绝对密封包装。绝对密封包装是指采用透湿度为零的刚性容器进行包装，如将产品装入金属、玻璃、陶瓷、厚壁塑料容器中。使用此种密封方法要注意检查容器有无破裂等漏气隐患，封口需要采用可靠的一次封口或附加二次密封。

（2）真空包装。真空包装是指将包装产品容器内的残留的空气抽出，使其处于符合要求的负压状态，从而避免容器内残留湿气影响产品的质量。真空包装还可以减小膨松物品的体积，从而减少商品占用的储存空间。

（3）充气包装。充气包装是将包装容器内部的空气抽出，再将惰性气体充入，从而防止湿气及氧气对包装内物产生不良影响。充气包装除了可以防潮、防氧外，还可以克服真空包装中包装容器被商品棱角和突出部分戳穿的缺点。

（4）贴体包装。贴体包装是指用抽真空的方法使塑料薄膜紧贴在产品上并热封容器封口，可以大大降低包装内部的空气量及其对产品的影响。贴体包装属于塑料薄片热成型充填包装，一般有一张大卡片作为衬底，因此国外称为卡片包装。贴体包装有极好的保护性能，甚至可以代替瓦楞纸板衬垫和现场发泡等缓冲材料。除此之外，贴体包装还可以凭借其透明性，作为货架陈列的销售包装，比较典型的方式是悬挂式。

（5）热收缩包装。热收缩包装是指在用热收缩塑料薄膜包装产品后，通过加热使薄膜紧裹产品，并使包装内部空气压力稍高于外部大气压，从而减缓外部空气向包装内部的渗透。

（6）泡罩包装。泡罩包装与贴体包装同属热成型充填包装，它采用全塑的泡罩包装结构并热封，避免产品与外部空气直接接触，减缓空气向包装内部的渗透。

（7）干燥剂包装。干燥剂包装是指在产品的包装内放入干燥剂，利用干燥剂吸收原有及渗入的湿气，保护产品不受潮。

### 3. 防虫害包装技术

防虫害包装技术是通过各种物理因素（光、热、电、冷冻等）或化学药剂作用于害虫的肌体，破坏害虫的生理机能和肌体结构，劣化害虫的生活条件，促使害虫死亡或抑制害虫繁殖，以达到防虫害的目的。防虫害包装技术的主要方法有以下 4 种。

（1）高温防虫害包装技术。利用较高的温度来抑制害虫的发育和繁殖。一般情况下，当环境温度上升到 40～45℃时，害虫的活动就会受到抑制；当温度上升到 45～48℃时，害虫将处于昏迷状态（夏眠）；当温度上升到 48℃以上时，害虫便会死亡。

（2）低温防虫害包装技术。低温防虫害包装技术与上述方法相反，它利用低温抑制害虫的繁殖和发育，并使其死亡。仓库害虫一般在环境温度为 8～15℃时开始停止活动，在 4～8℃时处于冷麻痹状态，如果这种状态长时间延续，害虫就会死亡。零下 4℃是多数害虫的致死临界点。一般仓库害虫在气温下降到 7℃时就不能繁殖，且大部分开始死亡。

（3）电离辐射防虫害包装技术。利用 X 射线、Y 射线、快中子等电离辐射的杀伤能力使害虫死亡或不育，从而达到防虫害的目的。

（4）微波与远红外线防虫害包装技术。微波是指波长为 1～1 000 毫米的电磁波。其频率为 300～300 000 兆赫，也称为超高频。微波杀虫具有处理时间短、杀虫效力高、无残害、无药害等优点。远红外线具有与微波相似的作用，能迅速干燥储藏物品并直接杀死害虫。

**职业素养拓展 3.12**

#### 海南省截获"森林纵火犯"——木质包装中发现活体松材线虫

在我国已吞噬了大规模松林的松材线虫，近日被海南省检验检疫部门从日本进口的木质包装中检出。松材线虫是国际公认的林业特大毁灭性有害生物，一旦入侵，对海南生态将造成严重破坏。

近日，检验检疫部门在对日本进口的汽车配件及其木质包装进行检验检疫时，发现其针叶类木质包装箱部分有蓝变现象，经采样送实验室进行室内培养、分离，发现有大量的活体线虫，经鉴定为我国植物检疫二类危险性害虫——松材线虫。

该批货物的木质包装箱已在输出国日本进行了热处理，且附有日本官方出具的热处理证书，但我国检验检疫部门仍从中截获了二类危险性害虫。目前，该批木质包装箱已按规定在检验检疫人员的监督下进行了烧毁处理。

据了解，松材线虫是我国禁止入境的植物危险性有害生物之一，有“森林纵火犯”之恶名，主要危害松、柏杉等针叶树种。松材线虫其虫体虽不足 1 毫米，但对松树等树木的破坏是致命的。

松树感染此虫害后 40 天即可致死，即使是几十年的高大松树也会在 2～3 个月内死亡。至今，此害虫已在我国先后吞噬了苏、浙、皖、鲁等东部省份的大规模松林，造成 1 600 余万株松树的死亡，直接经济损失 18.2 亿元人民币，造成生态效益损失约 200 多亿元人民币。

海南省目前的松林分布于全省九个县市。一旦松材线虫传入，对海南省森林、生态环境和旅游资源造成的破坏将不可估量。

### 4. 防震包装技术

防震包装是为减缓内包装物品受到的冲击和震动，保护其免受损坏而采取的具有一定保护作用的包装。防震包装的作用主要是克服冲击和震动对被包装物品的影响。主要的防震缓冲材料有泡沫塑料、气泡塑料薄膜、兽毛填充橡胶防震材料等。防震包装的方法主要有 3 种。

（1）全面防震包装。全面防震包装是指将包装容器内所剩余的空间全部用缓冲材料填满，对产品周围进行全面保护的方法。所用的包装材料主要有聚苯乙烯泡沫塑料、纸浆模塑制品、现场发泡料等。

（2）部分防震包装。部分防震包装是指仅在产品或内包装的拐角或局部地方使用防震材料进行衬垫。对于整体性能好的产品和采用强度较好的内包装容器的产品可以采用这种包装方法，既能取得防震效果，又能降低包装成本。这种包装方法适于大量成批生产的，现广泛用于家电、仪器仪表等产品的包装。根据衬垫所放置的位置和数量不同，可分为天地盖、左右套、四棱衬垫、八角衬垫和侧衬垫等。

（3）悬浮式防震包装。悬浮式防震包装是指选用刚性、强度较大的容器做外包装，并把内装物用带子、绳子、吊环、弹簧等物品吊在外包装中，使其悬浮吊起，不与四壁接触。适用于极易受损且要求确保安全的产品，如精密仪器、贵重展品等。

### 5. 收缩与拉伸包装技术

（1）收缩包装。收缩包装是指使用可热收缩的塑料薄膜包裹物品或内包装件，然后对薄膜进行适当加热处理，使薄膜收缩并紧贴于物品或内包装件的包装技术。收缩薄膜是一种经过特殊拉伸和冷却处理的聚乙烯薄膜，由于薄膜在定向拉伸时产生残余收缩应力，这种应力受到一定热量后便会消除，从而使其横向和纵向均发生急剧收缩，同时使薄膜的厚度增加，薄膜的收缩率通常为 30%～70%，收缩力在冷却阶段达到最大值，并能长期保持。

（2）拉伸包装。拉伸包装是由收缩包装发展而来的，它是依靠机械装置，在常温下将弹性薄膜围绕被包装件进行拉伸、紧裹，并在其末端进行封合的一种包装方法。由于拉伸包装不需要进行加热，所以消耗的能源只有收缩包装的二十分之一。拉伸包装可以捆包单件物品，也可用于托盘包装之类的集合包装。

#### 6. 防锈包装技术

防锈包装技术的保护对象主要是机电设备、金属制品等容易生锈的物品。其主要方法有以下 4 种。

（1）防锈油脂封存包装。防锈油脂封存包装是指将防锈油脂涂覆于金属制品表面，然后用石蜡或塑料袋封装。该方法材料易得、使用方便、价格低廉，而且产品涂油还能起到一定的防划和减震作用，是使用最广的防锈方法。

（2）气相防锈包装。气相防锈包装技术就是利用气相缓蚀剂（挥发性缓蚀剂），在密封包装容器中对金属制品进行防锈处理的技术。气相缓蚀剂是一种能减慢或完全停止金属在侵蚀性介质中被破坏的物质，它在常温下具有挥发性，在密封包装容器中，可在很短的时间内挥发或升华为缓蚀气体，并充满包装容器内的每个角落和缝隙，同时吸附在金属制品的表面，起到抑制大气对金属锈蚀的作用。

（3）可剥性塑料封存包装。可剥性塑料是以塑料为基本成分，加入矿油、防锈剂、增塑剂、稳定剂、防霉剂和溶剂配制而成的防锈材料。它涂于金属表面可硬化成固体膜，具有良好的防止大气锈蚀的作用。同时可剥性塑料的膜层柔韧有弹性，可起到一定的机械缓冲作用。由于固体膜被一层油膜与金属件隔开，启封时膜层很容易从金属表面剥下，故称为可剥性塑料封存包装。

（4）封套防锈封存包装。封套防锈封存包装是指将金属制品放于一密封套内，并放入干燥剂或气相防锈剂，然后在口部用拉链密封。拉链启闭灵活，便于检查和使用，但防锈期较短，一般只有 2～3 年，适用于运输途中短期防锈包装。

#### 7. 危险品包装技术

（1）易爆产品的包装。设计军工产品中的弹药、火药、炸药、引信（或电子引信）、化工品一类易爆品的包装，必须对环境标准进行认真研究。根据运输条件查出或确定冲击跌落高度、震动的速度频谱曲线、堆码高度，气候条件中的最高温度、最低温度、湿度范围，陆地地面环境、海面、海洋大气环境和全球地面 80 千米高空的大气环境、气压变化范围等。并适当地选择相应的内、外包装材料。

（2）放射性产品的包装。对于放射性物品而言，必须选择能屏蔽放射线或使放射线衰减到对人体和环境无害的包装材料或防范措施，通常的做法是在内包装或内包装的外面增加一个具有一定厚度的金属铅或铝制的防辐射隔离层，外包装则常常使用金属箱、桶等容器，而且密封性和牢固性要好。为了防水、防潮、防氧化、防腐蚀等，应合理选择内、外包装材料或采取相应的技术措施。若使用塑料类或复合材料包装，则还应保证这类材料受辐射后不会产生裂解，不会影响封口质量、密封性能和牢度。

（3）有毒产品的包装。对于有毒产品，主要应保持其包装的坚固性，在流通过程中不破损、不渗漏、不渗透。为达到这一要求，内、外包装都必须具有气密性，包装材料的抗腐蚀性能要良好，不得与毒品发生化学反应。

另外，危险品的包装材料还应防潮、防水、防腐蚀。危险品在包装之后必须进行标准中规定的各种试验，经试验完全合格后才能完成包装设计。为了在储运中保证安全，在外包装上必须按《危险货物包装标志》(GB 190—2009)、《包装储运图示标志》(GB/T 191—2008)的规定加印危险货物包装标志和包装储运图示标志，并保证其在货物储运期内不脱落。

## 四、粘贴包装标记和标志

### 1. 包装标记

商品包装标记是根据商品本身的特征，按有关规定用文字和阿拉伯数字等在包装上标明的记号。

(1) 标记内容。主要包括基本标记、牌号标记和等级标记。

① 基本标记。基本标记用来说明包装物实体的基本情况，如名称、规格、型号、计量单位、数量、重量、出厂日期、地址等。对于时效性较强的物品还要写明成分、保质期等。

② 牌号标记。牌号标记一般只标明物品的名称，不提供有关物品的其他信息。牌号标记应印制在包装的显著位置。

③ 等级标记。等级标记是用来说明物品质量等级的记号，常用“一等品”、“优质产品”等字样表示。

(2) 标记形式。主要包括直接标打和标志牌两种形式。

① 直接标打。文字采用仿宋体，数字采用阿拉伯数字，其尺寸规格、文字间隔应与包装件大小相适应，并符合国标的规定。其格式如下：

第一行　名称；

第二行　数量、总重量（千克）；

第三行　体积长×宽×高（厘米×厘米×厘米）；

第四行　生产单位、生产日期；

第五行　有效期限（储存期限）。

② 标志牌。首先使用白纸、黑字、仿宋体打印标志卡片，并进行裹塑；然后将标志牌框用螺钉固定在箱正面中心位置上，将打印并裹塑后的标志卡片插入标志牌框内，并适当固定。标志牌适用于多件合装一箱或单件装箱的配件包装，便于仓储过程中配件数量增减和保养储存后的标志更改。标志牌分大、中、小 3 种规格。订货量少的小件配件混合装箱时，标志牌上只标注混装配件的名称、数量、生产单位和生产日期。

### 2. 包装标志

货物包装标志是用来指明被包装货物的性质，以及为了物流活动的安全进行和理货分运的需要而标注的文字和图像说明。2000 年 7 月 17 日，国家质量监督检验检疫总局（原国家质量技术监督局）批准发布了 GB 191—2000（等效采用 ISO 0780—1997）《包装储运图示标志》强制性国家标准，并于 2000 年 12 月 1 日开始实施。

(1) 运输标志（又称“唛头”）。运输标志是贸易合同、发货单据中有关标志事项的基本部分。它一般由一个简单的几何图形、字母、数字等组成。运输标志的内容包括：目的地名称或代号，收货人或发货人的代用简字或代号、件号（每件标明该批货物的总件数）、体积（长×宽×高）、重量（毛重、净重、皮重）、生产国家或地区等。

（2）指示性标志。指示性标志是指按商品的特点，对于易碎，需要防湿、防颠倒等商品，在包装上用醒目图形或文字，标明的“小心轻放”、“防潮湿”、“此端向上”等字样。我国常用的指示性标志如表 3-19 所示。

**表 3-19　指示性标志**

| 标志名称 | 标志图形 | 使用说明 | 标志名称 | 标志图形 | 使用说明 |
|---|---|---|---|---|---|
| 小心轻放 |  | 用于碰震易碎，需要轻拿轻放的运输包装件 | 怕湿 |  | 用于怕湿的运输包装件 |
| 禁用手钩 |  | 用于不得使用手钩搬动的运输包装件 | 重心点 |  | 用于指示运输包装件重心所在处 |
| 向上 | 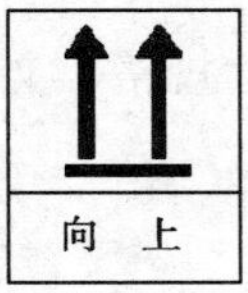 | 用于指示不得倾倒、倒置的运输包装件 | 禁止翻滚 |  | 用于不得滚动搬运的运输包装件 |
| 怕热 |  | 用于怕热的运输包装件 | 堆码重量极限 |  | 用于指示允许最大堆码重量的运输包装件 |
| 远离放射源及热源 |  | 用于指示需要远离放射源及热源的运输包装件 | 堆码层数极限 |  | 用于指示允许最大堆码层数的运输包装件。图中“N”为实际堆码层数，印刷或喷涂时用阿拉伯数字表示 |
| 由此吊起 | 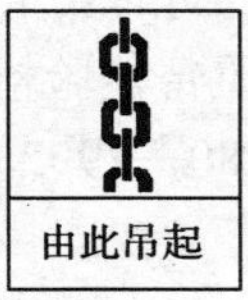 | 用于指示吊运运输包装件时放链条和绳索的位置 | 温度极限 | 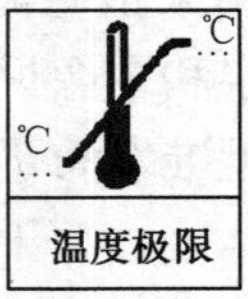 | 用于指示需要控制温度的运输包装件 |

（3）警告性标志。警告性标志是指对危险物品，如易燃品、有毒品或易爆炸物品等，在外包装上必须醒目标明以示警告的标志。我国常用的警告性标志如表 3-20 所示。

**表 3-20　警告性标志**

| 标志名称 | 标志图形 | 标志名称 | 标志图形 |
| --- | --- | --- | --- |
| 爆炸品 | <br>（符号：黑色；底色：橙红色） | 遇湿易燃物品 | <br>（符号：黑色或白色；底色：蓝色） |
| 爆炸品 | <br>（符号：黑色；底色：橙红色） | 氧化剂 | <br>（符号：黑色；底色：柠檬黄色） |
| 爆炸品 | <br>（符号：黑色；底色：橙红色） | 有机过氧化物 | <br>（符号：黑色；底色：柠檬黄色） |
| 易燃气体 | <br>（符号：黑色或白色；底色：正红色） | 剧毒品 | <br>（符号：黑色；底色：白色） |
| 不燃气体 | <br>（符号：黑色或白色；底色：绿色） | 有毒品 | <br>（符号：黑色；底色：白色） |

续表

| 标志名称 | 标志图形 | 标志名称 | 标志图形 |
|---|---|---|---|
| 有毒气体 |   （符号：黑色；底色：白色） | 有害品<br>（远离食品） |   （符号：黑色；底色：白色） |
| 易燃液体 |   （符号：黑色或白色；底色：正红色） | 感染性<br>物品 |   （符号：黑色；底色：白色） |
| 易燃固体 |   （符号：黑色；底色：白色红条） | 一级<br>放射性物品 |   （符号：黑色；底色：白色）<br>（附1条红竖条） |
| 自燃物品 |   （符号：黑色；底色：上白下红） | 二级<br>放射性物品 |   （符号：黑色；底色：上黄下白）<br>（附两条红竖条） |
| 腐蚀品 |   （符号：上黑下白；底色：上白黑下） | 三级<br>放射性物品 |   （符号：黑色；底色：上黄下白）<br>（附3条红竖条） |

续表

| 标志名称 | 标志图形 | 标志名称 | 标志图形 |
| --- | --- | --- | --- |
| 杂类 | <br>（符号：黑色；底色：白色） | | |

## 五、包装合理化

包装合理化是指在包装过程中使用适当的材料和技术，制成与物品相适应的容器，以节约包装费用，降低包装成本。包装合理化既能满足包装保护商品、方便储运、有利销售的要求，又能提高包装的经济效益，实现对包装的综合管理。包装合理化主要体现在以下几个方面。

### 1. 包装轻薄化

由于包装对商品来说只起保护、装饰等作用，并不创造价值，因此，在强度、成本、寿命等条件相同的情况下，努力推进轻、薄、短、小的包装，有利于提高装卸搬运、运输的工作效率。此外，轻薄化的包装在许多情况下能降低包装成本。

### 2. 包装单纯化

包装在材料、规格、形状和种类等方面的单纯化，可以方便装卸搬运、运输及自身包装作业，提高工作效率。

### 3. 包装模数化

确定包装基础尺寸的标准，即包装模数化。包装模数标准确定以后，各种进入流通领域的产品都将按照模数规定的尺寸进行包装。模数化包装有利于小包装的集合，有利于集装箱、托盘装箱及装盘。包装模数还应与仓库设施、运输设施的尺寸模数统一，以利于运输与保管，提高作业效率。

### 4. 包装机械化

过去包装主要依靠人力作业，在进入大量生产、大量消费时代后，包装机械化应运而生。包装机械化是指对装箱、封口、捆扎等外包装作业的机械化操作。包装机械化对于提高作业效率和包装现代化水平起着重要的作用，因此不断开发新型的包装机械是包装合理化的重要途径之一，如全自动包装流水线、玻璃瓶真空封口机的出现大大提高了包装作业效率。

### 5. 单位包装大型化、集装化

包装大型化、集装化的趋势随着商品交易量的增大及物流机械的广泛应用而日趋明显。

包装的大型化、集装化有利于物流机械的应用，提高物流作业效率；有利于减少包装材料，降低包装成本；有利于货物的保护等。

### 6. 包装绿色化

绿色包装也称环保包装，是指节省资源、可回收利用、焚烧时无毒害气体、填埋时少占耕地并能实现生物降解和分解的包装。国外有人形象地把绿色包装归纳为 4R：Reduce，减少包装材料消耗量；Refill，大型容器可再次填充使用；Recycle，可循环使用；Recovery，可回收使用。所以，绿色包装包括以下几个方面的要求。

（1）包装用材料应当节约，包装要简化。

（2）包装用材料可以回收或可循环使用。

（3）包装用材料要可分解、可降解。

（4）改进包装质量。

（5）包装废弃物处理。

**职业素养拓展 3.13**

#### 利乐的绿色包装

据报道，在 2010 年的 8、9 月间，一些牛奶制品的利乐枕、利乐砖包装上会出现一个“FSC”（Forest Stewardship Council，森林管理委员会）的绿色小标志，贴上这枚标签，意味着利乐枕和利乐砖从原材料的来源到最后制成的包装，都符合一项名为“森林可持续经营管理”的认证。

对于利乐来说，这不单是一次着眼于环保的绿色行动，而是一次战略上的调整，因为利乐知道，实现森林资源的可持续，就等于延续自己的生命线。

利乐无菌包装是由纸、铝箔和聚乙烯塑料复合而成的，可有效阻挡外界的污染与氧化，从而保证包装内的产品无须冷藏和防腐剂即可拥有较长的保质期。同时，由于在生产、运输、零售、存储、消费的整个过程中不需要冷藏车、冷藏销售柜和冰箱等冷链设备，自然有利于节能减排，这无论对于保护社会的大环境，还是减少个人生活的“碳足迹”，都具有积极意义。此外，方砖形的无菌包装设计更便于最大限度地利用空间，提高了物流效率，更进一步降低了能耗。

消费后的利乐包装是一种可以百分之百进行回收再利用的资源，可以通过水力碎浆和铝塑分离技术，将复合纸包装中的纸、塑料和铝箔彻底分离，从而实现从资源回到资源的绿色循环模式；或者通过塑木技术、彩乐板技术等，将包装变身为公园护栏、垃圾桶、课桌椅、室外地板、纸张和衣架等丰富实用的环保产品，目前拥有较好的市场前景。

利乐无菌包装中 75%的原料是纸板，来自于可再生的森林资源。利乐认为，森林是地球最好的“包装”。为了保护环境，让森林生生不息，利乐在原材料采购上执行严格的标准，以确保所采用的纸板 100%都来自于那些管理良好、符合可持续管理原则的森林。

2007 年，利乐在全球 80%的纸板供应商都获得了森林管理委员会（FSC）的产销监管链认证。利乐承诺，到 2015 年，其纸板供应商将全部获得 FSC 产销监管链认证；到 2018

年，利乐在全球所有的包材和印刷工厂也将完成此项认证。

资料来源：节选自《绿色包装是整个包装行业的未来发展趋势》，中国设计网

# 任务九　送货作业

## 一、送货作业流程

送货作业是指利用配送车辆，把客户订购的物品从制造厂、生产基地、批发商、经销商或配送中心，送到客户手中的过程。送货通常是一种短距离、小批量、高频率的运输形式，它以尽可能满足客户的需求为宗旨，其操作流程如图 3-46 所示。

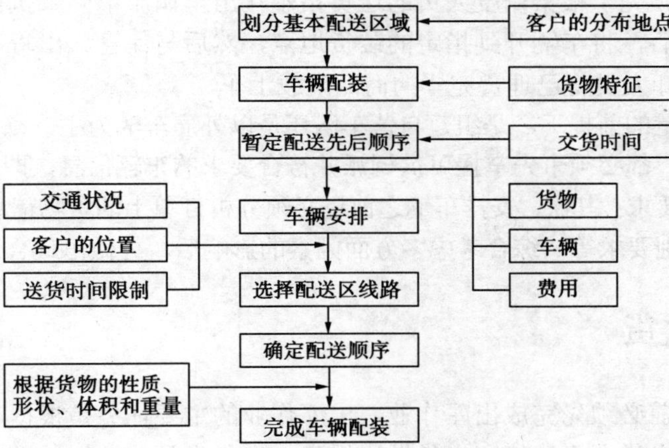


图 3-46　送货作业流程

## 二、制订送货计划

配送部门需要预先对运输任务进行估计并进行实时调度，送货人员对运送的货物种类、数量、去向、运货线路、车辆种类及载重、车辆趟次做出合理的计划安排，其具体内容如下。

（1）按日期排定用户所需商品的品种、规格、数量、送达时间、送达地点、送货车辆与人员等。首先对客户所在地的具体位置做出较为系统的统计，并做出区域上的整体划分；再将每一客户包括在不同的基本送货区域中，作为配送决策的基本参考。例如，按行政区域或按交通条件划分不同的送货区域，在区域划分的基础上再弹性调整安排送货的顺序，根据客户订单的送货时间确定送货的先后次序。

（2）优化车辆行走路线与运送车辆趟次，并将送货地址和车辆行走路线在地图上标明或在表格中列出。要想规划出距离短、时间少、成本低的配送线路，就需要根据客户的具体位

置、沿途的交通情况等做出优先选择和判断。除此之外，还必须考虑部分客户所在地的环境对送货时间、车型等的特殊要求。例如，有些客户一般不在上午或晚上收货，有些道路在高峰期实行特别的交通管制等。因此，运送批次顺序的确定应与配送线路优化综合起来考虑。

（3）按用户需要货物的时间并结合运输距离来确定起运提前期。

（4）按用户的要求选择送达服务的具体组织方式。

## 三、派工与调度

运送计划确定后，要分配运输调度与装卸作业的任务，即根据运送计划所确定的配送货物数量、特性、客户地址、送货路线、行驶趟次等的任务内容，指派车辆和装卸、运送人员，下达运送作业指示和车辆配载方案，安排具体的装车与送货任务，并将发货明细单交给送货人员或司机。

送货人员则必须完全根据调度人员的送货指示（出车调派单）来执行送货作业。送货人员接到出车指示后，将车辆开到指定的装货地点，然后与保管、出货人员清点、分拣配组好的货物，由装卸人员将已理货完毕的商品配载上车。

在保证运输质量的前提下，是组建自营车队还是以外雇车辆为主，须视经营成本而定。无论选用哪种方式，都必须事先掌握可供调派并符合要求的车辆信息，即这些车辆的容量和额定载重是否满足要求；其次，安排车辆之前还必须分析订单上的货物信息，如体积、重量、数量、对装卸的特别要求等，综合考虑多方面因素的影响后，再做出最合适的车辆安排。

## 四、提货与发货

货物在输送之前必须先完成出库作业。出库作业的主要任务是根据客户订单为客户打印出货单据，制定出货调度，打印出货批次报表、出货商品地址标签及出货核对表；仓库管理人员或出货管理人员决定出货区域的规划布置及出货商品的摆放方式。出货人员依照约定的时间，把放置在暂存区即将出货的商品移到排定的出车码位，并复核商品的完整性与正确性，然后当面点交给运送人员，办理出库发运手续，并协助他们进行车辆配载和装货上车。某配送公司的提货单如表3-21所示，出库运送单如表3-22所示。

**表3-21　某配送公司的提货单**

| 提货日期 | 车号 | 送达地点 | 约定提货时间 | 实际到达时间 | 车况 | 卫生情况 | 车容情况 | 提货开始时间 | 提完货时间 | 司机是否点数 | 封号 | 存在的问题 |
|---|---|---|---|---|---|---|---|---|---|---|---|---|
| | | | | | | | | | | | | |
| | | | | | | | | | | | | |
| | | | | | | | | | | | | |
| | | | | | | | | | | | | |
| | | | | | | | | | | | | |

表 3-22　某配送公司的出库运送单

收货单位：______________ 出货货位：______________ 出库运送单编号：______________

| 商品名称 | 规格 | 商品编码 | 单位 | 零售单价 | 数量 | 金额 | 运输包装数 | 备注 |
|---|---|---|---|---|---|---|---|---|
| | | | | | | | | |
| | | | | | | | | |
| 合计： | | | | | | | | |

制单人：________（签章）____年____月　发货人：________（签章）____年____月

运送人：________（签章）____年____月　收货人：________（签章）____年____月

## 五、车辆配装

根据不同的配送要求，在选择合适车辆的基础上对车辆进行配装以提高利用率，是送货的一项主要工作。

配装也称配载，是指充分利用运输工具（货车、轮船等）的载重量和容积，采用先进的装载方法，合理安排货物的装载。在配送中心的作业流程中安排配载，把多个用户的货物或同一用户的多种货物合理地装载于同一辆车上，不但能降低送货成本，提高企业的经济效益，还可以改善交通拥堵状况。

由于配送货物品种、特性各异，为提高送货效率，确保货物质量，必须首先对特性差异大的货物进行分类。在接到订单后，将货物按特性进行分类，以便分别采取不同的送货方式和运输工具，如按冷冻食品、速食品、散装货物、箱装货物等货物类别进行分类配载。其次，配送货物也有轻重缓急之分，必须初步确定哪些货物可配于同一辆车，哪些货物不能配于同一辆车，以做好车辆的初步配装工作。因此，配送部门既要按订单要求在运送计划中明确运送顺序，又要安排理货人员将各种不能混装的商品进行分类，同时还应按订单标明到达地点、用户名称、运送时间、商品明细等，最后按流向、流量、距离将各类商品进行车辆配载。

装车顺序或运送批次一般可按用户的要求进行安排，但对同一车辆共送的货物，装车时则要依照“后送先装”的顺序进行。有时在考虑有效利用车辆空间的同时，可能还要根据货物的性质（怕震、怕压、怕撞、怕湿）、形状、体积及重量等，做出弹性调整，如轻货应放在重货上面，包装强度差的应放在包装强度好的上面，易滚动的卷状、桶状货物要垂直摆放等。此外，货物的装卸方法也必须依照货物的性质、形状、重量、体积等来做具体安排。

车辆配装方案要根据需要配送货物的具体情况及车辆情况而定，主要是依据经验或简单的计算来选择最优的装车方案。

解决车辆配装量问题，在数据量小时可以用手工计算，但在数据量大时，依靠手工计算将变得非常困难，需要用数学方法来求解。现在已开发出车辆配装的软件，将配送货物的相关数据输入计算机，即可由计算机自动输出配装方案。

## 六、装车、发车

装车的总体要求是省力、节能、减少损失、快速、降低成本。装车前应对车厢进行检查和清扫。因货物性质不同，如装车前需要对车辆进行清洗、消毒的，必须达到规定要求。装车过程中应防止货物的混杂、散落、漏损、砸撞，特别要注意有毒货物不得与可食用的货物混装，性质相抵触的货物不能混装。装车的货物应数量准确，捆扎牢靠，做好防丢措施。

### 1. 堆积

堆积是在装车时为充分利用车厢载重量、容积而采用的方法。一般是根据所配送货物的性质和包装来确定堆积的行、列、层数及码放的规律。根据货物的不同堆积方式分为行列式堆积和直立式堆积两种。

### 2. 绑扎

绑扎是指在配送货物按客户订单要求全部装车完毕后，为了保证货物在配送运输过程中的完好，以及为避免车辆到达各客户点卸货开厢时出现货物倾倒的情况，而必须进行的一道工序。绑扎有以下几种形式：单件捆绑；单元化、成组化捆绑；分层捆绑；分行捆绑；分列捆绑。绑扎的方法有：平行绑扎、垂直绑扎和相互交错绑扎。

## 七、送货

根据运送计划所确定的最优路线，应在规定的时间及时、准确地将货物运送到客户手中。在运送过程中要注意加强对运输车辆的考核与管理。

### 1. GPS 车辆跟踪、定位与监控系统

在车辆跟踪系统中，可以利用 GPS（Global Positioning System，全球定位系统）和电子地图实时显示车辆的实际位置并随目标移动，使目标始终保持在屏幕上；也可打开多窗口，对多车辆实现多屏幕同时跟踪。同时，还应提供出行路线的规划和导航，规划路线可自动生成，也可实现人工设计。在信息查询系统中，用户能够在电子地图上根据需要进行查询。

在话务指挥系统中，指挥中心可以监测区域内车辆的运行状况，对被监控车辆进行合理调度。指挥中心也可随时与被跟踪目标通话，实行管理。

在紧急援助系统中，可以通过 GPS 定位和监控管理系统对遇有险情或发生事故的车辆进行紧急援助。监控台的电子地图可显示求助信息和报警目标，规划出最优援助方案，并以报警声、光信号提醒值班人员进行应急处理。

### 2. 送货车辆的行车作业管理

由于送货主要是依靠短距离的卡车运输，因此，送货车辆的行车作业管理也是送货作业管理的重要内容。

尽管人们可以通过建立数学模型优化运输路线，可以利用计算机管理软件对车辆进行合理调度，对货物实行有效配装，使配送计划做得非常周详，但影响货物输送效率与配送服务质量的因素却有很多，其中不乏许多不可预测的因素。在货物的输送过程中，往往会出现因临时的交通状况变化、天气变化、行车人员在外不按指令行车或外部驾驶过程中突发安全事故等难以直接控制，或者不可控的因素影响而导致货物不能如期到达，以及货物受损等情况，从而使输送成本上升，最终影响配送服务质量与配送效益。因此，在货物输送管理中必须加强行驶作业记录管理和行车作业人员的考核与管理。

（1）行驶作业记录管理。行驶作业记录管理主要有驾驶日报表管理、行车作业记录卡管理和行车记录器管理 3 种方式。

① 驾驶日报表管理。是指通过行车驾驶人员填写《汽车驾驶日报表》来记录货物输送作业过程。汽车驾驶日报表如表 3-23 所示。

**表 3-23　汽车驾驶日报表**

日期　年　月　日　星期　天气　温度　度　　　单位

| 卡车号码 | 驾驶员 | 运送内容 | 作业时间（小时） | | | | 行走（千米） | | 燃料（升） | 输送量（吨） | 同乘者 | 运费（元） | 收款人运费计算 | | | | 其他 |
|---|---|---|---|---|---|---|---|---|---|---|---|---|---|---|---|---|---|
| | | | 开始 | 终了 | 移动时间 | 合计 | 实际 | 空车 | | | | | 收款人 | 运费 | 人事费用 | 合计 | |
| | | | | | | | | | | | | | | | | | |
| | | | | | | | | | | | | | | | | | |
| | | | | | | | | | | | | | | | | | |

| 合计值 | 作业时间 | | 行走里程 | | 输送吨数 | | 燃料升数 | | 人事费用 | | 支付费用 | |
|---|---|---|---|---|---|---|---|---|---|---|---|---|
| | 本日 | 累计 | 本日 | 累计 | 本日 | 累计 | 本日 | 累计 | 本日 | 累计 | 本日 | 累计 |
| | | | | | | | | | | | | |

利用表单对配送车辆驾驶情况进行记录，除了能随时对车辆与驾驶员的品质及负担做出评估和调整外，还能反映配送规划的效果，为后续营运配送计划管理提供参考。

② 行车作业记录卡管理。即对行车作业实行定时划卡制度。以日本大型连锁集团伊藤洋华堂集团为例，它们对配送车辆的行车作业实行了高效率的管理，具体方法是设立定时配送、划卡制度，即每台配送车辆到店时都要划卡，离店时也要划卡，到店至离店的时间为卸货和验货的时间。配送中心根据信息中心获取的 POS 系统的信息来掌握配送车辆到店和离店的时间，分析运送作业、货物抵达后的交、接货作业效率。如果发现配送车辆比规定的时间早到或晚到店 15 分钟（早到店无接货人，晚到店则会使商店失去最佳销售机会），总部的职能部门就会按照合同规定，对运输的当事者处以罚款（与委托运输公司运输的情况相同）。这样，负责商品配送的配送中心就能掌握车辆在途时间，从而规划较为合理的配送路线，以确保物流的通畅，使各连锁分店能够顺利地运营。

③ 行车记录器管理。行车记录器的用途很广，只要是希望优化货品配送的配送作业者，都可将它运用在车辆上。目前国内外已开始使用随车温度记录器及行车记录器，以对车辆配送情况即时进行详细的掌握。

利用温度记录器可以随时监控车内温度状况。温度记录器多设置在货品温度需要控制的配送车上，如对冷冻、冷藏食品的配送，温度记录器可提供随时监控，一旦货柜的温度过高或过低，温度记录器就会马上发出警报提醒配送人员注意，采取必要措施。并且这些记录数据可供管理人员事后检查。

利用行车记录器可以掌握车辆配送过程中的行驶记录。行车记录器最主要的功能就是掌握车辆配送过程中的行驶状况，包括时间、里程数、行驶速度等。

（2）行车作业人员的考核与管理。为了确保行车作业能按配送计划有效运行，需要对行车作业人员进行考核和管理。对行车作业人员进行考核的数据，可以通过驾驶成绩报告书、配送人员出勤日报表的方式来反馈。驾驶成绩报告书、配送人员出勤日报表如表 3-24 和表 3-25 所示。

**表 3-24　驾驶成绩报告书**

日期　　年　月　日　　　　　　　　　　　　　　　　　　　单位

| 车辆号码 | 工作日数（日） | 总车辆数（辆） | 行走距离（千米） | 输送数量 | 燃料（升） | 其他 |
|---|---|---|---|---|---|---|
| | | | | | | |
| | | | | | | |
| | | | | | | |
| 合计 | | | | | | |

**表 3-25　配送人员出勤日报表**

趟次编号：　　　　　　　　车号：　　　　　　　　车种：

驾驶员姓名：　　　　　　　配送员姓名：　　　　　年　月　日

| 报到、交货地点 | 计划时间 | 到达时间 | 离开时间 | 经过时间 | 里程数 | 冷冻、冷藏温度 | 卸货箱数 | 送货单据号码 | 备注（延迟送达原因） |
|---|---|---|---|---|---|---|---|---|---|
| | | | | | | | | | |
| | | | | | | | | | |
| | | | | | | | | | |
| | | | | | | | | | |
| | | | | | | | | | |
| | | | | | | | | | |

## 八、送达与回访

当货物送达要货地点后，送货人员应协助收货单位将货物卸下车，放到指定位置，并与收货单位的收货人员一起清点货物，做好送货完成确认工作（送货签收回单），同时，请客户填写配送运输质量跟踪表，如表 3-26 所示。如果有退货、调货的要求，那么应将退调商品随车带回，并完成有关单证手续。

表 3-26 某企业配送运输质量跟踪表

发送时间： 年 月 日

________客户经营部

我公司承担________配送业务，我们对质量的承诺是：安全准确、文明储运、优质高效、客户至上。

为了实现上述承诺，不断改进服务质量，恳请贵经营部真实填写以下栏目：

| | |
|---|---|
| 1．送货汽车车号 | |
| 2．送货人员服务态度 | 好 □ 一般 □ 差 □ |
| 3．送货汽车车况 | 好 □ 一般 □ 差 □ |
| 4．装载是否合理 | 是 □ 否 □ |
| 5．送达货物的品名、规格、数量是否与送货清单相符 | 是 □ 否 □ |
| 6．到货是否准时 | 是 □ 否 □ |
| 7．货物污染、淋湿、破损情况及程度 | |
| 8．在哪些方面还需要改进请提宝贵意见 | |

填表人： 填表时间： 年 月 日

## 九、退货处理

退货的原因通常是多方面的：有的是发货人在按订单发货时发生了错误；有的是在运输途中发生产品损坏；有的是客户在订货时发生错误，如写错了产品的零部件号码；有的是产品本身有质量问题等。

在按照企业精心设计的退货处理程序解决客户的退货要求并收回货物以后，就要对退回的货物进行相应的处理。一般来说，退回的货物必须经生产厂商检查以确定其处理办法，如返回配送点进行整理，退还供货商和报废、销毁等，退货处理流程如图 3-47 所示。

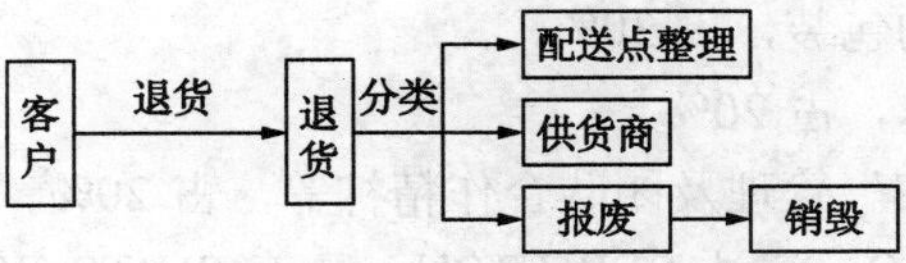


图 3-47 退货处理流程

## 十、销单与费用结算管理

送货人将货物送完，到销单处进行销单时，由送货人将结算联与客户回执联按顺序逐一摆放，并在客户回执联与结算联签上所属运输公司的名称、车号；如果送货车辆为个人车辆，那么需要在结算联与客户回执联签上“个人”字样及车号。无论送货地点是远郊还是近郊，都需要在结算联上标注清楚。

送货人交单时，销单员需要将结算联与客户回执联认真核对，看型号是否相符，客户是否在回执联上签有客户本人的姓名、货收几件、外观无损等字样。经核对无误后，送货人与销单员做单据交接，交接时需要注明当天日期、送货人所属公司（个人）名称、车号、件数及送货人姓名；销单完毕后，待送货人取派工单时，需要由送货人在交接本上注明拿单日期及姓名，此交接本需要妥善保管，以备留查。

销单结束后，销单员将送货结算联交财务部门结算，并将用户回执联按日期放入单据柜，由销单人员装订成册，并妥善保管，以备留查。整个配送过程的业务就此完成。

## 项目训练一

### 包装作业训练

#### 一、训练目标

1. 通过本次对给定货物的包装训练，使学生掌握物流包装的流程及其操作。
2. 通过教师的现场讲解，提高学生对包装合理化的认识。
3. 培养学生严谨、细致的职业素质及团队意识。

#### 二、训练内容与要求

1. 班级内分小组进行，老师给定模拟包装的货物及包装工具，由学生相互配合对货物进行包装，粘贴包装标志。
2. 教师进行现场指导与点评。
3. 教师根据小组操作情况进行打分。

#### 三、训练检测内容与分值比例

1. 包装材料的选择，占30%。
2. 对货物进行恰当的包装，占30%。
3. 正确粘贴包装标志，占20%。
4. 小组现场操作“5S”管理及团队合作精神等，占20%。（“5S”管理即整理SEIRI、整顿SEITON、清扫SEISO、清洁SEIKETSU、素养SHITSUKE，因日语的罗马拼音均以“S”开头，所以简称“5S”。）

## 项目训练二

### 配送加工训练

#### 一、训练目标

1. 通过参观学习，让学生亲身体验连锁企业配送中心常见的配送加工作业形式。
2. 通过参观学习及教师的讲解，了解配送中心是如何进行配送加工活动的。

## 二、训练内容与要求

1．组织学生到当地一家较大规模的连锁企业配送中心进行调查，了解该配送中心典型的配送加工作业形式，形成调查报告。

2．了解连锁企业配送中心是如何进行配送加工活动的。

3．结合该连锁企业配送中心的特点为其设计某种商品新的配送加工方案。

## 三、训练检测内容与分值比例

1．撰写该配送中心配送加工作业形式的调查报告，占 30%。

2．某商品新的配送加工方案的设计，占 50%。

3．小组现场操作管理及团队合作精神等，占 20%。

# 项目训练三

### 储存作业训练

## 一、训练目标

1．通过参观，实地调研，了解储存作业流程及其操作。

2．通过教师及企业工作人员的现场讲解，提高学生对储存合理化的认识。

3．培养学生严谨、细致的职业素质及团队意识。

## 二、训练内容与要求

1．对企业储存作业的流程进行调研，并绘制该企业储存作业流程图。

2．对企业货物在库管理进行重点调研，了解仓库内物品堆码及苫垫情况，撰写调研报告。

3．找到该企业储存管理中存在的问题。

4．针对问题，借鉴其他企业储存管理的经验，提出合理化建议。

## 三、训练检测内容与分值比例

1．企业储存作业流程图，占 20%。

2．企业货物在库管理调研报告，占 40%。

3．企业储存合理化建议，占 40%。

# 项目测试

## 一、名词解释

货物检验　配送作业　装卸搬运　装卸搬运活性　盘点　配货作业　配送加工　包装

**二、填空题**

1. 进货作业主要包括（　　　）、（　　　）、（　　　）、（　　　）和（　　　）等环节。

2. 传统订货方式主要有（　　　）、（　　　）、（　　　）、（　　　）、（　　　）和（　　　）等方法。

3. 电子订货主要有（　　　）、（　　　）和（　　　）3种方法。

4. 接货方式主要有（　　　）、（　　　）和（　　　）3种。

5. 商品代码结构包括（　　　）、（　　　）和（　　　）等。

6. 商品编码的方法包括（　　　）、（　　　）、（　　　）、（　　　）和（　　　）5种方法。

7. 货检内容主要包括（　　　）、（　　　）和（　　　）。

8. 库房的货位布局主要有（　　　）、（　　　）和（　　　）3种形式。

9. 常见仓库货物保管的手段有（　　　）、（　　　）和（　　　）等。

10. 盘点内容有（　　　）、（　　　）、（　　　）和（　　　）。

11. 货物检查包括（　　　）、（　　　）和（　　　）3种方式。

12. 拣货方式有（　　　）、（　　　）和（　　　）3种方式。

13. 补货类型有（　　　）、（　　　）和（　　　）3种。

14. 拣货系统主要有（　　　）、（　　　）和（　　　）。

15. 分货主要有（　　　）、（　　　）和（　　　）3种方式。

16. 垛距通常为（　　　）厘米。

17. 商品包装标记内容包括（　　　）、（　　　）和（　　　）。

18. 包装的功能主要体现在（　　　）、（　　　）和（　　　）。

19. 按包装在流通中的作用，可将包装分为（　　　）和（　　　）。

20. 按包装在贸易中有无特殊要求，可将包装分为（　　　）、（　　　）和（　　　）。

21. 商品包装标记形式有（　　　）和（　　　）两种。

22. 防虫害包装技术的方法主要有（　　　）、（　　　）、（　　　）和（　　　）。

23. 防震包装技术的方法主要有（　　　）、（　　　）和（　　　）。

24. 防锈包装技术的方法主要有（　　　）、（　　　）、（　　　）和（　　　）。

25. 纸板根据不同用途可分为（　　　）、（　　　）和（　　　）等，其中（　　　）的用途最广泛，产量也最大。

26. 包装标志主要可分为（　　　）、（　　　）和（　　　）3类。

27. 补货方式有（　　　）、（　　　）、（　　　）、（　　　）和（　　　）5种。

28. 配货检查方法有（　　　）、（　　　）和（　　　）3种。

29. 生鲜食品配送方法有（　　　）、（　　　）、（　　　）和（　　　）4种。

30. 行驶作业记录管理主要有（　　　）、（　　　）和（　　　）3种。

## 三、简答题

1. 简述订单处理的内容。
2. 检查订单时主要检查哪些内容？
3. 订单处理要求主要有哪些？
4. 简述进货作业流程。
5. 接货前需要做哪些准备工作？
6. 安排进货流程时应注意什么？
7. 商品编码的原则有哪些？
8. 简述装卸搬运作业的类型。
9. 简述装卸搬运作业的合理化措施。
10. 如何提高装卸搬运的灵活性？
11. 堆垛形式主要有哪些？
12. 简述储存作业合理化的原则及措施。
13. 拣货信息包括哪些？
14. 简述配送加工合理化的措施。
15. 简述送货作业流程。
16. 包装技术主要有哪些？
17. 简述包装的类型。
18. 常用的包装材料主要有哪些？
19. 包装合理化的方法有哪些？
20. 简述防潮包装技术的方法。

## 项目实例分析

### 中国木材包装浪费严重

中国在木材包装的使用上存在巨大的浪费现象。据统计，目前国内木材年均消耗达 3 亿～3.3 亿多立方米，但每年在包装消耗上浪费的木材达到近 80 万立方米。

据悉，目前存在的浪费现象主要是食品包装领域内的损耗，包括纸制品包装物。由于这些商品多为一次性消费品，所以，其包装在使用后就被抛弃，造成了巨大的资源浪费。对此，专家建议：尽快建立包装物回收机制，从源头上控制过度包装现象，节省资源。

思考：你对包装浪费的现象有什么看法？

### 耐克公司的绝密仓库

2011 年年初，耐克中国物流中心在江苏太仓启用，这是耐克公司在全球的第 7 个，也是第 2 大物流中心。当耐克在大中国区的年销售额达到 18.64 亿美元（财报披露 2009 年 12

月至2010年11月数据）时，什么是它现在最优先和最重要的事？

不是品牌，不是营销，而是一个能够高效管理库存和快速补货的强大的物流支持系统。

这个巨型方盒的建筑面积达20万平方米，拥有超过10万个货品托盘，年吞吐能力超过2.4亿件次，可同时满足79个集装箱货车装卸货物。更重要的是，耐克将借此缩短15%的交货时间——一件货品从门店下单到发货将只需要数小时。

巨型中央处理器

这里就像是一个巨型的中央处理器。所有商品分拣和管理的基础都依赖于强大的数字化采集和处理能力。所有货品都嵌入了电子标签，并逐一扫描，工人们根据电子显示屏上的信息来分拣配送货品，其信息通过专门数据端口与耐克全球连接，每天都会有完整的共享数据反馈给相关部门。海量信息如此之多，以至于计算机所需要的编码数量几乎与全球最大的购物网站亚马逊一样多，这里是物流专家们把对数字和技术的热爱转化为成果的乐园。

“这座全球顶级水准的物流仓库采用了业内最领先的技术，很多技术是耐克首创并独有的。”耐克全球营运技术副总裁汉斯·范·阿尔比克对记者说。包括总长达9千米的传送带、顺序拣货机、无线射频扫描仪、自动化仓库管理系统等在内的诸多物流技术与装备，让这座仓库在分配效率、吞吐力、弹性力3项指标上均达到了全球最高水准。

智能世界

这座耐克在中国的第一家大型物流中心有两幢建筑，分别储存鞋类和服装类货品，两者之间通过传送带装置接驳。仓储区被分为整箱区和托盘区两大单元，散装托盘区分布其间。如果有大订单到来，整箱区即可直接实现配送；小订单补货则可以直接从托盘区内的散装货品中抽取。根据配送分拣需求，服装配送楼层被分割为3层：顶层是拥有4.5万个设置了独立编码的货架区，2层则是两套自动分拣系统，1层为打包和装车配送区。

出人意料的是，拥有4.5万个独立编码的顶层货架区的编码其实并无规律可言，这主要是为了避免操作员因频繁操作，熟记编码，而产生操作失误。取货操作员运用机器语音系统与计算机对话，核对存货信息——取货前自动控制系统会告知操作员取货区域，操作员到达后，通过麦克风和耳机先向计算机系统报告货架区编码及取货数量，进行确认。这套语音识别系统由耐克独立研发完成，它可以识别各国语言，甚至包括方言，系统会事先采集并记录每个操作员的音频信息。为了以防万一，耐克另配备了一套应急装置，一旦语音识别系统发生故障，取货员可以用手持扫描设备救急，这也是货架编码的另一用途。

同时，这些货架安放的角度按照人体工程学设计，可以最大限度地避免员工腰肌劳损。耐克规定，在货架充裕的情况下货品必须先存在中间层，方便员工取货。在货架最下端，底层货架与地板的间隙可以容纳临时扩充的货架，便于在发货高峰期存放物料。

耐克中国物流中心3楼顶层的仓储区高达10多米，为了最大限度地提高空间使用率，增加货品容纳量，耐克采用了窄巷道系统，货架之间的巷道宽度也被压缩到最低，与叉车的宽度相差无几。耐克在地板下方安装了用于叉车牵引的特殊磁力导线系统。这套智能引导系统可以令驾驶员在磁力线的自动引导下，以最精确的行车姿态进入取货巷道，完全避免任何碰撞。在自动引导取货时，叉车只能沿着磁导线的分布直行，而不会左右摇摆；取货小车装运完毕，关掉磁导线开关，货车方可左右拐弯。

耐克中国物流中心配送货品的一般流程是接到订单，区分订单大小，到仓储区取货。

仓储区整箱订单货品通过传送带运至 2 楼分拣区，操作员和传送带会进行两次核对分拣；订单货品的余额件数由 3 楼操作员进行人工补货，自动分拣机验货、装箱后，再运至 1 楼，进行扫描核对、装车及发运。

作业过程中，最关键的要素是精确。以服装分拣为例，当 3 楼仓储区的整箱货品通过传送装置送到 2 楼时，操作员会通过手持扫描设备进行标签扫描。所有货品标签的贴放位置和高度都有严格规定，以提高核对效率。核对无误后，在传送带送至 1 楼的过程中，沿途每隔数米均有扫描设备对包装箱条码进行扫描，记录下位置信息。这些信息又与分布于物流中心各功能区的自动化分拣设备相连，使产品可以快速被传送至不同的操作区。一旦分拣有误，传动带会自动将错误货品甩出，进入特殊通道交由专人处理。

当货品经过层层校验，从分拣来到打包环节时，耐克中国物流中心的系统会自动打印一张货品标签单，清楚地标明货品的编号和件数。计算机还能估算出货物体积，并提示操作员大概选用何种型号的包装箱最为合适。

装箱操作员除了核对货品件数和编码外，另一重要的工作就是要把货品发货标签贴到规定位置，便于下个环节的机器或人工再次抽查核对。在装车发货之前，仓储管理系统再次进行信息甄别，根据订单的时间配送要求，采用不同的交通工具和多级物流网络，确保产品高效、准确、及时并以最低成本送达。

发生火灾怎么办？耐克中国物流中心在设计之初就考虑了这个问题。这里一共安装了超过 220 个空气探测器，一旦失火，自动报警系统会响应，并打开喷水灭火系统。在仓储区之外，耐克还设立了“防火墙”，即便发生火灾，楼层只会朝着特定方向倒塌，保证另一个独立区域安然无恙。在两道墙壁中央，耐克中国物流中心专门设置了消防人员救援通道和避难通道，后者还有特制的正压送风系统，只会依照特定风道排放烟雾，不会伤害人身安全。

资料来源：探秘耐克“绝密仓库”——太仓物流中心，http://news.china-ef.com/20110527/252353.html.

**思考：**结合案例，谈谈耐克“绝密仓库”对我国企业仓储管理的启示。

# 项目四

# 熟悉连锁企业配送机械设备

【项目目标】

1. 熟悉叉车、起重机械、手推车、固定平台搬运车、牵引车等常见的装卸搬运机械设备，学会合理选择装卸搬运设备。

2. 了解包装机械概念，熟悉常见的充填机械、灌装机械、封口机械、贴标机械和捆扎机械等。

3. 熟悉货架、堆垛机等常见的仓储机械设备。

4. 了解自动分拣系统的组成与分类，熟悉常见的自动分拣机。

5. 熟悉厢式汽车、半挂牵引车与半挂车、集装箱牵引车与挂车等常见的配送运输设备。

【项目导入】

配送机械设备是构成配送系统的重要因素，是进行配送活动的物质技术基础，担负着配送作业的各项任务。对于配送物流员来说，熟悉配送机械设备的基本知识，掌握正确使用配送机械设备的基本方法，是一项不可缺少的重要技能。

配送是一项小而全的物流活动，用到的设备种类较多。这里主要介绍常用的装卸搬运机械设备、包装机械设备、仓储机械设备、分拣设备，以及配送运输设备的构造、功能、分类、特点及使用方法。

# 任务一　装卸搬运机械设备

## 案例分析

某物流公司新成立不久，机械设备尚不齐全。尤其在仓库中对物品进行装卸和堆码时，主要靠人工装卸。这样不仅效率低，而且容易发生人员受伤和货物损坏事故，给公司带来了一些不必要的损失。经公司研究决定购进一批叉车。叉车购入后，工作效率大大提高，同时也杜绝了以前经常发生的事故。

想一想：1. 常见的叉车有几种类型？

2. 常用的装卸搬运机械设备还有哪些？

货物来源广泛，种类繁多，外形尺寸和性质特点各不相同，为了适应各类货物的装卸并满足装卸过程中各个环节的不同要求，各种装卸机械应运而生。

## 一、叉车

### 1. 叉车的概念

叉车是一种以货叉作为主要取物工具，依靠液压起升机构实现对货物的托取和升降，由轮胎行走机构实现货物水平搬运的装卸车辆。

叉车主要用来对各种货物进行装卸、堆垛、拆垛和短距离搬运。它具有适用性强、机动灵活、效率高等优点，不仅可以将货物叉起进行水平运输，还可以叉取货物进行垂直堆码。叉车的类型和规格多种多样，取物工具（属具）种类繁多，并且具有作业方式机动灵活、结构紧凑、尺寸小、重量轻、轮胎式无轨行走、机动性好的特点。因此，应用十分广泛，是世界上保有量最大的装卸机械之一，也是广泛被车站、码头、仓库和货场用来承担装卸、搬运、堆码作业的一种搬运车辆。叉车还可以对载货汽车、挂车、半挂车等进行辅助装车或卸车作业，专用叉车也可以对船舶进行滚上、滚下装卸作业。

### 2. 常见的典型叉车及叉车属具

（1）平衡重式叉车。平衡重式叉车是最通用的基本型叉车，它的工作装置位于叉车的前端，货物载于前端的货叉上，因其后部附有平衡重块，以平衡货物的倾翻力矩，故而得名。平衡重式叉车是目前应用最广泛的叉车，占叉车总量的 80%左右。平衡重式叉车车体前部装有标准货叉，可以自由地插入托盘取货和放货，并能沿门架升降，随着门架前倾或后倾。前倾的目的是方便取货和卸货，后倾的目的是保证货物在运行的过程中不会从货叉上滑落。货叉部分可以根据需要更换其他叉车属具。叉车具有良好的动力性能，根据工作需要，叉车的前进和后退的最大速度相同，前进挡和后退挡的挡数相同。车体上方设有护顶架，部分叉车设有司机室，目的是防止货物跌落砸伤司机。平衡重式叉车如图 4-1 所示。

图 4-1 平衡重式叉车

由于平衡重式叉车在结构上无支撑臂，是以较长轮距和平衡重块来平衡载荷的，因此叉车的重量和尺寸较大，作业时需要较大的空间。同时，货叉直接从前方叉取货物，对货物的体积一般没有要求。平衡重式叉车的动力较大，底盘较高，具有较强的地面适应能力和爬坡能力，适宜进行室外作业。

（2）前移式叉车。前移式叉车的特点是具有两条前伸的支腿，支腿前端有两个轮子。取货时货叉伸出，卸下货物后或带货移动时，货叉退回至接近车体的位置，因此叉车行驶时的稳定性很好。

前移式叉车有门架前移式和货叉前移式两种，如图 4-2 所示。门架前移式叉车的门架带着起升机构（包括货叉）沿着支腿内侧轨道前移，便于叉取货物。叉取完货物后，起升一小段高度，门架又沿着支腿内侧的轨道回到原来的位置。货叉前移式叉车的门架则不动，货叉借助于伸缩机构单独前伸。前移式叉车一般以蓄电池作为动力，起重量在 3 吨以下。它具有平衡重式叉车和电动堆垛机的共同特征：当门架向前升至顶端时，载荷重心落在支点的外侧，此时相当于平衡重式叉车；当货叉完全收回时，载荷重心落在支点的内侧，此时相当于电动堆垛机。两种机械设备性能的结合，使得这种叉车具有操作灵活和高载荷的优点，同时，这种叉车还具有车身小、重量轻、转弯半径小、机动性好的优点，以及行走速度低的缺点，主要用于室内作业。

（a）门架前移式叉车

（b）货叉前移式叉车

图 4-2 前移式叉车

（3）侧面式叉车。侧面式叉车的门架、起升机构和货叉位于车体的中部，如图 4-3 所示。其中，货叉位于叉车的侧面，同时侧面设有货物平台。叉车取物时，门架向外伸出，叉取货物后货叉起升，门架退回，然后下降货叉，货物即自动放置在叉车的货物平台上。

侧面式叉车具有以下几个特点：

① 由于货物沿纵向放置，因此适于搬运条形、长尺寸货物；

② 货叉位于侧面，车体进入通道时货叉面向货架或货垛，这样在进行装卸时就不必先转弯然后再作业；

③ 货物放置在货物平台上，可使叉车在行驶时保持较好的稳定性；

④ 司机的视野比平衡重式叉车好。

侧面式叉车的缺点是门架和货叉只能向一侧伸出，当需要在对侧卸货时，必须将叉车驶出通道，掉头后才能卸货。

图 4-3　侧面式叉车

侧面式叉车适合于窄通道作业。

（4）其他常见的叉车。

① 插腿式叉车。插腿式叉车的特点是前方带有小轮的支腿能与货叉一起伸入货物底部叉货，然后由货叉提升货物，如图 4-4 所示。由于货物的重心位于前后轮之间，因此叉车的稳定性好。插腿式叉车的作业特点是起重量小、车速低、结构简单、外形小巧，但它对地面条件的要求较高，适合在狭窄的通道内工作。

② 高货位拣选式叉车。高货位拣选式叉车的主要作用是高位拣货，适用于多品种、少量出入库的特选式高层货架仓库，如图 4-5 所示。

③ 三向堆垛式叉车，如图 4-6 所示。

图 4-4　插腿式叉车

图 4-5　高货位拣选式叉车

图 4-6　三向堆垛式叉车

## 二、起重机械

**1. 起重机械的定义**

起重机械是一种以间歇作业方式对物料进行起升、下降和水平移动的搬运机械。起重机械的作业通常带有重复循环的性质，一个完整的作业循环一般包括取物、起升、平移、下降、卸载等环节。经常进行起动、制动和正反向运动是起重机械的基本特点。它被广泛地应用于工业、交通运输业、建筑业、商业和农业中。

**2. 几种主要的起重机械**

（1）悬臂起重机。悬臂起重机是取物装置悬挂在臂端或悬挂在可沿悬臂运行的起重小车上，悬臂可回转，但不能俯仰的臂架型起重机，被广泛应用于机床、生产线等的工件装卡和搬运、码垛等作业中。悬臂起重机如图 4-7 所示。

（2）梁式起重机。梁式起重机是起重小车（一般是电动葫芦）在单根工字梁或其他简单组合断面上运行的桥架型起重机。具体来说，按驱动方式可分为手动式和电动式，按支承方式可分为支承式和悬挂式，按操作方式可分为地面操作和司机室操作。梁式起重机如图 4-8 所示。

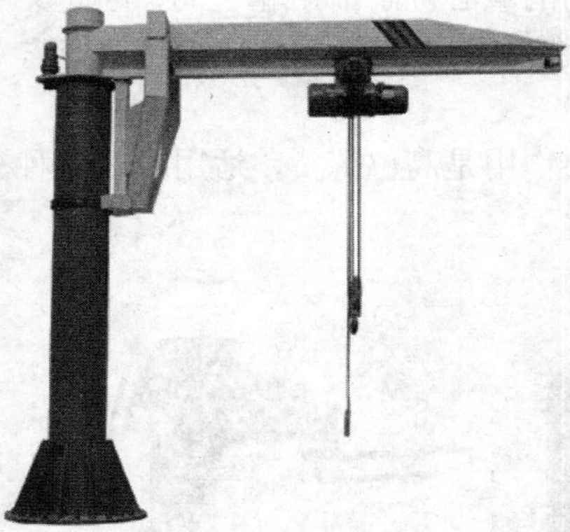

图 4-7　悬臂起重机

图 4-8　梁式起重机

（3）桥式起重机。桥式起重机由桥架和起重小车两大部分组成：桥架两端通过运行装置，直接支承在高架轨道上，沿轨道纵向运行；小车在桥架主梁上沿轨道横向运行。具体可分为单（主）梁桥式起重机，是具有一根主梁的桥式起重机；双（主）梁桥式起重机，是具有两根主梁的桥式起重机；葫芦双桥式起重机，是采用电动葫芦作为小车上起升装置的桥式起重机。桥式起重机如图 4-9 所示。

（4）门式起重机。门式起重机又称龙门起重机，是通过两侧支腿将桥架支承在地面轨道上的桥架型起重机，如图 4-10 所示。

（5）手拉葫芦。手拉葫芦是以焊接环链作为柔性承载件的起重工具，它可以与手动单轨小车配套组成起重小车，用于手动梁式起重机或架空单轨运输系统。手拉葫芦如图 4-11 所示。

图 4-9　桥式起重机

图 4-10　门式起重机

图 4-11 手拉葫芦

（6）钢丝绳电动葫芦。钢丝绳电动葫芦是以钢丝绳作为承载的电动葫芦，它结构紧凑、自身轻、效率高、操作简便，配备运行小车可作为架空单轨起重机、电动单梁、电动悬挂等起重机的起升机构，如图 4-12 所示。

（7）环链电动葫芦。环链电动葫芦是以焊接圆环链作为承载的电动葫芦。与钢丝绳电动葫芦相比，其结构更加轻巧，价格更加便宜，如图 4-13 所示。

图 4-12　钢丝绳电动葫芦

图 4-13　环链电动葫芦

## 三、手推车

手推车轻便灵活，广泛用于仓库、物流中心、生产工厂、百货公司、货运站、机场等场所。由于手推车一般无提升能力，所以其承载量通常在 500 千克以下。根据用途及负荷能力可将手推车分为二轮手推车、多轮手推车和物流笼车 3 类，如图 4-14、图 4-15 和图 4-16 所示。

图 4-14　二轮手推车

图 4-15　多轮手推车

图 4-16　物流笼车

## 四、固定平台搬运车

固定平台搬运车是室内经常使用的短距离的搬运车辆。一般情况下，固定平台搬运车采用蓄电池或电动机进行驱动，有三轮和四轮两种形式。固定平台搬运车如图 4-17 所示。

图 4-17　固定平台搬运车

## 五、牵引车

牵引车是具有牵引装置，专门用于牵引载货挂车进行水平搬运的车辆。牵引车没有取物装置和载货平台，不能装卸货物，也不能单独搬运货物。牵引车可根据动力的大小分为普通牵引车和集装箱牵引车。普通牵引车可以拖挂平板车，用于装卸区内的水平搬运；集装箱牵引车用于拖挂集装箱挂车，用于长距离搬运集装箱。当平板车或集装箱挂车被拖到指定的地点后，牵引车就会脱离这些挂车与其他挂车结合。牵引车如图 4-18 所示。

图 4-18　牵引车

根据所提供的动力不同，牵引车可分为内燃牵引车和电动牵引车。内燃牵引车一般采用较为经济的柴油机进行驱动，只有小型牵引车才采用汽油机进行驱动。内燃牵引车的底盘结构与普通汽车类似，主要用于室外的牵引作业。电动牵引车采用蓄电池和直流电动机进行驱动，主要用于室内的牵引作业。

## 六、输送机系统

输送机是按照规定路线连续或间歇地运送散料物料和成件物品的搬运机械。输送机系统是由两个以上的输送机及其附件组成的一个比较复杂的工艺输送系统，可实现物料的搬运、装卸、分拣等功能。输送机广泛应用于工厂企业的流水生产线、物料输送线中一种配送中心物料的快速拣选和分拣。

### 1. 带式输送机

带式输送机是一种利用连续而具有柔性的输送带对物料进行连续输送的机械，主要用于输送各种散状物料，以及在装配、检验和测试等生产线上输送单位质量不太大的成件物品。带式输送机如图 4-19 所示。

### 2. 辊道输送机

辊道输送机是指利用辊子的转动来输送成件物品的机械。它可沿水平或曲线路径进行输送，结构简单，安装、使用和维护方便。对于不规则的物品，可将其放在托盘或托板上进行输送。辊道输送机如图 4-20 所示。

### 3. 滚柱输送机

滚柱输送机是指以滚柱来取代辊道的输送机。其主要特点是结构简单，一般用于无动力驱动，适用于成件包装货物或整底面物料的短距离搬运，如图 4-21 所示。

图 4-19　带式输送机

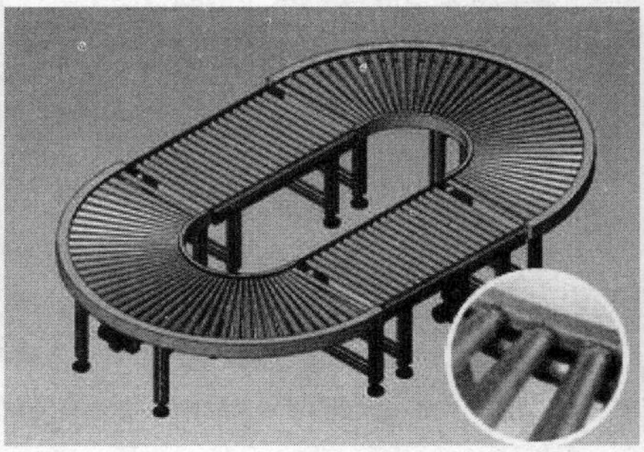
图 4-20　辊道输送机

图 4-21　滚柱输送机

### 4. 链式输送机

链式输送机是指利用链条牵引、承载，或者由链条上安装的板条、金属网和辊道等承载物料的输送机，如图 4-22 所示。

### 5. 悬挂输送机

悬挂输送机属于链条（也可为钢索）牵引式的连续输送机。它是规模较大的工厂使用的综合机械化输送设备，多应用于大量或成批生产的工厂，作为车间之间和车间内部的机械化、自动化连续输送设备，在汽车、家电、服装、屠宰和邮政等方面得到了广泛应用。悬挂输送机如图 4-23 所示。

图 4-22　链式输送机

图 4-23　悬挂输送机

**6. 单轨（小车）输送机**

单轨（小车）输送机是指在特定的空中轨道上运行的电动小车，可组成一个全自动的物料搬运系统，广泛应用于汽车、邮电行业中工厂和企业的装配线、检测线等。

**7. 垂直输送机**

垂直输送机能连续地垂直输送物料，使不同高度上的连续输送机保持不间断的物料输送。也可以说，垂直输送机是把不同楼层间的输送机系统连接成一个更大的、连续的输送机系统的重要设备。垂直输送机又称连续垂直输送机和折板式垂直输送机，如图 4-24 所示。

图 4-24　垂直输送机

## 七、装卸搬运机械设备的选择

不同种类的货物，不同的装卸搬运场所，所需要的装卸搬运设备也不尽相同。合理选择装卸搬运机械，无论在降低装卸搬运费用上，还是在提高装卸搬运效率上，都有着重要的意义。装卸搬运设备的选择，应本着经济合理、提高效率、降低费用的总要求。

**1. 以满足现场作业为前提**

装卸机械首先要符合现场作业的性质、物资特点和物资特性的要求。例如，在有铁路专用线的车站、仓库等，可选择门式起重机；在库房内，可选择桥式起重机；在使用托盘和集装箱作业的生产条件下，可尽量选择叉车以至跨载起重机。其次，机械的作业能力（吨位）与现场作业量之间要形成最佳的配合状态。装卸机械吨位的确定，应以对现场要求进行周密的计算、分析为前提。在能完成同样作业效能的前提下，应选择性能良好、节省能源、便于维修、利于配套、成本较低的装卸机械。最后，还应该考虑其他的影响条件。一般而言，影响物流现场装卸作业量的最基本因素是吞吐量，此外还要考虑堆码作业量、卸垛作业量和装卸作业的峰值等因素的影响。

**2. 控制作业费用**

装卸机械作业发生的费用主要有设备投资额、运营费用和装卸作业成本等项。

（1）设备投资额。设备投资额是平均每年机械设备投资的总和（包括购置费用、安装费用和直接相关的附属设备费用）与相应的每台机械在一年内完成装卸作业量的比值。

（2）运营费用。装卸机械的运营费用是指某种机械一年运营的总支出（包括维修费用、劳动工资、动力消耗、照明等项）和机械完成装卸量的比值。

（3）装卸作业成本。装卸作业成本是指在某一物流作业现场，机械每装卸 1 吨货物所支出的费用，即每年平均设备投资支出和运营支出的总和与每年装卸机械作业现场完成的装卸总吨数之比。

**3. 装卸搬运机械的配套**

装卸搬运机械的配套是指根据现场作业的性质、运送形式、速度、搬运距离等要求，合理选择不同类型的相关设备。

按装卸作业量和被装卸物资的种类进行机械配套，在确定各种机械生产能力的基础上，按每年装卸 1 万吨货物需要的机械台数和每台机械所担任装卸物资的种类，以及每年完成装卸货物的吨数进行配套。

此外，还可以采用线性规划方法来设计装卸作业机械的配套方案，即根据装卸作业现场的要求，列出数个线性不等式，并确定目标函数，然后求出各种设备最优的台数。

## 任务二 包装机械设备

### 案例分析

**自动打包机的使用**

深圳某物流企业为其配送中心配备了一台大型自动打包机，并决定由配送物流员负责管理、使用这台自动打包机。为做好这项工作，配送物流员需要了解自动打包机的构造、功能、特点，掌握其使用方法和注意事项等。

自动打包机属于裹包机械的一种，在配送中心的出口处都装有一台大型的自动打包机，如图 4-25 所示。发往同一订货单位的商品，会被自动化程度较高的轨道输送机送到打包平台上，再由自动打包机将小型分散的不同商品箱组合打包成一个标准箱，送上卡车，运往订货单位。

图 4-25　自动打包机

想一想：常见的包装机械主要有哪些？

## 一、包装机械的概念

根据国际标准化组织制定的包装机械国际标准（草案）和我国制定的包装机械有关国家标准，包装机械是指完成全部或部分包装过程的机器。包装过程包括充填、裹包、封口、贴标等主要工序，以及与其相关的前后工序，如清洗、干燥、杀菌、计量、成形、标记、紧固、多件集合、集装组装、拆卸及其他辅助工序。

## 二、常见的包装机械

### 1. 充填机械

包装机械中的充填机械，通常是指在包装过程中完成充填工序，将经计量装置定量的物品充填到包装容器内的工作机械。按充填方法，可将充填机械分为重力流送式充填机、强制推送式充填机和拾放式充填机；按计量方法，可将充填机械分为容积式充填机、称重式充填机和计数式充填机。下面依据后者的分类方式做具体介绍。

（1）容积式充填机。将产品按预定容量充填到包装容器内的机器称为容积式充填机，如图 4-26 所示。其形式有量杯式、可调容量式、气流式、柱塞式、螺旋式、计量泵式、插管式、定时式等。这类机器构造简单，工作速度高，常用于密度相对不变的物料或体积要求比质量要求更严格的物料。

（2）称重式充填机。将产品按预定重量充填到包装容器内的机器称为称重式充填机，如图 4-27 所示。其计量精度较高，充填操作之前，先称出预定重量的产品，适宜于充填易吸潮、易结块、黏度不均匀、流动性差、密度变化大的物料。

图 4-26　容积式充填机

图 4-27　称重式充填机

（3）计数式充填机。将产品按预定数目充填到包装容器内的机器称为计数式充填机，如图 4-28 所示。这类机器适用于充填块状、片状、条状、棒状、针状、颗粒状等的产品，如香皂、药片、糖果、卷烟、铅笔、缝纫针、钢珠等。

计数定量的方式分为两类：一类是被包装物品呈规则排列，常见的计数形式有长度式、容积式和堆积式等；另一类是从混乱的被包装物品的集合中直接取出一定个数，常见的有转盘、转鼓、推板等形式，主要用于颗粒状、块状物品的计数。

图 4-28　计数式充填机

① 长度计数机构，如图 4-29 所示，常用于饼干包装、云片糕包装、茶叶装盒后的第 2 次大包装。计量时，排列有序的物品被输送机构送到计量机构中，当行进物品的前端接触到计量腔的挡板时，挡板上的微动开关动作，横向推板将一定数量的物品送到包装台上进行包装。

② 容积计数机构，如图 4-30 所示，通常用于等径、等长类物品的包装。容积计数机构的工作过程：物品自料斗下落到定容箱内，形成有规则的排列。当定容箱充满时，即达

到预定的计量数时，料斗与定容箱之间的闸门关闭，与此同时，定容箱的底门打开，物品随即进入包装盒内。包装完毕后，定容箱的底门关闭，进料闸门再次打开，如此周而复始。

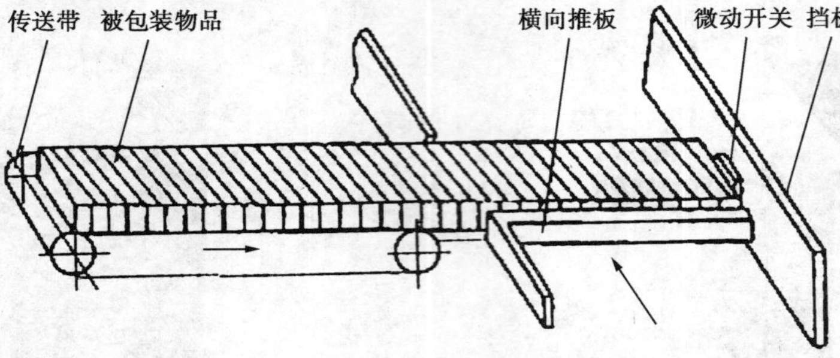


图 4-29　长度计数机构

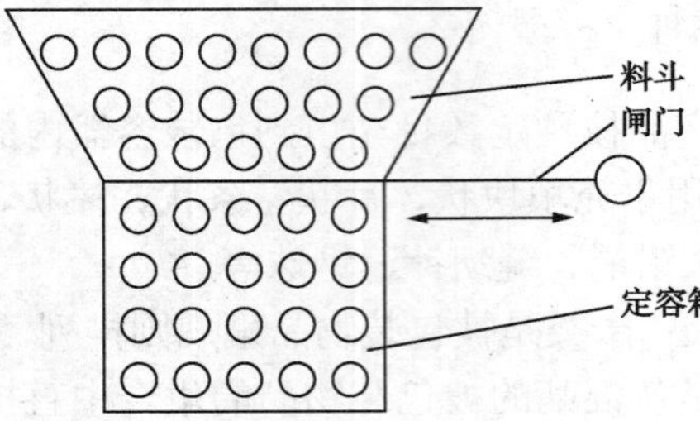


图 4-30　容积计数机构

## 2. 灌装机械

灌装机械的主要作用是将定量的液体物料充填到包装容器内，常在食品领域中用于对酒类、乳品、植物油和调味品的包装，以及化工领域中对洗涤剂、矿物油等液体产品的包装。包装所用容器主要有桶、瓶和软管等。

灌装机械虽种类繁多，但主要由包装容器的供送装置、灌装物料的供送装置和灌装阀 3 部分组成。

（1）包装容器供送装置。包装容器供送装置的作用主要是将容器间隔地送至灌装工位，待灌装完成后，再将容器送出灌装机。

（2）灌装物料供送装置。灌装物料供送装置的作用主要是将物料提供给灌装阀，再由灌装阀将物料灌装入包装容器内。一般分为常压供料装置和真空供料装置等。常压供料装置是在常压下利用物料的重力使其向处于低位的灌装阀流进，物料装在处于高位的储液箱中。这种供料装置主要用于黏度低、流动性好的物料；对于中等黏度、流动性不好的物料，如果酱、牙膏、洗发膏等，除使其在重力作用下流动外，还要利用活塞或柱塞的往复运动来压送液料。使用真空供料装置时需要先将包装容器抽成真空，然后再进行灌装。

（3）灌装阀。灌装阀的作用主要是根据灌装工艺要求切断或沟通液室、气室盒和待灌装容器之间物料流通的通道，它是灌装机械控制灌装的关键部件。不同的灌装方式采用不同的灌装阀，常见的有常压灌装阀、负压灌装阀和等压灌装阀。

### 3. 封口机械

包装机械中的封口装置，通常是指在包装过程中完成对装有内装物的容器进行封口工序的工作机械。封口装置按封口材料分类，可分为热压封口（无封口材料）、带封口材料和带封口辅助材料 3 种，其选择与封口工艺、操作方法和容器种类等因素有关。

（1）热压封口机。热压封口机是用热封合的方法封闭包装容器的机器，封合时封接面被热板压在一起，待被封接材料在封接温度下充分黏着后，卸压冷却而完成封口操作。这种封口方法主要用于复合膜和塑料杯，不适宜于受热易收缩、易分解的塑料薄膜袋的封合。常见的热压封口机有手压式封口机（见图 4-31）、脚踏式封口机和超声波式封口机等。

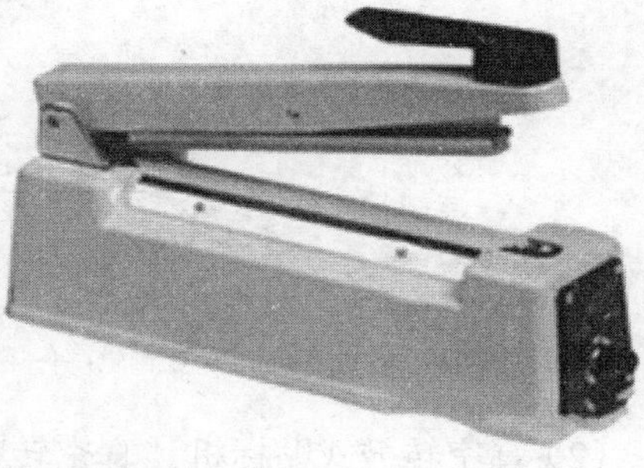

图 4-31 手压式封口机

（2）带封口材料的封口机。带封口材料的封口机在封口时不是通过加热，而是通过加载使封口材料变形或变位来实现封闭的。常见的带封口材料的封口机有压纹封口机（如压塑性小纸袋的封口机）、用于牙膏管封口的折叠式封口机、用于广口玻璃瓶的滚压封口机、通过压力进行封口的酒瓶压盖机、旋盖封口机等。

（3）带封口辅助材料的封口机。带封口辅助材料的封口机采用各种封口辅助材料完成包装容器的封口。常见的带封口辅助材料的封口机有使用缝线缝合纤维织物袋或纸袋的缝合式封口机；使用金属钉或 V 形钉封闭纸箱、纸盒、纸袋的钉合机；使用胶带封闭纸箱等包装容器的胶带封口机；使用线、绳等结扎材料封闭包装容器的结扎封口机；使用胶黏剂封闭包装容器的黏结封口机等。

### 4. 贴标机械

贴标机械是将事先印制好的标签粘贴到包装容器的特定部位的机械。其完成的工艺过程包括取标签、送标签、涂胶、贴标签、整平等。贴标机械的种类很多，按贴标部件的特征可分为如下几种。

（1）龙门式贴标机。如图 4-32 所示为龙门式贴标机的结构示意图。标签放在标盒 1 中，标盒前面的引标辊 2 不停地转动，将标签由标盒中一张一张地取出，沿龙门架 5 下滑，滑经糨糊辊 3 被刷上一层糨糊，继续自由下落。在龙门架的底部保持停立状态，瓶子由传送带挡块 6 推来，当通过龙门架时，瓶子把标签粘取带走，然后经过两排毛刷 7 之间的通道，标签被抚刷平整粘贴在瓶子上。

龙门式贴标只适宜粘贴标签宽度大致等于半个瓶身长的标签，过宽或过窄的都不适合；只适宜粘贴圆柱形瓶身上的一个标签，不适宜粘贴其他形状瓶子的标签。

龙门式贴标机的结构简单，使用广泛，但由于标签依靠自由下落到达贴标位置，所以标签粘贴位置的准确度也不高，限制了生产能力的提高，其生产能力为 1 500～1 800 瓶/小时。

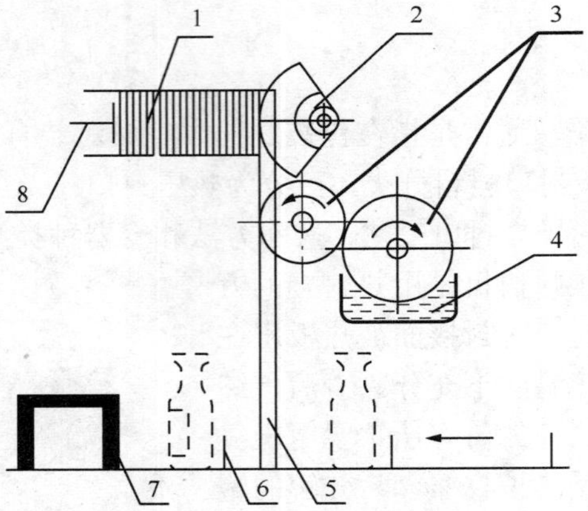


图 4-32　龙门式贴标机的结构示意图

1—标盒；2—引标辊；3—糨糊辊；4—糨糊箱；5—龙门架；6—送瓶传送带挡块；7—毛刷；8—推标板

（2）真空转鼓式贴标机。真空转鼓式贴标机是利用真空取出标签，当容器连续通过时，能够进行“吸标—印码—涂胶—贴标”等的连续作业。如图 4-33 所示为一种真空转鼓式贴标机的平面示意图，包括标盒、真空转鼓、印码装置、涂胶装置、送瓶螺杆（螺旋分隔器）、搓滚输送皮带，以及贯穿于机身的瓶罐输送装置。

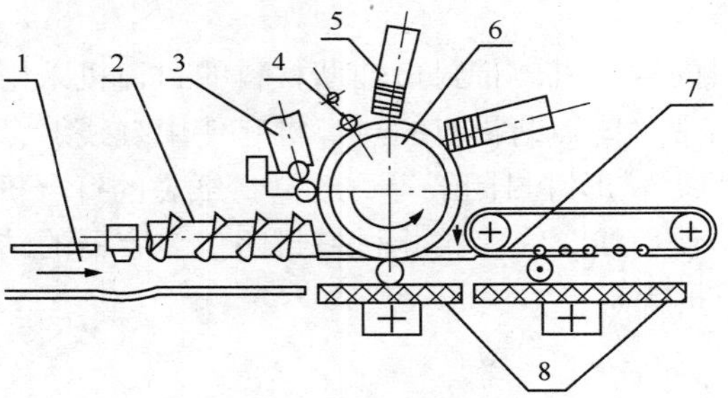


图 4-33　真空转鼓式贴标机的平面示意图

1—板式输送链；2—送瓶螺杆；3—真空转鼓；4—涂胶装置；5—印码装置；6—标盒；7—搓滚输送皮带；8—海绵橡胶衬垫

真空转鼓式贴标机的工作过程是，真空转鼓 3 担负着将标签从标盒 6 中取出并送去贴标的任务，在整个工作过程中它不断绕自身垂直轴进行逆时针旋转运动；转鼓的圆柱面上有 6 个贴标区段，每个区段中有起吸取标签作用的一组真空小孔，小孔直径为 3～4 毫米，通过吸鼓下座的真空槽（为圆弧形）与抽真空系统相连通，而真空的接通与切断则靠转鼓中的滑阀来实现。真空转鼓与两个摇摆式的标盒配合便可进行取标。盛有充足标纸的标盒安装在一个支座上，通过一套曲柄连杆机构实现支座的扇形摆动。除此之外，支座还受到控制凸轮的作用，形成了标盒工作时的摆动和移动的复合运动，在整个作业过程中以一定的速度重复进行“槽送进—吸标—急退回—再送进”的循环动作，以确保取标可靠。当标纸的前端与取标转鼓（真空转鼓）相切时，标纸被垂直吸住，后半部分标纸则沿转鼓切线方向被拉出标盒。在此过程中，转鼓与标盒的相对切线速度几乎为零。真空转鼓式贴标机的涂胶装置4由胶水盒、上胶辊和涂胶辊等组成。贴标时，胶水盒绕其轴心摆动，当真空转鼓带着标签经过涂胶装置时，涂胶辊靠近转鼓给标签涂胶，随后摆离转鼓，以免将胶液涂到转鼓上。胶水盒的这些动作是依靠弹簧和凸轮来完成的。

这种贴标方法适用于圆柱体瓶身，其生产能力为6 000～12 000瓶/小时。此外，不同的真空转鼓式贴标机的具体结构有所不同。

（3）多标仓转鼓贴标机。这种贴标机的主要结构与真空转鼓式贴标机有许多相似之处，其主要部件为一个多标仓转鼓。这种转鼓亦为圆柱形，在径向等分设置了多个结构形式相同的标仓，内放裁切好的标签。当转鼓回转时，先通过涂胶辊标签背面，在转至待贴容器时，把标签粘贴其上，再将标签整平贴牢。

（4）滚压式贴标机。这种贴标机有一个直径较大的转盘，转盘周边等分有许多圆弧形缺口，以容纳截面为圆形的容器，转盘轴线垂直于地面。当容器由供料装置送入转盘并随其回转时，先由涂胶辊在容器的贴标面上滚涂胶液，此时吸标爪因真空作用而由标仓中吸标，随之摆向容器，把标签压向容器涂胶面；接着转盘带动容器转到涂胶辊处，由涂胶辊将标签滚压贴牢在容器上。

（5）压标贴标机。这种贴标机采用的是压敏胶标签，即标签背面预涂有压敏黏胶，贴标时直接将其压贴到包装件贴标位置。在粘贴压敏胶标签时，需要用剥离装置将标签从隔离纸带上剥离下来，再由压贴滚轮压贴到待贴标包装件上。该类贴标机不但适用于瓶罐类曲面容器的贴标，而且也适用于箱盒类平面容器的贴标。

### 5. 捆扎机械

捆扎机械采用机械传动和电气控制相结合，不需要进行手工穿带，可以连续地或单次地自动完成捆扎包件，适用于纸箱、木箱、塑料箱、信函、包裹、书刊等多种包装件的捆扎。捆扎机械如图4-34所示。

捆扎机械的品种多样，在选用的时候应该考虑包装件批量和包装件尺寸这两个因素。捆扎机械有带状捆扎机、线状或绳状捆扎材料的结扎机等。

图4-34　捆扎机械

# 任务三 仓储机械设备

## 一、货架

货架是专门用来存放成件物品的保管设备，它在配送中心中占有非常重要的地位。货架的种类较多，分类的方法也不尽相同，常见的货架主要有以下几种类型。

### 1. 高位货架

高位货架的技术是从德国引进的，每层承重可达 1 000～4 500 千克。高位货架具有装配性好、承载能力大、稳固性强、整体简洁美观、安全系数高、存取速度快、节省空间、提高存储能力等优点，适用于大型仓库。高位货架如图 4-35 所示。

图 4-35 高位货架

### 2. 贯通式货架

贯通式货架又称通廊式货架或驶入式货架，是一种不以通道分割的、连续性的整体货架，如图 4-36 所示。贯通式货架采用托盘存取模式，适用于品种单一、大批量的货物储存。除了靠近通道的货位外，叉车在存取货物时需要进入货架内部，所以通常建议单面取货不超过 7 个货位深度。为提高叉车运行速度，可根据实际需要选择配置导向轨道。与高位货架相比，贯通式货架（驶入式货架）的仓库利用率可达到80%左右，仓库空间利用率可提高30%以上，是存储效率最高的货架。贯通式货架（驶入式货架）广泛应用于冷库、食品及烟草行业。

贯通式货架的特点如下。

（1）在支撑导轨上，托盘按深度方向存放，一个紧接着一个，这使得高密度存储成为可能。

（2）货物存取从货架同一侧进出，先存后取，后存先取，平衡重式及前移式叉车可方便地驶入货架中间存取货物，无须占用多条通道。

（3）贯通式货架为全插接组装式结构，柱片为装配式结构。一般靠墙区域的货架总深度最好控制在 5 个托盘深度以内，中间区域可两边进出的货架总深度最好控制在 10 个托盘深度以内，以提高叉车存取的效率和可靠性。

贯通式货架系统的稳定性属于所有货架种类中较为薄弱的，因此货架不宜过高，一般在 10 米以内，另外系统中还需要加设拉固装置。

图 4-36　贯通式货架

### 3. 横梁式货架

横梁式货架是以存取托盘货物为目的的专业仓库货架。因每个托盘为一个货位，故又被称为货位式货架或托盘式货架，通常为重型货架。横梁式货架在国内的各种仓储货架系统中最为常见，如图 4-37 所示。

图 4-37　横梁式货架

（1）横梁式货架结构，如图 4-38 所示。

（a）立柱横梁连接示意图

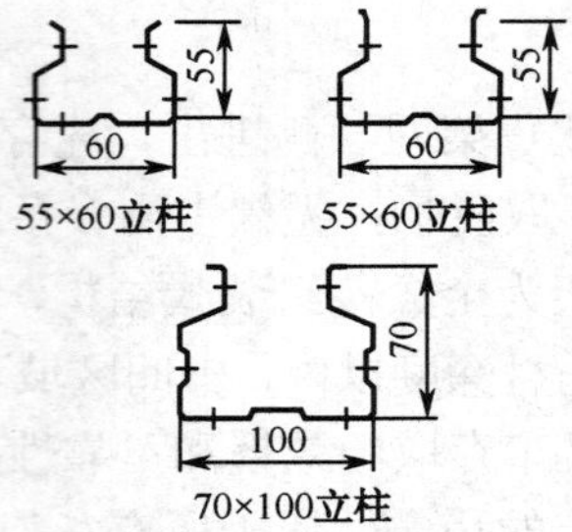


（b）立柱载面图

（c）横梁截面图

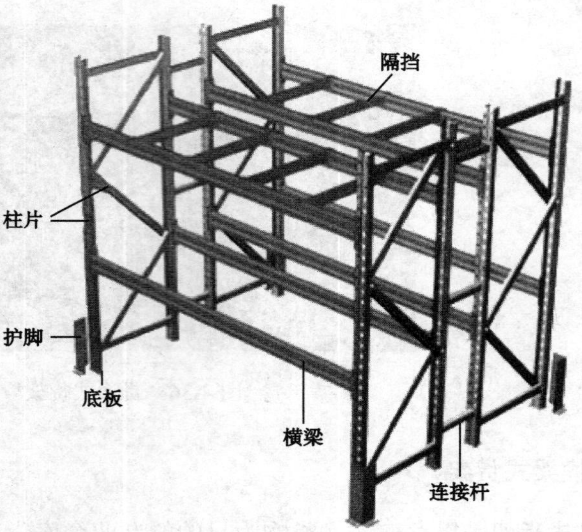


（d）重型货架整体连接图

图 4-38　横梁式货架结构

① 柱片。横梁式货架（货位货架）的柱片由尼龙自锁螺栓连接两根立柱、横撑和斜撑而成，组合式结构可以有效防止螺栓松动后引发的货架失稳。立柱上冲有双排菱形孔，孔节距为 75 毫米或 50 毫米，所以横梁挂接在立柱上可以以 75 毫米为单位进行上下自由调节。立柱截面由 11～13 个面构成，具有惯性矩大、承载能力强、抗冲击性能强的特点。横梁式货架立柱采用了先自动冲孔后冷弯成形的技术，避免了因立柱应力集中而可能导致的立柱出现裂纹并失效的情况。

② 横梁。横梁式货架（货位货架）由两只柱片与横梁杆焊接在一起构成，横梁由两片特制的 C 形抱焊梁焊接而成，可使横梁的上、下面厚度增加 1 倍。这种结构根据钢结构设计理论，充分利用了材料的抗载容量，具有重量轻、承载力强和成本低的特点。横梁与立柱连接时配有经特殊设计的带耳片安全销，带耳片安全销无法轻易拔出，可以确保横梁在外力撞击后不会脱落。

（2）横梁式货架的特点。

① 横梁式货架结构简单、安全可靠，可对部件任意进行调整组合，出入库不受物品先

后顺序的限制。广泛应用于托盘存储、叉车存取的仓储模式。

② 横梁式货架的柱片由螺栓连接立柱、横撑和斜撑而成。柱片与C形抱焊梁插接组成货架框架，采用安全销固定，结构简单可靠。每层可以以75毫米或50毫米为步距进行上下自由调整。

③ 横梁式货架可按立柱、横梁规格的大小决定层载要求，具有惯性矩大、层载能力强、抗冲击性能强的特点，最大层载在相对设计下可达5 000千克/层。

④ 横梁式货架的单根立柱高度可达12米，托盘货架的可塑性非常强，可在托盘货架的基础上搭建模具货架、阁楼货架和立体库货架，还可做成特殊的油桶货架。

⑤ 横梁式货架可有效提高仓库的存储高度，提高仓库的空间使用率。它适合各种类型货品的存放。

⑥ 横梁式货架外形更安全，为防止叉车的碰撞可以增加立柱护脚和防撞杆。为了层载更安全，还可在横梁上安置横梁隔挡、层板、网片跨梁等附属设施。

⑦ 横梁式货架造价低，安装和操作方便，容易查找货位，适用于任何搬运工具，因而是应用最广泛的一种货架。

⑧ 横梁式货架还可以配层板，可以是钢板、密氨板和格栅网，以便使用不同尺寸的托盘。

### 4. 重力式货架

重力式货架又叫辊道式货架，属于仓储货架中的托盘类存储货架。重力式货架是横梁式货架的衍生品之一，其结构与横梁式货架类似，只是在横梁上安有滚筒式轨道，轨道呈3°～5°的倾斜。叉车将托盘货物搬运至货架进货口，托盘利用自重，从进货口自动滑行至另一端的取货口。重力式货架属于先进先出的存储方式。

重力式货架的特点如下。

（1）货物由位置较高的一端存入，滑至位置较低的一端，并从低端取出。在货物滑动的过程中，滑道上设置的阻尼器可控制货物滑行速度保持在安全范围内。滑道出货一端设有分离器，搬运机械可顺利取出位于第一板位置的货物。

（2）货物遵循先进先出的顺序。重力式货架存储密度高，且具有柔性配合功能。

（3）适用于以托盘为载体的存储作业，货物堆栈整齐，为大件重物的存储提供了较好的解决方案，仓储空间利用率在75%以上，而且只需要一个进出货通道。

（4）重力式货架非常环保，全部采用无动力形式，无能耗、低噪声、安全可靠，可满负荷运作。

重力式货架相对于普通托盘货架而言不需要作业通道，故可增加60%的空间利用率。由于货物依靠自重力滑动，且排与排之间没有作业通道，因此减少了运输路线和叉车的数量，大大提高了仓库的利用率。但在使用时，最好使同一排、同一层上的货物为相同的货物或同时入库、出库的货物。重力式货架的层高可调，配以各种型号的叉车或堆垛机，能实现各种托盘的快捷存取，单元货格的最大承载量可达5 000千克，是各行各业最常用的存储方式。重力式货架如图4-39所示。

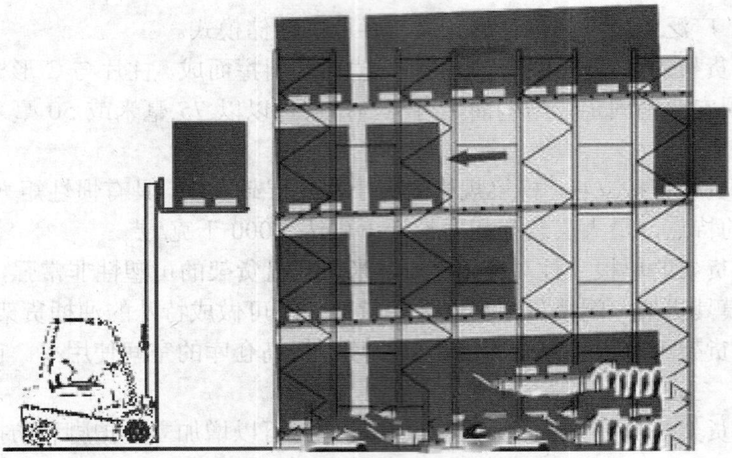

图 4-39　重力式货架

### 5. 悬臂式货架

悬臂式货架是货架中重要的一种，如图 4-40 所示。悬臂式货架适用于存放长物料、环形物料、板材、管材及不规则货物，悬臂可以是单面或双面。悬臂式货架具有结构稳定，载重能力好，空间利用率高等特点。悬臂式货架的立柱多采用 H 型钢或冷轧型钢，悬臂采用方管、冷轧型钢或 H 型钢，悬臂与立柱间的安装采用插接式或螺栓连接式，底座与立柱间的安装采用螺栓连接式，底座采用冷轧型钢或 H 型钢。

图 4-40　悬臂式货架

货物存取由叉车、行车或人工进行。货架高度通常在 2.5 米以内（若由叉车存取货物则可高达 6 米），悬臂长度在 1.5 米以内，每臂载重通常在 1 000 千克以内。此类货架多用于机械制造行业和建材超市等。加了搁板后，特别适合空间小、高度低的库房，可方便管理，开阔视野，与普通搁板式货架相比，利用率更高。

### 6. 阁楼式货架

阁楼式货架适用于场地有限、货品种类繁多的仓库，它能使现有的场地增加几倍的利用率，可配合使用升降机进行操作。阁楼式货架采用全组合式结构，专用轻钢楼板，造价低、施工快。可根据实际场地和需要，灵活设计成二层、多层，充分利用空间。阁楼式货架如图 4-41 所示。

图 4-41　阁楼式货架

## 二、堆垛机

### 1. 堆垛机的发展

早期的堆垛机，是在桥式起重机的起重小车上悬挂一个门架（立柱），利用货叉在立柱上的上下运动及立柱的旋转运动来搬运货物，通常被称为桥式堆垛机。1960 年左右，美国出现了有轨巷道式堆垛机，这种堆垛机在地面的导轨上行走，利用上部的导轨防止其倾倒，或者相反，在上部的导轨上行走，利用地面的导轨防止其倾倒。其后，随着计算机控制技术和自动化立体仓库的发展，堆垛机的应用越来越广泛，技术性能越来越好，高度也在不断增加，到目前为止，堆垛机的高度可达 40 米。事实上，如果不受仓库建筑和费用的约束，堆垛机的高度可以说是不受限制的。

随着立体仓库的发展，有轨巷道式堆垛机逐渐替代了桥式堆垛机的主力地位。有轨巷道式堆垛机（以下简称“堆垛机”）的主要用途是在高层货架的巷道内来回运行，将位于巷道口入库台上的货物存入货位，或者将货位内的货物取出送到巷道口的出库台。

### 2. 堆垛机的类型

堆垛机的类型可按其支撑方式、结构形式和作业方式等进行分类。

（1）按支撑方式分类。堆垛机按其支撑方式的不同可以分为悬挂式堆垛机和地面支撑式堆垛机两种。

① 悬挂式堆垛机（见图 4-42）。悬挂式堆垛机悬挂在巷道上方的轨道下翼缘上运行。其运行机构安装在堆垛机门架的上部。在地面上铺有导轨，使门架下部的导轮以一定的间隙夹持在导轨的两侧，从而防止堆垛机运行时产生的摆动和倾斜。堆垛机的载货台（包括伸缩货叉、司机室）沿门架上下升降的动作是由安装在门架上部的升降装置来实现的。另外，堆垛机的集电装置也安装在门架的上部，通过电缆将电力输入司机室的电气控制系统。

图 4-42　悬挂式堆垛机

② 地面支撑式堆垛机。地面支撑式堆垛机的运行轨道铺设于地面上，用堆垛机下部的车轮实现支撑和驱动。上部导轮用来防止堆垛机倾倒或摆动，在遥控时可兼作信号电缆吊架的导轨。和悬挂式堆垛机相比，这种堆垛机的金属结构立柱主要考虑轨道平面内的抗弯强度，因此，需要加大立柱在行走方向截面的惯性矩。由于驱动装置均装在下横梁上，因此容易进行保养和维修；用于自动控制的传感器等也可安装在地面上，方便使用。

（2）按结构形式分类。堆垛机按其立柱形式的不同可分为单立柱堆垛机和双立柱堆垛机。

① 单立柱堆垛机（见图 4-43）。单立柱堆垛机的金属结构由一根立柱和下横梁组成。这种堆垛机的自重轻，但刚性较差，一般用于起重量 2 吨以下、起升高度不大于 45 米的仓库。其行走速度最高可达 160 米/分，载货台的升降速度最高可达 60 米/分，货叉伸缩速度最高可达 48 米/分。

② 双立柱堆垛机（见图 4-44）。双立柱堆垛机的金属结构由两根立柱和上、下横梁组成。这种堆垛机刚性好，运行速度高，能快速起动、制动，但自重较大，起重量可达 5 吨，适于各种起升高度的仓库，能用于长件、大件货物的作业。

（3）按作业方式分类。堆垛机按其作业方式的不同可分为单元式堆垛机、拣选式堆垛机、拣选—单元混合式堆垛机。

① 单元式堆垛机。是对托盘（货箱）单元进行入库、出库作业的堆垛机。

② 拣选式堆垛机。是由操作人员向（从）货格内的托盘（货箱）中存入（取出）少量货物，进行入库、出库作业的堆垛机。这种堆垛机的特点是没有货叉。

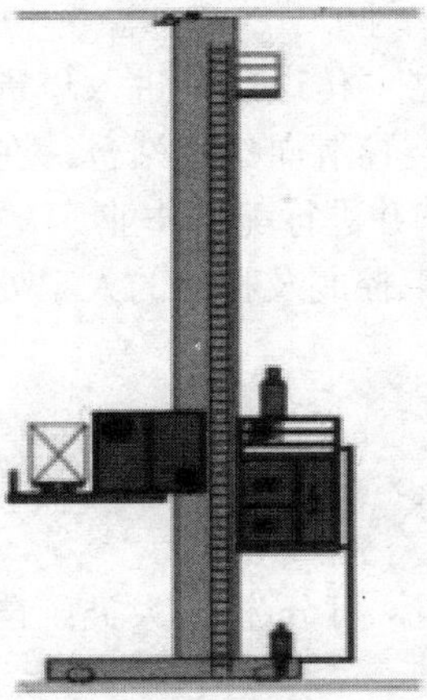

图 4-43　单立柱堆垛机

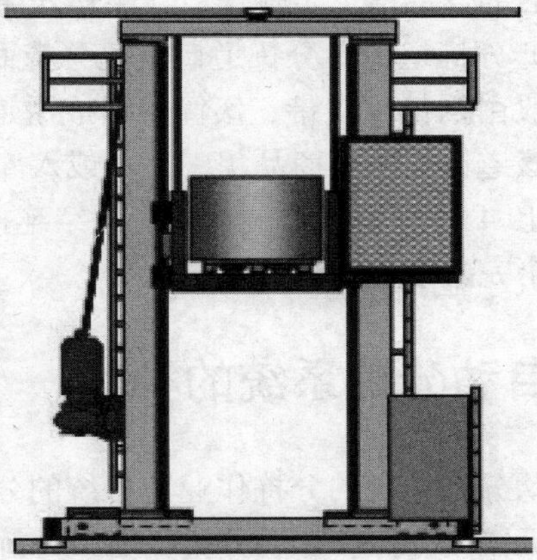

图 4-44　双立柱堆垛机

③ 拣选—单元混合式堆垛机。具有单元式堆垛机与拣选式堆垛机综合功能的堆垛机。其载货台上既有货叉装置，又有司机室，可满足两种作业方式的要求。

# 任务四　分拣设备

自动分拣系统在配送中心中被广泛使用，该系统目前已经成为大中型物流中心不可缺少的一部分。自动分拣系统的结构复杂，功能先进，具有能连续、大批量地分拣货物，分拣误差率极低，分拣作业基本实现无人化的特点。

## 一、自动分拣系统的组成

自动分拣系统一般由控制装置、分类装置、输送装置及分拣道口 4 部分组成。

（1）控制装置。控制装置的作用是识别、接收和处理分拣信号，根据分拣信号的要求指示分类装置，按商品品种、商品送达地点或货主的类别对商品进行自动分类。这些分拣需求可以通过不同方式（条码扫描、色码扫描、键盘输入、重量检测、语音识别、高度检测及形状识别等）输入分拣控制系统中。根据分拣控制系统对这些分拣信号的判断，决定某种商品该进入哪个分拣道口。

（2）分类装置。根据控制装置发出的分拣指示，当具有相同分拣信号的商品经过分类装置时，该装置启动，使商品改变在输送装置上的运行方向，进入其他输送装置或进入分拣道口。分类装置的种类很多，一般有推出式、浮出式、倾斜式和分支式几种，不同的装置对分拣货物的包装材料、包装重量和包装物底面的平滑程度等有不完全相同的要求。

（3）输送装置。输送装置的主要组成部分是传送带或输送机，其主要作用是使待分拣商品依照顺序通过控制装置、分类装置。在输送装置的两侧，一般要连接若干分拣道口，使分类后的商品滑下主输送机（主传送带），方便进行后续作业。

（4）分拣道口。分拣道口是已分拣商品脱离主输送机（主传送带）进入集货区域的通道，一般由钢带、皮带、滚筒等组成滑道。商品从主输送装置滑向集货站台，在那里工作人员将该道口的所有商品集中后，或入库储存，或组配装车并进行配送作业。

以上 4 部分装置通过计算机网络连接在一起，配合人工控制及相应的人工处理环节，构成一个完整的自动分拣系统。

## 二、自动分拣系统的种类

自动分拣系统的分拣作业与传统的分拣系统有很大差别，可分为 3 大类：自动分拣机分拣、机器人分拣和自动分类输送机分拣。

### 1. 自动分拣机分拣

自动分拣机，一般又称为盒装货物分拣机。这种分拣机有两排倾斜放置的盒状货物货架，架上的货物由人工按品种、规格分别分列堆码，货架的下方是皮带输送机，根据集货容器上条码的扫描信息控制货架上每列货物的投放，投放的货物装进集货容器或落在皮带上后，再由皮带输送入集货容器中。自动分拣机如图 4-45 所示。

图 4-45　自动分拣机

### 2. 机器人分拣

与自动分拣机分拣相比，机器人分拣具有很高的柔性。如果机器人分拣所需的拣选货物的储位和数量等信息是通过配送中心的计算机信息系统提供的，那么货物的存放地点就不能进行随意变动，也不能应用活动货架。为了保证机器人作业的效率，包装的样式要统一，尺寸误差也不能过大。但如果采用了 CCD（Charge-coupled Device，电荷耦合器件），那么机器人就可通过传感系统了解货物储位和包装的变化。控制系统向机器人发出指令，机器人可自行变更预定的运动路线，系统可获得更大的灵活性。机器人分拣如图 4-46 所示。

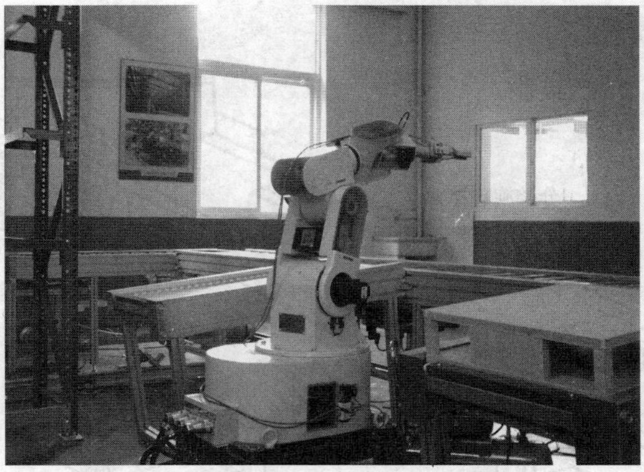

图 4-46　机器人分拣

3. 自动分类输送机分拣

当供应商或货主通知配送中心按订单发货时，自动分类输送机可在最短的时间内从庞大的存储系统中准确找到要出库的货物所在的位置，并按所需数量、品种和规格出库。

## 三、自动分拣机类型

自动分拣是指货物从进入分拣系统到指定的分配位置为止，都是按照人们的指令靠自动分拣装置来完成的。

目前大型分拣系统包括几十个到几百个分拣机不等，主要包括进给台、信号盘、分拣机、信息识别、设备控制和计算机管理等几大部分，还要配备外围的各种运输和装卸机械，有的还与立体仓库连接起来，配合无人驾驶小车、拖链小车等组成复杂的系统，分拣能力达每小时万件以上。

自动分拣机按照其分拣装置结构的不同可分为多种类型，这里主要介绍以下几种。

1. 挡板式分拣机

挡板式分拣机是利用一个挡板（挡杆）挡住在输送机上向前移动的商品，将商品引导到一侧的滑道排出的分拣设备。挡板的另一种形式是分类旋转挡臂，它是以挡板的一端作为支点进行旋转。当挡板动作时，它像一堵墙似的挡住向前移动的商品，利用输送机对商品的摩擦力，推动商品沿着挡板表面从主输送机上排出至滑道。当挡板位于主输送机一侧时，商品可继续前移；当挡板做横向移动或旋转时，商品就排向滑道。挡板式分拣机如图 4-47 所示。

挡板通常安装在输送机的两侧，与输送机的平面不接触，即使在操作时也只接触商品而不触及输送机的输送表面，因此它对大多数形式的输送机都适用。就挡板本身而言，也有不同形式，如直线形挡板、曲线形挡板，有的挡板在工作面上装有滚筒或光滑的塑料材料，以减少摩擦阻力。

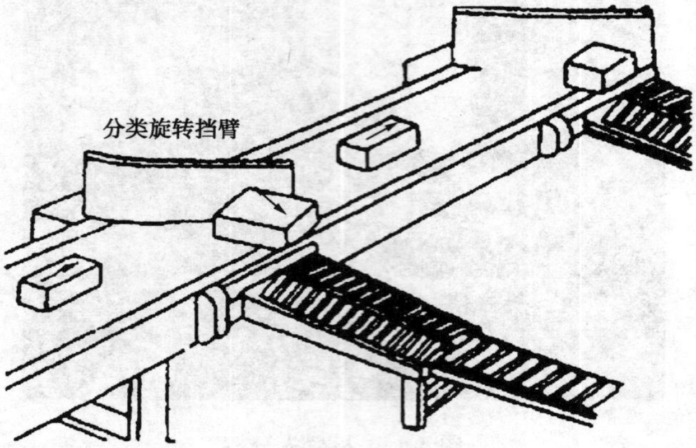


图 4-47　挡板式分拣机

2. **浮出式分拣机**

浮出式分拣机是把商品从主输送机上托起，从而将商品引导出主输送机的一种结构形式。从引离主输送机的方向看，一种是引出方向与主输送机构成直角；另一种是呈一定夹角（通常是 30°～45°）。一般前者比后者生产率低，且对商品容易产生较大的冲击力。

浮出式分拣机主要有以下两种形式。

（1）胶带浮出式分拣机，如图 4-48 所示。这种分拣机用于辊筒式主输送机上，将有动力驱动的两条或多条胶带或单个链条横向安装在主输送辊筒之间的下方。当分拣机接受指令启动时，胶带或链条向上提升，接触商品底部把商品托起，并将其向主输送机一侧移出。

图 4-48　胶带浮出式分拣机

（2）辊筒浮出式分拣机，如图 4-49 所示。这种分拣机用于辊筒式或链条式的主输送机上，将一个或数十个有动力的斜向辊筒安装在主输送机表面的下方。分拣机启动时，斜向辊筒向上浮起，接触商品底部，将商品斜向移出主输送机，属于上浮式分拣机。

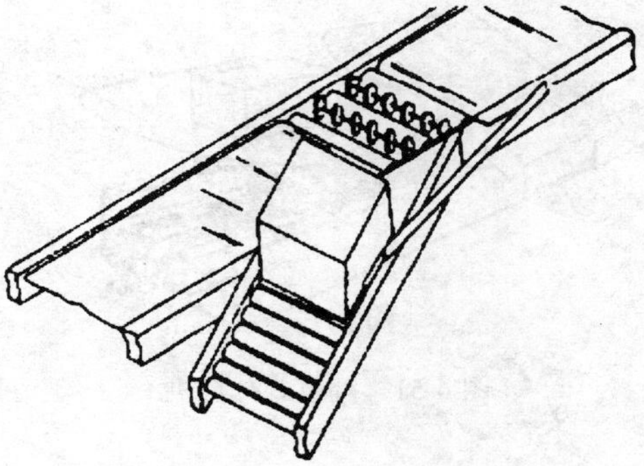

图 4-49　辊筒浮出式分拣机

### 3. 倾斜式分拣机

（1）条板倾斜式分拣机，如图 4-50 所示。这是一种特殊型的条板输送机，商品装载在输送机的条板上，当行走到需要分拣的位置时，条板的一端自动升起，形成一定的倾斜角度，从而将商品移离主输送机。商品占用的条板数是随不同商品的长度而定的，经占用的条板如同一个单元，同时倾斜。因此，采用这种分拣机时商品的长度在一定范围内不受限制。

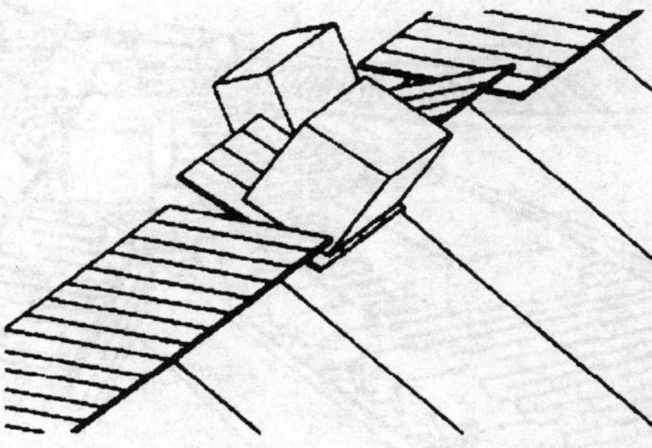

图 4-50　条板倾斜式分拣机

（2）翻盘式分拣机，如图 4-51 所示。这种分拣机是由一系列盘子组成的，盘子为铰接式结构，可以向左或向右倾斜。装载商品的盘子在行走到一定位置时倾斜，将商品倾翻到旁边的滑道中。为减轻商品倾倒时产生的冲击力，有的分拣机能控制商品以抛物线形状来倾倒商品。这种分拣机对分拣商品的形状和大小不做要求，但以不超出盘子为限，长形商品可以横跨两只盘子放置，倾倒时两只盘子同时倾斜。这种分拣机能采用环状连续输送，其占地面积较小，又由于是水平循环，在使用时可以分成数段，每段设一个分拣信号输入装置，以便商品输入，而分拣排出的商品在同一滑道排出，这样就可以提高分拣能力。

日本川崎重工公司生产的翻盘式分拣机系统设有 32 个分拣信号输入装置，有排出滑道 255 条，每小时能分拣商品 14 400 件；住友重机械工业株式会社生产的分拣机系统的分拣能力达每小时 30 000 件；铃木公司生产的分拣机系统的排出滑道有 551 条。

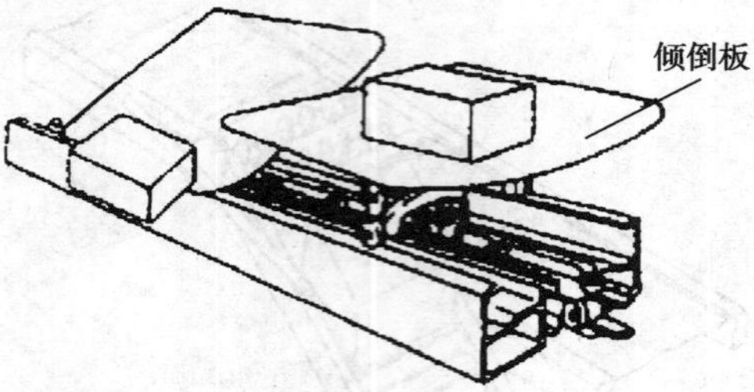


图 4-51　翻盘式分拣机

4. 滑块式分拣机

滑块式分拣机如图 4-52 所示，它也是一种特殊形式的条板输送机。该输送机的表面由金属条板或管子构成，如竹席状，每个条板或管子上有一枚用硬质材料制成的导向滑块，能沿条板做横向滑动。平时滑块停放在输送机的侧面，下部有销子与条板下导向杆联结。通过计算机控制，当被分拣的货物到达指定道口时，控制器使导向滑块有序地自动向输送机的对面一侧滑动，把货物推入分拣道口，从而引出主输送机。这种方式是将商品从侧向逐渐推出，并不冲击商品，故商品不容易受到损伤，它对被分拣商品的形状和大小适用范围较广，是目前国外一种最新型的高速分拣机。

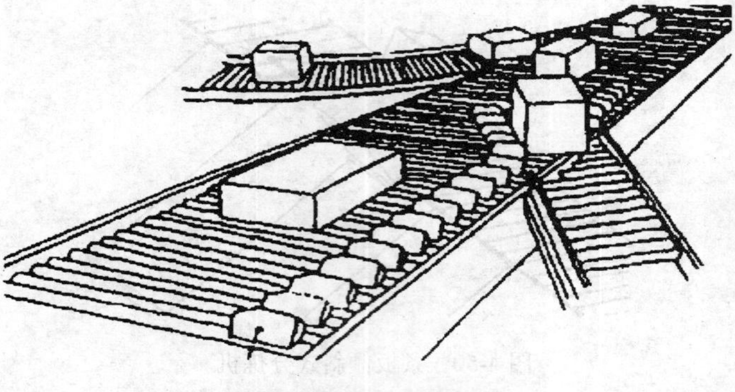

图 4-52　滑块式分拣机

5. 托盘式分拣机

托盘式分拣机是一种应用十分广泛的机型，它主要由托盘小车、驱动装置、牵引装置等组成。其中托盘小车形式多种多样，有平托盘小车、U 形托盘小车、交叉带式托盘小车等。

传统的平托盘小车利用盘面倾翻，重力卸载货物，结构简单，但存在着上货位置不稳、卸货时间过长的缺点，从而造成高速分拣时不稳定及格口宽度尺寸过大的问题。

交叉带式托盘小车的特点是取消了传统的盘面倾翻和利用重力卸落货物的结构，而在车体下设置了一条可以双向运转的短传送带（又称“交叉带”），用它来承接上货机，并由牵引链牵引运行到格口，再由交叉带运送，将货物强制卸落在左侧或右侧的格口中。交叉带式托盘小车如图 4-53 所示。

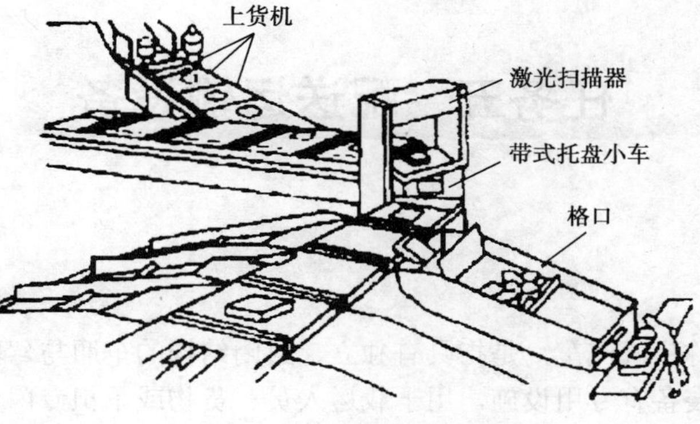


图 4-53　交叉带式托盘小车

6. **悬挂式分拣机**

悬挂式分拣机是用牵引链（钢丝绳）作为牵引件的分拣设备。按照有无支线，可分为固定悬挂和推式悬挂两种机型。

（1）固定悬挂式分拣机。主要由吊挂小车、输送轨道、驱动装置、张紧装置、编码装置、夹钳等组成。分拣时，货物吊夹在吊挂小车的夹钳中，通过编码装置控制，由夹钳释放机构将货物卸落到指定的搬运小车或分拣滑道上。固定悬挂式分拣机主要用于分拣、输送货物，它只有主输送线路、吊具和牵引链是连接在一起的，如图 4-54 所示。

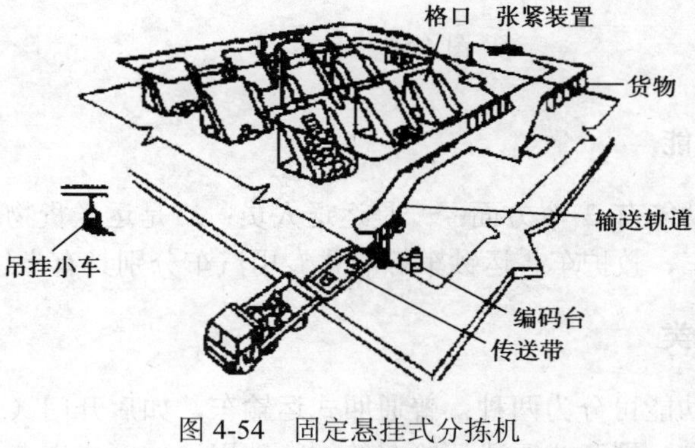


图 4-54　固定悬挂式分拣机

（2）推式悬挂分拣机。除主输送线路外还具备储存专线，并有分拣、储存、输送货物等多种功能，具有线路布置灵活、允许线路爬升等优点。

悬挂式分拣机具有悬挂在空中，利用空间进行作业的特点，它适合于分拣箱类、袋类货物，且对包装物形状的要求不高，能分拣重量大的货物，一般可达 100 千克以上，但该机需要专用场地。

# 任务五　配送运输设备

## 一、厢式汽车

厢式汽车，又称房式汽车，是指具有独立、封闭结构的车厢与驾驶室一起构成整体式的封闭结构车厢，装备有专用设施，用于载运人员、货物或承担专门作业的专用汽车，如图 4-55 所示。

图 4-55　厢式汽车

### 1. 厢式汽车的功能

厢式汽车的主要功能有 3 个方面：一是运送人员；二是运送货物；三是专门作业。冷藏车、保温车、邮政车、救护车、运钞车等厢式专用汽车分别具有上述功能。

### 2. 厢式汽车的种类

厢式汽车按照其功能可分为两种：普通厢式运输车，如后开门（也可侧开门）的厢式货车、软篷厢式运输车、翼开式厢式运输车等；特殊用途的厢式汽车，主要指一些专用的厢式汽车，如冷藏车、保温车、邮政车、救护车、运钞车等。

### 3. 厢式汽车的应用

厢式汽车是近年来国际货车市场上的一支主力军，其特点是载货容量大，货厢密封性能好，尤其是近年来轻质合金及增强合成材料的使用，为减轻车厢自重，提高有效载重量创造了良好的条件。

小型厢式汽车一般用于运输距离较短、货物批量较小、对运达时间要求较高的运输。封闭式车厢可以使货物免受风吹、日晒、雨淋的影响。将货物放置于车厢里面，能防止货物丢失，安全性好。小型厢式载货汽车一般都有后开车门，装卸作业十分方便。由于其小巧灵便，无论大街小巷都可以长驱直入，能够真正实现“从门到门”的服务。虽然其自重较大，会产生一些无效运输，但是厢式汽车仍然有十分广泛的用途，常用于各种家用电器、纺织品等轻工业产品的运输。

## 二、集装箱牵引车与挂车

### 1. 集装箱牵引车

集装箱牵引车专门用于拖带集装箱挂车或半挂车，两者结合组成车组，是长距离运输集装箱的专用机械，如图 4-56 所示。它主要用于港口码头、铁路货场与集装箱堆场之间的运输。集装箱牵引车具有牵引装置、行使装置，但车身不能载运货物，其内燃机和底盘的布置与普通牵引车大体相同，只是集装箱牵引车的前、后轮胎均装有行走制动器，车架后部装有连接挂车的牵引鞍座。

集装箱牵引车可按照驾驶室的形式分为长头式和平头式两种，长头式集装箱牵引车的发动机布置在司机座位前方，司机受发动机振动的影响较小，比较舒适，发生碰撞时也较安全，打开发动机罩进行维修也比较方便。但这种牵引车的车头较长，整个车身长度和转弯半径较大。平头式集装箱牵引车的发动机在司机座位处，舒适感较差。但牵引车的驾驶室较短，视线较好，轴距和车身全长比较短，转弯半径小，因而其应用日益广泛。

图 4-56　集装箱牵引车

### 2. 集装箱挂车

集装箱挂车按拖挂方式不同分为半挂车和全挂车两种，如图 4-57 和图 4-58 所示，其中以半挂车最为常用。半挂车的一部分挂车和货物的重量由牵引车直接承受，不仅使牵引力得到有效发挥，而且拖车车身较短，便于倒车和转向，安全可靠。半挂车装有支腿，以便与牵引车脱开后能稳定地支撑在地面上。全挂车通过牵引杆架连接牵引车与挂车，牵引车身也可作为普通货车单独使用，但其车身较长，操作比半挂车要稍微困难些。

图 4-57 集装箱半挂车

图 4-58 集装箱全挂车

## 三、半挂牵引车与半挂车

一辆汽车（货车或牵引车）与一辆或一辆以上挂车的组合称为汽车列车，而半挂汽车列车是由半挂牵引车与一辆或一辆以上的半挂车组合而成的汽车列车。

半挂牵引车是用来牵引半挂车的汽车，它与普通货车在结构上的区别是车架上没有货厢，而是装有鞍式牵引座，通过鞍式牵引座承受半挂车的部分载重量，并且锁住牵引销，带动半挂车行驶。半挂牵引车如图 4-59 所示。

图 4-59 半挂牵引车

半挂车与半挂牵引车连接后具有很好的整体性，广泛应用于各种货物的运输中。常见的半挂车，除了通用半挂车外，还有平板车、厢式汽车、自卸车、冷藏保温车、集装箱专用车、集装箱与散装货两用车、液罐车、粉状散装车、牲畜家禽车等。

近年来，半挂车发展很快，主要是因为采用半挂车运输的经济效益好。另外，半挂汽车列车是“甩挂运输”、“区段运输”、“滚装运输”的最好车型。

### 1. 半挂牵引车的分类

半挂牵引车可按驱动形式和用途分类。

（1）按驱动形式分类。目前广泛使用的半挂牵引车多为 4×4 型和 6×6 型半挂牵引车。

不同的半挂牵引车，其鞍座允许的载重量有很大的区别。对于后轴允许载重量为10吨级的4×2型牵引车来说，鞍座允许载重量为12～12.5吨；对于后轴载重量为10吨级的6×4型牵引车来说，鞍座最大载重量为18吨左右；对于后轴载重量为13吨级的6×4型牵引车来说，鞍座最大载重量为24～26吨。

（2）按用途分类。半挂牵引车按用途不同可分为高速牵引车、运输重型货物用牵引车、场地用牵引车3大类。

① 高速牵引车。主要用于牵引厢式半挂车、平板式半挂车和集装箱半挂车，适合于高速长距离行驶，一般配置功率大的发动机。

② 运输重型货物用牵引车。主要用来牵引阶梯式半挂车、凹梁式半挂车，具有牵引座载重量和被牵引的总重量都很大的特点。为了增大牵引力，驱动轴多为二轴，其最高车速（满载）比高速牵引车稍低，约为60千米/时。

③ 场地用牵引车。主要用于码头堆场和其他集装箱集散地的短距离运输。其特点是行驶速度比较低，牵引力大，机动性和操作性好，摘挂车比较方便，具有可靠的变速机构和制动器等。

### 2. 对半挂牵引车的要求

半挂牵引车一般是在载货汽车底盘的基础上，选取合适的后桥主传动比，缩短轴距，并在车架上配置鞍式牵引座改装而成的。

在改装半挂牵引车时，必须充分考虑车节的适应性问题，使组成半挂汽车列车的驱动车节（牵引车）和从动车节（半挂车）之间达到最大的相互适应性。牵引车不是独立的运输工具，因为它没有载货部分。因此，在设计时应满足对汽车列车驱动的全部要求。牵引车的发动机功率、传动系数、速比、车轴比的载荷和其他主要尺寸参数，都要适应半挂车的总重量、支撑连接上的压力和影响汽车列车运行性能的其他指标，而半挂车的设计也应该完全适应于一定的牵引车，使其整体表现出良好的运行性能。

## 项目训练

### 连锁企业配送中心配送机械设备调研

#### 一、训练目标

（1）通过本次训练，加深学生对配送中心各类配送机械设备的了解。

（2）使学生掌握装卸搬运机械设备、包装机械设备、仓储机械设备、分拣设备，以及配送运输设备常规的使用技术与方法。

（3）培养学生规范操作的职业素质和安全意识。

#### 二、训练内容与要求

（1）班级内分小组，组建5～6人的训练小组。

（2）教师布置任务，让学生学会使用简单的配送机械设备，了解各类配送机械设备的性能与适用情况。

（3）各小组顺序完成货物从货架上取出，正确码放，再放置到货架的完整流程。

### 三、训练检测内容与分值比例

（1）将货物准确地从货架上取出、正确地码放，占 40%。

（2）对简单配送机械设备的操作，占 40%。

（3）小组现场研讨分析相关问题的合理性，认识的深度及安全意识和团队合作精神等，占 20%。

## 项目测试

### 一、名词解释

叉车　起重机械　包装机械　贯通式货架

### 二、填空题

1．常见的叉车有（　　　）、（　　　）和（　　　）3 种类型。

2．根据用途及负荷能力，可将手推车分为（　　　）、（　　　）和（　　　）3 种类型。

3．前移式叉车有（　　　）和（　　　）两种类型。

4．充填机械按计量方法可分为（　　　）、（　　　）和（　　　）3 种类型。

5．常见热压封口机有（　　　）、（　　　）和（　　　）3 种类型。

6．贴标机按贴标部件特征可分为（　　　）、（　　　）、（　　　）、（　　　）和（　　　）5 种类型。

7．按结构形式分类，堆垛机可分为（　　　）和（　　　）两种类型。

8．左图是（　　　）设备。

9．自动分拣系统由（　　　）、（　　　）、（　　　）和（　　　）4 部分构成。

### 三、简答题

1．常见的包装机械有哪些？

2．简述货架的类型。

3．简述有轨巷道式堆垛机的类型。

4．简述自动分拣机的类型。

5．如何选择装卸搬运机械设备？

## 项目实例分析

### 铁路装卸工的变迁

50 多年前，建站初期的郑州东站在装卸作业时仅有撬杠、撬板、拉门绳和木制虎头车等简易装卸工具，货物装卸全靠工人手抬、肩扛，劳动强度大，工作效率低，遇到装卸笨重货物时不得不租用专用线履带式起重机来帮忙。一个工作日下来，装卸工们累得像害了一场大病似的站不起来，日积月累，一些装卸工不到退休年龄便累倒了。

当时，一名装卸工人连恋爱的对象都找不到，自觉低人三分。1957 年，郑州东站开始大量制作使用滚珠撬杠、钢瓶专用车、自动卸煤器。1958 年，郑州东站实行了装卸半机械化，使用电扒杆、输送机等自制的简易机械。1960 年至 1996 年，该站陆续安装使用正式桥吊、门吊，最大起重能力为 20 吨。1965 年首次使用 1 吨电瓶叉车，随后陆续添置和调入内燃叉车、卸煤机、推土机、电动轨道吊、轮胎吊。

进入 20 世纪 90 年代，随着我国改革开放步伐的加快，郑州东站装卸作业也迅速实现了现代化，先后从美国、芬兰、意大利等国引进跨载机、正面吊、汽车吊、装载机，拥有各类装卸机械 120 台，各类设备 287 台（件），最大起重能力达 46 吨，不仅大大地减轻了装卸工的劳动强度，还极大地提高了装卸作业工作效率。

做了 30 多年装卸工的东天顺，面对这些变化，感慨地说："以前我们装卸工人干活，靠的是人海战术，条件可比现在差多了。那时我们上班扛包，肩上都是搭一条长长的垫布。扛包时，垫布一会儿就被汗水湿透了，能拧出水来。就这么干，200 人 5 个小时还卸不完一个车皮。现在，我们的装卸工作已从劳力密集型向技术密集型转变。工人们开龙门吊等设备作业，一台机器相当于过去 200 人的劳动量，人均月装卸货物可达 600 多吨，货主再也不用为长时间等候装卸货物犯愁了。"

目前，郑州东站拥有 24 万平方米的货场和数十条货物装载线，年吞吐量达 120 万吨的特大型集装箱基地已展现在人们面前。更令人耳目一新的是，该站 95%的货物装卸不仅实现了机械化，而且还运用了计算机进行全方位监控管理，整个装卸作业过程通过电子荧屏尽收眼底。

资料来源：寇建成，铁路装卸工的变迁，中国铁路网.

**思考：** 1. 50 年前的铁路运输在国民经济中的地位如何？

2. 如今郑州东站在实现了装卸机械化后是否就符合了现代的装卸搬运要求？

3. 装卸搬运业的发展对整个物流业的发展起了什么作用？

# 项目五

# 掌握连锁企业配送实用信息技术

【项目目标】

能够熟练掌握条码、EDI（Electronic Data Interchange，电子数据交换技术）、GPS（Global Positioning System，全球定位系统）、GIS（Geographic Information System，地理信息系统）等常见物流信息技术在连锁企业配送中的应用。

【项目导入】

条码、EDI、GPS、GIS 等现代物流实用信息技术在连锁企业配送作业中的应用，提高了连锁企业配送的工作效率，降低了配送成本，增强了连锁企业竞争力。作为一名连锁企业的物流配送员，在了解了配送基本作业和配送中心等相关知识后，应该进一步掌握相关的物流信息技术，提高自己的职业素养。下面就让我们一一来介绍连锁企业配送工作中常见的实用信息技术。

# 任务一　条码技术

## 案例分析

想一想：根据图 5-1 回答什么是条码。你能举例说明条码在日常生活中的重要作用吗？

图 5-1　条码

## 一、条码技术认知

### 1. 条码的概念

条码是由宽度不同、反射率不同的“条”和“空”，按照一定的编码规则（码制）编制而成的，用以表达一组数字或字母符号信息的图形标志符。条码可以记录很多信息，如商品的生产国、制造厂家、商品名称、生产日期、图书分类号、邮件起止地点、类别、日期等。

常见的条码是由反射率相差很大的黑条（简称“条”）和白条（简称“空”）组成的，如图 5-2 所示。其中，黑色的条对光的反射率低，而白色的空对光的反射率高，正是由于不同颜色对光的反射率不同，再加上条与空的宽度不同，就能使扫描光线产生不同的反射接收效果，在光电转换设备上转换成不同的电脉冲，形成了可以传输的电子信息。由于光的运动速度极快，所以，可以准确无误地对运动中的条码予以识别。

图 5-2　条码示例

条码的特点是简单、易于制作，信息采集速度快，设备结构简单、成本低。条码是实现 POS 系统、EDI、电子商务、供应链管理技术的基础。

### 2. 条码系统的组成

条码自动识别技术系统由条码标签、条码生成设备、条码识读设备和计算机组成。

（1）条码标签。绝大多数条码标签是纸基材，一般由信息系统控制打印生成，或者直接印刷在物品包装上，具有经济、抗电磁干扰能力强等特点，在许多环境恶劣的制造业企业内部物流中有广泛的应用。有些企业甚至利用条码技术实现了产品从原料到成品的全过程跟踪。目前，在条码打印机行业中应用较多的是不干胶标签。不干胶标签由离型纸、面纸及两者的黏合剂 3 部分组成，离型纸俗称“底纸”，表面呈油性，底纸对黏合剂具有隔离作用，所以用其作为面纸的附着体，能保证面纸能够很容易从底纸上剥离下来。

（2）条码生成设备。条码生成需要依靠大量的数据，数据源标志着客观事物的符号集合，是反映客观事物原始状态的依据，其准确性直接影响着系统处理的结果。因此，完整准确的数据源是正确决策的基础。在条码应用系统中，数据源是用条码表示的，如图书管理中图书的编号、读者编号，商场管理中货物的代码等。目前，国际上有许多条码码制，在某一应用系统中，选择合适的码制是非常重要的。

（3）条码识读设备。条码识读设备是用来读取条码信息的设备。它使用一个光学装置将条码的条、空信息转换成电子信息，再由专用译码器翻译成相应的数据信息。条码识读设备一般不需要驱动程序，接上后可直接使用，如同键盘一样。

条码识读设备从原理上可分为光笔、CCD（Charge Coupled Device，电荷耦合元件）和激光 3 类；从形式上有手持式和固定式两种，手持式包括 CCD、激光枪、光笔、数据采集终端；固定式包括 CCD 和激光平台。

① 光笔扫描器，如图 5-3 所示。采用这种方式扫描时，光笔必须与被扫描阅读的条码相接触，才能达到读取数据的目的。光笔扫描器的优点是成本低、耗电低、耐用，适合数据采集，可读较长的条码符号；其缺点是光笔对条码有一定的破坏性，随着条码应用的推广，目前已逐渐被 CCD 所取代。

② CCD 扫描器，如图 5-4 所示。采用 CCD 和发光二极管光源的识读设备，称为 CCD 扫描器。它是将发光二极管所发出的光照射到被读的条码上，通过光的反射，达到读取数据的目的。CCD 扫描器操作方便，易于使用，只要在有效景深范围内，光源照射到条码符号即可自动完成扫描，对于表面不平的物品、软质的物品均能方便地进行识读，无任何运动部件，因此性能可靠，使用寿命长。与其他条码扫描设备相比，具有耗电少、体积小、价格便宜等优点，但其阅读条码符号的长度受扫描器的元件限制，扫描景深长度不如激光扫描器。

③ 激光扫描器。激光扫描器独有的大景深区域、高扫描速度、宽扫描范围等突出优点使其得到了广泛的使用。激光扫描器的扫描方式有单线扫描、光栅扫描和全角度扫描 3 种。手持式激光扫描器属单线扫描，其景深较大，扫描识读率和精度较高，扫描宽度不受设备开口宽度限制，如图 5-5（a）所示；立式激光扫描器为全角扫描器，能够高速扫描识读任意方向通过的条码符号，被广泛使用在自动化程度高、物流量大的领域，如图 5-5（b）所示。

图 5-3　光笔扫描器

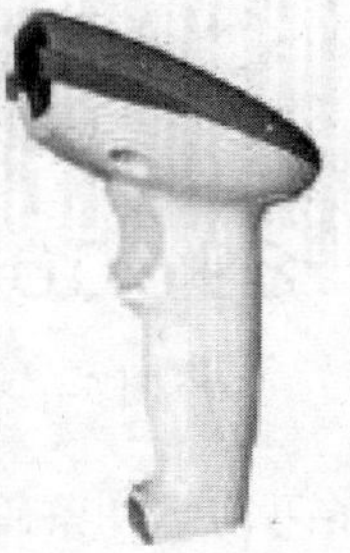

图 5-4　CCD 扫描器

（a）手持式激光扫描器

（b）立式激光扫描器

图 5-5　激光扫描器

（4）计算机。计算机是条码应用系统中的数据存储与处理设备。由于计算机存储容量大，运算速度快，使许多繁冗的数据处理工作变得方便、迅速、及时。计算机用于管理，可以大幅度减轻劳动者的劳动强度，提高工作效率，在某些方面还能完成手工无法完成的工作。近年来，计算机技术在我国得到了广泛应用，从单机系统到大的计算机网络，几乎普及到社会的各个领域，极大地推动了现代科学技术的发展。条码技术与计算机技术的结合，使应用系统从数据采集到处理分析构成了一个强大协调的体系，为国民经济的发展起到了重要的作用。

## 二、条码编码方式

条码的编码方式主要有两种，即一维条码和二维条码。

### 1. 一维条码

一维条码有 225 种以上，目前使用频率最高的几种码制是 EAN 条码（国际物品条形码）、UPC 条码（通用产品条形码）、三九条码、九三条码、库德巴条码、交叉二五条码和 128 条码。

（1）UPC 条码。UPC 条码主要应用于美国和加拿大地区，在美国进口的商品上可以看到。1973 年，美国率先在国内的商业系统中应用 UPC 条码，之后加拿大也在商业系统中采用 UPC 条码。UPC 条码是一种长度固定的连续型数字式码制，其字符集为数字 0～9。它采用 4 种元素宽度，每个条或空是 1、2、3 或 4 倍单位元素宽度。UPC 条码有两种类型，即 UPC—A 条码和 UPC—E 条码，如图 5-6 和图 5-7 所示。

图 5-6　UPC—A 条码　　　图 5-7　UPC—E 条码

（2）EAN 条码。EAN 条码是国际物品编码协会制定的一种商品用条码，通用于全世界。1977 年，欧洲经济共同体各国按照 UPC 条码的标准制定了欧洲物品编码 EAN 条码，与 UPC 条码兼容，而且两者具有相同的符号体系。EAN 条码的字符编号结构与 UPC 条码相同，也是长度固定、连续型的数字式码制，其字符集是数字 0～9。它采用 4 种元素宽度，每个条或空是 1、2、3 或 4 倍单位元素宽度。EAN 条码有两种类型，即 EAN-13 条码和 EAN-8 条码，如图 5-8 和图 5-9 所示。我国的通用商品条码与其等效，日常购买的商品包装上所印的条码一般就是 EAN 条码。

图 5-8　EAN—13 条码　　　图 5-9　EAN—8 条码

（3）三九条码。三九条码是第 1 个字母数字式码制。1974 年由 Intermec 公司推出，如图 5-10 所示。它是长度可比的离散型自校验字母数字式码制，其字符集为数字 0～9，26 个大写字母及“+”、“-”、“*”、“/”、“%”、“＄”、“.”等特殊符号，再加上空白字元“ ”，共计 44 组编码，其中“*”仅作为起始符和终止符。三九条码具有编码规则简单、误码率低、表示字符个数多等特点，主要用于工业、图书及票证的自动化管理，目前使用极为广泛。我国也制定了相应的国家标准（GB/T 12908—2002）。三九条码仅有两种单元宽度，分别为宽单元和窄单元。宽单元的宽度为窄单元的 1～3 倍，一般多选用 2 倍、2.5 倍或 3 倍。三九码的每个条码字符由 9 个单元组成，其中有 3 个宽单元，其余是窄单元，因此称为三九条码。

图 5-10　三九条码

（4）九三条码（又称 Code 93 条码）。九三条码与三九条码具有相同的字符集，但它的密度要比三九条码高，所以在面积不足的情况下，可以用九三条码代替三九条码，如图 5-11 所示。

BJ100080

图 5-11　九三条码

（5）库德巴条码。库德巴条码（Code Bar）出现于 1972 年，是一种长度可变的连续型自校验数字式码制，其字符集为数字 0～9 和 6 个特殊字符（-、:、/、.、+、￥），共 16 个字符。常用于仓库、血库和航空快递包裹中，如图 5-12 所示。

a000800a

图 5-12　库德巴条码

（6）128 条码。128 条码出现于 1981 年，是一种长度可变、连续性的字母数字条码。与其他一维条码相比，128 条码是较为复杂的条码系统，而其所能支援的字元也相对地比其他一维条码多，又有不同的编码方式可供交互运用，因此其应用弹性也较大。128 条码的内容大致分为起始码、资料码、终止码、检查码 4 部分，其中检查码是可有可无的，如图 5-13 所示。

Aux(124)-TR

图 5-13　128 条码

（7）交叉二五条码。交叉二五条码是一种条和空都表示信息的条码，交叉二五条码有两种单元宽度，每个条码字符由 5 个单元组成，其中有 2 个宽单元，3 个窄单元。在一个交叉二五条码符号中，组成条码符号的字符个数为偶数，当字符是奇数个时，应在左侧补 0 变为偶数。条码字符从左到右，奇数位置字符用条表示，偶数位置字符用空表示。交叉二五条码的字符集包括数字 0～9，如图 5-14 所示。

1234567890

图 5-14　交叉二五条码

### 2. 二维条码

一维条码只是在一个方向（一般是水平方向）表达信息，而不在垂直方向表达任何信息，其一定的高度通常是为了便于阅读器对准。一维条码的应用可以提高信息录入的速度，减少差错，但是一维条码也存在以下不足之处：数据容量较小，约为 30 个字符；只能包含字母和数字；条码尺寸相对较大（空间利用率较低）；条码遭到损坏后便不能阅读。

二维条码正是为了解决一维条码无法解决的问题而诞生的。所谓二维条码就是在水平和垂直方向的二维空间存储信息的条码。与一维条码一样，二维条码也有许多不同的编码方法，或者称为码制。就这些码制的编码原理而言，通常可分为以下 3 种类型。

（1）线性堆叠式二维条码。在一维条码编码原理的基础上，将多个一维条码纵向堆叠产生。典型的码制有 Code 16K、Code 49、PDF417 等。

（2）矩阵式二维条码。在一个矩形空间通过黑、白像素在矩阵中的不同分布进行编码。典型的码制有 Aztec、Maxi Code、QR Code、Data Matrix 等。

（3）邮政条码。通过不同长度的条进行编码，主要用于邮件编码，如 Postnet、BPO 4—State。

在上述众多的二维条码中，常用的码制有 Data Matrix、Maxi Code、Aztec、QR Code、Vericode、PDF417、Ultracode、Code 49、Code 16K 等，其中 Data Matrix 主要用于电子行业小零件的标志，如 Intel 的奔腾处理器的背面就印制了这种条码；Maxi Code 是由美国联合包裹服务（UPS）公司研制的，用于包裹的分拣和跟踪；Aztec 是由美国韦林（Welch Allyn）公司推出的，最多可容纳 3 832 个数字或 3 067 个字母字符或 1 914 个字节的数据。

**职业素养拓展 5.1**

#### PDF417 简介

PDF417 条码是由留美华人王寅敬（音）博士发明的。PDF 是取英文 Portable Data File 3 个单词的首字母的缩写，意为“便携数据文件”。因为组成条码的每一符号字符都是由 4 个条和 4 个空构成的，如果将组成条码的最窄条或空称为一个模块，那么上述的 4 个条和 4 个空的总模块数一定为 17，所以称 417 条码或 PDF417 条码，如图 5-15 所示。

图 5-15 PDF417 条码

资料来源：http://post.baidu.com/f?kz=12283403.

## 三、商品条码与物流条码

### 1. 商品条码

现在，很多商品如食品、饮料、书籍、彩电、冰箱等，包装上都印上商品条码（也称为“商品条形条码”）。商品条码可以说是商品的“户口”或“身份证”。

**职业素养拓展5.2**

**商品条码的起源**

现在，人们对商品条码已不陌生。那么，大家几乎每天都能看到的商品条码是怎样产生的呢？

美国是一个地域辽阔的国家，美国人甚至去邻居家也得驱车前往，因此人们养成了每周一次大量购买食品，并存储在大型冰箱中使用的生活习惯。在此背景下，很多诸如日本超市一样的大型综合零售店在20世纪60年代的美国应运而生。但是，由于美国在日常生活中使用的是码磅度量衡法（Yard Pound）的8进位数、6进位数，因此计算10进位数的美元、美分及消费税会花费不少时间，收银处出现了顾客排起长龙等待付款的情况，十分不便，大型零售店也无法发挥其快捷方便的功能。

为了解决排队现象，人们采取了各种方法，如在商品上附上重量与商品价格相当的金属，最后通过金属来计算金额等。但哪种方法都不够实用。

在这种形势下，1967年，著名超级连锁店KROGAR首次采取了将条码附在商品上，并通过电子扫描仪读取输入计算机的方法。该条码后来成为UPC条码的原型，这就是商品条码的起源。

如今条码因其适用广泛而经久不衰。二维条码技术的出现，更为条码的应用注入了新的活力，使条码的应用从物流管理延伸到文档及证卡管理上。它打破了传统条码仅能对物品进行编码的局限，不仅为物流，而且为信息流及人流的管理提供了可靠的科学手段。

有人怀疑，随着光电技术及生物技术的发展，条码将可能被诸如射频卡（RFID）、IC卡、光卡、生物卡等新兴技术所取代，贸易的无纸化也将对条码的未来构成冲击。这种担心是多余的，电子商务的运用不仅不会削弱条码的发展，相反，条码作为一种廉价、便捷、准确、高效的存储介质和数据录入手段，必将随着电子商务的普及而赢得更加广阔的发展空间。

资料来源：中国物流与采购网.

商品条码是由一组排列规则、尺寸和颜色有一定规定的“条”、“空”及对应数字字符“码”组成，表示一定信息的商品标志。“条”与“空”分别由深浅不同，而且满足一定光学对比度要求的两种颜色表示。“条”为深色，“空”为浅色。这种“条”、“空”和相对应的字符“码”代表相同的信息，前者供扫描器读识，后者供人直接读识或通过键盘向计算机输入数据使用。连锁企业在进货后，将商品条码数字与该商品的价格、企业名称等信息输入数据库。在购买商品时，只要输入条码的信息，计算机就可以一下子找到该商品了。

通用商品条码采用的是EAN/UPC条码制，我国的通用商品条码标准采用EAN结构。EAN条码包括标准条码和缩短条码（参见图5-8和图5-9）。

（1）标准条码。标准条码由13位数字及相应的条码符号组成，它具有两种类型的结构。

结构一：$X_{12}X_{11}X_{10}X_9X_8X_7X_6$　　$X_5X_4X_3X_2X_1X_0$

左侧数据符　　右侧数据符

结构二：$X_{12}X_{11}X_{10}X_9X_8X_7X_6X_5$　　$X_4X_3X_2X_1X_0$

左侧数据符　　右侧数据符

每种结构包含4个层次，各部分含义如下。

① 前缀码。由3位数字（$X_{12}X_{11}X_{10}$）组成，表示国家代码，我国的前缀码目前有3个：690、691、692。当前缀码为690或691时，其代码结构形如结构一；当前缀码为692时，其代码结构同结构二。前缀码由我国物品编码中心分配给申请条码的企业。

② 制造厂商代码。由4位（$X_9X_8X_7X_6$）或5位数字（$X_9X_8X_7X_6X_5$）组成。当前缀码为690或691时，厂商代码为4位；当前缀码为692时，厂商代码为5位。制造厂商代码由我国编码中心统一分配并统一注册，采用一厂一码制。

③ 商品代码。由5位（$X_5X_4X_3X_2X_1$）或4位数字（$X_4X_3X_2X_1$）组成。当前缀码为690或691时，商品代码为5位；而前缀码为692时，商品代码为4位。商品代码由厂商确定，表示每个厂商商品的属性、规格、价格等，可标志10万种商品。

④ 校验码。由1位数字（$X_0$）组成，用以校验代码的正误，一般由承接条码制作的单位进行校验码计算。

例如，商品条码6902952880041中，690代表中国，2952代表贵州茅台酒厂，88004代表53%（V/V）、106PROOF、500毫升的白酒，1是校验码。

（2）缩短条码。缩短条码由8位数字及相应的条码符号组成，它具有两种类型的结构。

$X_7X_6X_5$　　$X_4X_3X_2X_1X_0$

左侧数据符　　右侧数据符

缩短条码只有以下3个层次结构。

① 前缀码。由3位数字（$X_7X_6X_5$）组成，表示国家代码。

② 商品代码。由4位数字（$X_4X_3X_2X_1$）组成，由国家物品编码中心分配。

③ 校验码。由1位数字（$X_0$）组成，用以校验代码的正误。

### 2. 物流条码

物流条码是指专门应用于物流领域的条码，即用在商品装卸、仓储、运输等配送过程中的识别符号，如图5-16所示。商品从生产厂家到运输、交换的整个物流过程中都可以通过物流条码来实现数据共享，方便信息的传递。

在国际贸易中，物流条码标准体系已经基本成熟，并随着世界经济的发展而日趋完善。我们国家也已经制定了许多相关标准，可以据此建立物流条码标准体系。物流条码标准体系如图5-17所示。

下面介绍3种物流条码中常用的码制标准。

（1）通用商品条码。我国制定的《通用商品条码 GB 12904—2003》国家标准，其条码结构与国际物品编码委员会推行的EAN条码相同，其标准与国际标准兼容。物流条码应用的是EAN条码制中的EAN—13条码。EAN—13条码是国际通用符号体系，是一种定长、无含义的条码，没有自校验功能。

图 5-16　物流条码

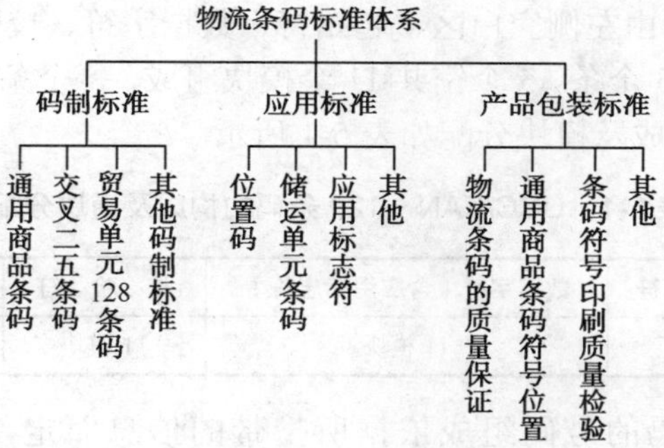


图 5-17　物流条码标准体系

（2）交叉二五条码。交叉二五条码在仓储和物流管理中被广泛采用，我国制定了《GB/T 16829—2003 交叉二五条码》国家标准。交叉二五条码是一种连续、非定长、具有自校验功能，且条、空都表示信息的双向条码。ITF（Interleaved Two of Five）条码是在交叉二五条码的基础上扩展形成的一种应用于储运包装箱上的固定长度的条码。ITF字符的条码符号表示和交叉二五条码相同。为了适应特定的印刷条件，多数情况下都在条码符号的周围加上保护框，并设有印刷适应性实验的“H”符号。在物流系统中，常用ITF—14和ITF—6来表示储运单元，如图 5-18 和图 5-19 所示。

1 89 31234 56789 4

图 5-18　ITF—14 条码

1 2 3 4 5 6

图 5-19 ITF—6 条码

（3）贸易单元 128 条码（EAN—128 条码）。我国制定的《GB/T 15429—1995 贸易单元 128 条码》与 UCC/EAN—128 条码相同（UCC：Uniform Code Council，美国统一代码委员会）。UCC/EAN—128 条码由国际物品编码协会（EAN）、美国统一代码委员会（UCC）和自动识别制造商协会（AIM）共同设计而成。UCC/EAN—128 应用标志条码是一种连续型、非定长条码，能更多地标志贸易单元中需要表示的信息，如产品批号、数量、规格、生产日期、有效期、交货地等。因此它广泛地应用在生产流程控制、仓储管理、车辆调配、货物跟踪等领域。

UCC/EAN—128 条码由左侧空白区、起始符、数据字符、校验符、终止符、右侧空白区组成，每个条码字符由 3 个条、3 个空共 11 个模块组成，每个条、空由 1～4 个模块构成。UCC/EAN—128 条码的构成及模块分配如表 5-1 所示。

**表 5-1 UCC/EAN—128 条码的构成及模块分配**

| 左侧空白区 | 双字符起始符 | 数据字符（含应用标志符） | 校 验 符 | 终 止 符 | 右侧空白区 |
|---|---|---|---|---|---|
| 10 模块 | 22 模块 | 11 模块 | 11 模块 | 13 模块 | 10 模块 |

UCC/EAN—128 条码的号码组成依据所携带的信息而定，各种信息可以联结在一起，以应用识别码加以区隔。UCC/EAN—128 条码如图 5-20 所示，其内容如表 5-2 所示。

(00) 3 5412 3 4 5 1234 567 89 2 (420) 1000
A B C D E F G

图 5-20 UCC/EAN—128 条码

**表 5-2 EAN—128 条码的内容**

| 代 号 | 码 别 | 长 度 | 说 明 |
|---|---|---|---|
| A | 应用识别码 | 18 | 00 代表其后的资料内容为运送容器序号，为固定 18 位数字 |
| B | 包装形态指示码 | 1 | 3 代表无定义的包装指示码 |

续表

| 代　号 | 码　别 | 长　度 | 说　明 |
|---|---|---|---|
| C | 前置码与公司码 | 7 | 代表 EAN 前置码与公司码 |
| D | 自行编定序号 | 9 | 由公司指定序号 |
| E | 校验码 | 1 | 校验码 |
| F | 应用识别码 | | 420 代表其后的资料内容为配送邮政编码，应用于仅有一个邮政局的情况 |
| G | 配送邮政编码 | | 代表配送邮政编码 |

这 3 种条码都是物流条码中常用的码制，它们的具体应用在实际中又有所不同。一般来说，通用商品条码用在单个大件商品的包装箱上，当包装箱内含有预先确定的、规则数量的商品时，也可以用通用商品条码码制，给每个货运单元分配一个与消费单元不同的 EAN—13 条码；交叉二五条码可用于定量储运单元的包装箱上，ITF—14 和 ITF—6 附加代码共同使用也可以用于变量储运单元，前者标志其主代码（厂商识别代码与商品项目代码），后者标志附加代码（表示变量储运单元内按基本计量单位计量取得的商品数量）；贸易单元 128 条码的使用是物流条码实施的关键，它可以弥补通用商品条码和交叉二五条码的不足，更多地表示贸易单元信息。而且，对贸易单元 128 条码的印刷要求更为宽松，在许多粗糙、不规则的包装上都可以进行印刷。贸易单元 128 条码的识别要比前两种码制容易得多。

### 3. 物流条码与商品条码的比较

如今通用商品条码已经普及，这使商业管理实现了自动化，而物流条码却刚刚起步。物流条码和通用商品条码相比有许多不同之处。主要表现在以下几个方面。

（1）标志目标不同。通用商品条码是最终消费单元的唯一标志，它常常是单个商品的条码，通常印在商品的零售包装上。消费单元是指通过零售渠道，直接销售给最终用户的商品包装单元；物流条码则是货运单元的唯一标志，通常印在外包装箱上，用来识别商品的种类及数量。货运单元是由若干个消费单元组成的稳定的和标准的产品集合，是收发货、运输、装卸、仓储等物流业务所必需的一种商品包装单元，一般是多个商品的集合，也可以是多种商品的集合，应用于现代化的物流管理中。

（2）应用领域不同。商品条码主要用于零售业的现代化管理。在零售业 POS 系统中，通用商品条码印在单个商品上，可以实现商品的自动识别、自动寻址、自动结账，使零售业管理实现高度自动化和信息化。物流条码则是面向各类企业，如制造商、批发商、零售商、物流企业等。零售店以配送包装单位为销售单位（家电或整箱销售的商品）时，可用外箱上的物流条码扫描结账；批发业、零售业在进货、点货或库存盘点作业时，对以配送单位包装的商品可扫描物流条码，对以零售单位包装的商品则扫描原印条码。总之，物流条码多用于物流的现代化管理，产品从生产厂家出来，要经过包装、运输、仓储、分拣、配送等众多环节，物流条码应用于众多的环节之中，实现对物品的跟踪和数据的共享。

（3）采用码制不同。通用商品条码采用的是EAN/UPC码制，条码长度固定，所含信息量少；物流条码主要采用UCC/EAN—128条码，条码的长度可变，信息容量多，且条码精度要求低，易于制作，容易推广。

此外，商品条码已经实现了国际化和标准化，不需要经常增建更新；物流条码是可变性条码，贸易伙伴根据贸易的具体需要而增减信息，而且随着国际贸易的发展，物流条码的内容需要进行不断的补充、丰富。

## 四、条码技术在连锁企业配送作业中的应用

### 1. 订货作业

以便利店订货簿的方式为例。连锁总部定期将订货簿发给各便利店，订货簿上有商品名称、商品货号、商品条码、订货点、订货单位、订货量等，工作人员拿着订货簿巡视货架商品以确认所剩陈列数，记入订货量；或者到办公室后，用条码扫描器扫描预定商品的条码并输入订货量，再用调制器传出订货数据。

### 2. 配送中心的进货验收作业

对整箱进货的商品，其包装箱上有条码，放在输送带上经过固定式条码扫描器的自动识别，可接收指令传送到存放位置附近。对整个托盘进货的商品，叉车驾驶员用手持式条码扫描器扫描外包装箱上的条码标签，利用计算机与射频数据通信系统，可将存放指令下载到叉车的终端机上。

### 3. 补货作业

基于条码进行补货，可确保补货作业的正确性。商品进货验收后，移到保管区，需要适时、适量补货到捡货区；为避免补货错误，可在储位卡上印上商品条码与储位码的条码，当商品移动到位后，以手持式条码扫描器读取商品条码和储位码条形码，由计算机核对是否正确，这样就可保证补货作业的正确性。

### 4. 拣货作业

拣货有两种方式：一种是按单客户的订货数量进行拣取的摘取式拣货；另一种是先将所有客户对各商品的订货数量进行汇总，一次拣出，再按客户分配各商品数量，即整批拣取，二次分拣，称为播种式拣货。对于摘取式拣货作业，在拣取后用条码扫描器读取刚拣取的商品上的条码，即可确认拣货的正确性。对于播种式拣货作业，可使用自动分货机，当商品在输送带上移动时，由固定条码扫描器判别商品货号，指示移动路线与位置。

### 5. 交货时的数量检验作业

交货时的数量检验作业通常分为两种形式：一种是由配送中心在出货前复点数量；另

一种是交由客户当面或事后确认。对于配送中心出货前的复点式作业，由于在拣货的同时已经以条码确认过，就无须进行此项复点作业了。对于客户的当面或事后确认，由于拣货时已用条码确认过，也无须交货时双方逐一核对了。

配送作业商品的自动辨识方法还可以采用磁卡等其他方式来达成。但对物流仓储配送作业而言，由于大多数的储存货品都具备条码，所以用条码进行自动识别与资料收集是最便宜、最方便的方式。商品条码上的资料经条码读取设备读取后，可迅速、正确、简单地将商品资料自动输入，从而达到自动化登录、控制、传递和沟通的目的。

## 任务二　射频识别技术

### 案例分析

**沃尔玛超市应用 RFID（Radio Frequency Identification，射频识别技术）**

目前，美国沃尔玛的 104 家超市、36 家山姆会员店和 36 个配送中心都已经使用了 RFID 技术。参与这个项目的已有 100 多个供应商、55 000 个托盘，收到贴有标签的货箱 189 万个。在配送中心的传送带上，零售商已经获得了95%的识读率，在分销操作的最后一环，也就是将货箱拆开放进压缩机的过程，读取率达到 98%。目前最大的问题是整个货盘上所有货箱标签的读取率，只有 66%。

根据阿肯色大学最近一项长达 7 个月的研究发现，在使用 RFID 标签的沃尔玛商场里面，货品脱销现象减少了16%，RFID 技术在货品补充上要比传统条码技术快 3 倍。研究报告称，由于 RFID 技术，人工订单已经减少了大约 10%，从而减少了存货。研究显示在对脱销产品的及时补充方面，安装 RFID 设备的商店要比普通的商店效率高出 63%。除了提高库存产品的可视性外，通过使用 RFID，可在整个供应链减少库存，进而减少花费。

RFID 还改进了沃尔玛客户服务水平。对新鲜货品（如新鲜食品、新鲜蛋糕）和另外一些容易变质的商品，可通过有效期进行控制。30 分钟之后，沃尔玛读到的信息会反馈给供应商，和他们共享。他们可以用同样的形式跟踪这些货物，他们也可以发现同样的问题，包括是否缺货，从而构成了一个真正进行实时跟踪的系统。

资料来源：http://www.viewtec.cn/rfid/appli.htm（广州微拓条码技术有限公司）.

想一想：什么是射频识别技术？

## 一、射频识别技术认知

### 1. 射频识别技术的概念及特征

射频识别（RFID）技术是利用无线电波对记录媒体进行读写的技术。射频识别的距离可达几十厘米至几米，且根据读写的方式，可以输入数千字节的信息，同时，还具有极高的保密性。射频识别技术适用于物料跟踪、运载工具和货架识别等要求非接触数据采集和交换的场合，其中，要求频繁改变数据内容的场合尤为适用，如车辆自动识别系统——驾易通，采用的主要技术就是射频技术。装有电子标签的车辆通过装有射频扫描器的专用隧道、停车场或高速公路路口时，无须停车缴费，大大提高了行车速度，提高了效率。2014年3月，我国交通运输部正式下发通知，启动了全国高速公路ETC（Electronic Toll Collection，不停车电子收费系统）联网工作，到2015年年底基本实现全国ETC联网，主线收费站ETC覆盖率达到100%，全国ETC用户数量达到2 000万。ETC不停车电子收费系统部署如图5-21所示。

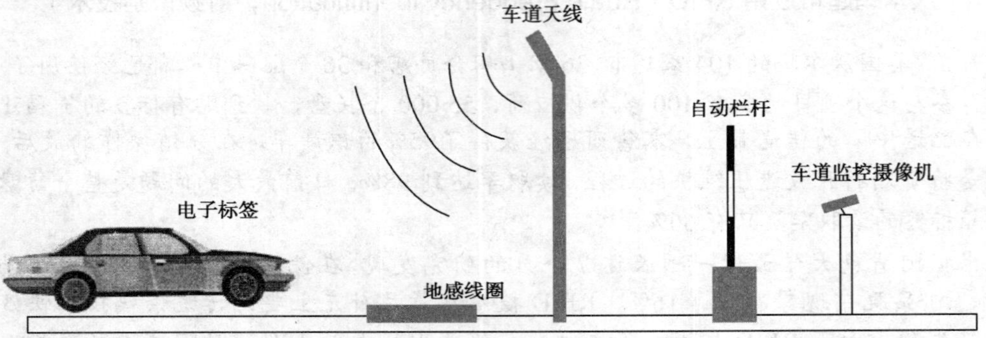

图5-21　ECT不停车电子收费系统部署

目前，射频技术在其他物品的识别及自动化管理方面也得到了较为广泛的应用。

主要有以下特征。

（1）数据的读写（Read Write）机能。只要通过RFID Reader，即可不接触物品（识读距离可以从十厘米至几十米），直接读取信息至数据库内，且可一次处理多个标签，并可以将物流处理的状态写入标签，供下一阶段物流处理使用。

（2）容易小型化和多样化的形状。RFID在读取上并不受尺寸大小与形状的限制，不需要为了读取精确度而配合纸张的固定尺寸和印刷品质；RFID电子标签可小型化并应用于不同产品。因此，可以更加灵活地控制产品的生产，特别是在生产线上的应用。

（3）耐环境性。纸张一旦脏污就会看不到所写内容，但RFID对水、油和药品等物质却有强力的抗污性。RFID在黑暗或脏污的环境之中，也可以读取数据。

（4）可重复使用。由于RFID为电子数据，可以被反复覆写，因此可以回收标签重复使用。如被动式RFID，不需要电池就可以使用，没有维护保养的需要。

（5）穿透性。RFID 若被纸张、木材和塑料等非金属或非透明的材质包覆的话，也可以进行穿透性通信。但如果是铁质金属就无法进行通信了。

（6）数据的记忆容量大。数据容量会随着记忆规格的发展而扩大，未来物品所需要携带的资料量越来越大，对卷标扩充容量的需求也会增加，对此，RFID 不会受到限制。

**2. 射频识别系统的组成及其工作原理**

（1）射频识别系统的组成。射频识别系统因应用不同，其组成会有所不同，但基本都由电子标签（Tag）、阅读器（Reader）和数据交换与管理系统（Processor）3 部分组成。电子标签（射频卡、应答器），由耦合元件及芯片组成，其中含有加密逻辑、串行 EEPROM（Electrically Erasable Programmable Read-Only Memery，带电可擦可编程式只读存储器）、微处理器 CPU，以及射频收发和相关电路。电子标签具有智能读写和加密通信的功能，它通过无线电波与读写设备进行数据交换，工作的能量由阅读器发出的射频脉冲提供。阅读器，有时也被称为查询器、读写器或读出装置，主要由无线收发模块、天线、控制模块及接口电路等组成。阅读器可将主机的读写命令传送到电子标签，再把从主机发往电子标签的数据加密，再将电子标签返回的数据解密后送到主机。数据交换与管理系统主要完成数据信息的存储、管理及对卡进行读写控制等。

（2）射频识别系统的工作原理。阅读器将要发送的信息，经编码后加载在某一频率的载波信号上，经天线向外发送。进入阅读器工作区域的电子标签接收此脉冲信号，卡内芯片中的有关电路对此信号进行调制、解码、解密，然后对命令请求、密码、权限等进行判断。若为读命令，控制逻辑电路则从存储器中读取有关信息，经加密、编码、调制后通过卡内天线再发送给阅读器，阅读器对接收的信号进行解调、解码、解密后送至中央信息系统进行有关数据处理；若为修改信息的写命令，有关控制逻辑引起的内部电荷泵提升工作电压，提供擦写 EEPROM 中的内容进行改写，若经判断其对应的密码和权限不符，则返回出错信息。射频识别系统的基本工作原理如图 5-22 所示。

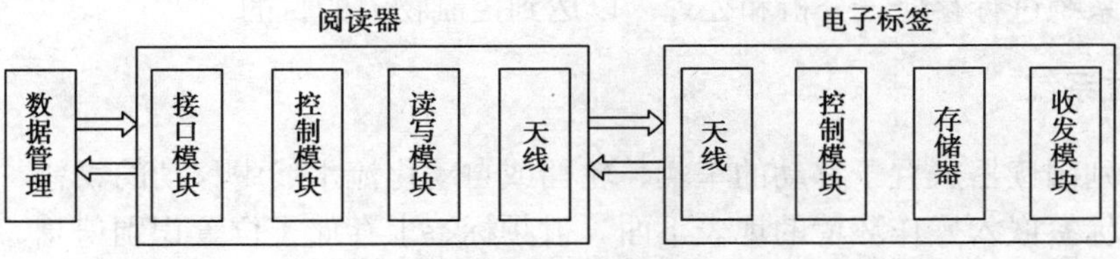


图 5-22　射频识别系统的基本工作原理

## 二、射频识别系统的应用类型

根据射频识别系统完成的应用功能的不同，可以把射频识别应用系统分成 4 种类型：EAS 系统、便携式数据采集系统、物流控制系统和定位系统。

1. EAS 系统

EAS（Electronic Article Surveillance，电子商品防盗）系统是目前大型零售行业广泛采用的商品安全措施之一。EAS 于 20 世纪 60 年代中期在美国问世，最初应用于服装行业，现在已经扩展到全世界 80 多个国家和地区，应用领域也扩展到百货、图书等各种行业，尤其在大型超市和仓储行业的应用得到充分的开发。

EAS 系统是一种设置在需要控制物品出入的门口的射频识别技术，当未被授权的人从这些地方非法取走物品时，EAS 系统会发出警告。

在应用 EAS 系统时，应首先在物品上黏附 EAS 标签，当物品被正常购买或合法移出时，在结算处通过一定的装置激活 EAS 标签，物品就可以被取走。当物品经过装有 EAS 系统的门口时，EAS 装置能自动检测出标签的活性，发现活性标签的 EAS 系统会发出警告。EAS 技术的应用可以有效地防止物品被盗，不管是大件的商品，还是很小的物品，应用 EAS 系统，物品不用再锁在玻璃橱柜里，而可以让顾客自由地观看、检查，这在自选购物日益流行的今天有着非常重要的意义。

2. 便携式数据采集系统

便携式数据采集系统是使用带有射频识别阅读器的手持式数据采集器，采集射频识别标签上的数据。

便携式数据采集系统具有较大的灵活性，适用于不宜安装固定式射频识别系统的应用环境。射频识别阅读器可以在读取数据的同时，通过无线电波数据传输方式实时地向主计算机系统进行传输，也可以将数据暂时存储在阅读器中，再一批一批地向主计算机系统进行传输。

3. 物流控制系统

在物流控制系统中，固定布置的射频识别阅读器分散布置在给定的区域，并且阅读器直接与计算机控制系统相连，射频标签是移动的，一般安装在移动的物体或人体上。当物体或人流经过射频识别阅读器时，阅读器会自动扫描射频标签上的信息并把数据信息输入计算机控制系统进行存储、分析和处理，以达到控制物流的目的。

4. 定位系统

射频识别阅读器放置于移动的车辆、轮船或自动化流水线中移动的物料、半成品、成品上，射频标签嵌入操作环境的地表下面。射频标签上存储了位置识别信息，射频识别阅读器一般通过无线的方式或有线的方式连接到计算机控制系统。该系统适用于自动化加工系统中的定位，以及对车辆、轮船等进行运行定位支持。

**职业素养拓展 5.3**

**麦德龙未来商店：科技引领全新购物体验**

麦德龙“未来商店”的出现引起了人们极大的关注，首先进入未来商店给人的感觉就像进入一个科幻世界。整个商场没有传统的柜台，没有营业员。刚一进门，就会看到商店天花板上如波浪般起伏的水晶球，就像射频识别芯片在向外发射信号，巧妙地将射频识别的概念融入商店里。水晶顶下面是一个个玻璃展示柜，展示出琳琅满目的各种高雅、珍贵的商品。顾客办理射频识别身份卡并由入口进入商店后，商场屏幕立即发出欢迎声并同时显示“欢迎某某来到未来商店”。同时，顾客在进门时留下的个人信息，都已经被计算机管家记住了，当顾客再次光顾时，系统会用清晰的语音对顾客的再次光临表达感谢，让顾客有宾至如归的感觉，同时也给顾客一个惊喜。

接着，顾客拿着服务人员随身份卡一起发给顾客的掌上电脑（手持终端）进入商场选购商品。这台掌上电脑就是随身“导购”。顾客要购买任何一款商品，都不用从柜台内拿出该商品，只要把掌上电脑对准商品的射频识别标签，这件商品的介绍、价格等各类信息就会以图像配文字和声音的形式出现在屏幕上，同时配有多种语言介绍。令人惊异的导购体验已经让人耳目一新了，更具“魅力”的是该商店利用射频识别技术来保障物品质量的技术，这一技术成为麦德龙率先在中国推出“可追溯”农产品之外的另一个亮点。

在“未来商店”中，该射频识别系统应用 Avery Dennison 公司的 UHF EPC Gen2 标签及 Impinj 公司的射频识别识读器和天线。这样的配置使得“未来商店”的管理实现了“智能冷藏”存储，并保证产品在到达有效期后不会被售出。

据介绍，该射频识别标签粘贴在肉制品的塑料泡沫包装盒上，标签中含有一个唯一的产品电子代码。这个代码关联着产品的数据，如公司内部信息服务数据库中的有效期等信息。当顾客取出产品时，集成射频识别识读器自动读取标签。这样就可以准确地计划店内的肉制品生产，并优化了其质量保障方法。

当工作人员把肉制品运送到销售区域后，肉制品被放置在塑料泡沫包装盒中。包装盒已经预先粘贴了射频识别标签。标签被读取并关联到产品数据，包括肉制品的种类和有效期，这些信息也会被打印在纸制标签上，并与产品代码一起关联存储到信息服务数据库。然后产品被放置在店面的冷藏柜中。

“未来商店”中的智能冰柜有 50 组，总长 30～40 米，深 1.5 米，宽 1.5 米，每个冰箱支持 3 或 4 排肉制品摆放。这些冰柜总共安装了 50 个识读器和 200 个天线，读取的信息可以通过网络连接发送到后端系统。

当顾客从冰柜中取出产品，系统便会更新其信息，以表示这个产品被取走。这样，当冰柜中产品储存低于一定数值时，员工就会收到警报，及时补充产品。另外，如果冰柜中的产品接近有效期，员工也会收到警报并把它移出。

目前，麦德龙在试验中使用了几十万个标签，其结果令人非常满意。射频识别技术的应用减少了人工检查，并使流程更加高效，进一步增强了原本就已经十分优秀的麦德龙产品质量标准。“目前我们的智能秤、智能支付已经相对成熟，射频识别在仓储的应用已经推广到麦德龙在德国的大多数超市。”麦德龙首席信息官苗诚恩表示将不遗余力地将试验成功的项目推向麦德龙全球的领地。

资料来源：中国物流与采购网.

# 任务三 EDI 技术

## 案例分析

**联华超市与光明乳业之间的自动要货系统**

目前，联华超市与光明乳业之间建立了自动要货系统。联华超市各门店在每天晚上 12 点之前汇总当天光明乳业的牛奶销售和库存信息，并在次日上午 9 点前将该数据传送至联华总部电子数据交换系统（EDI 系统），这些数据经处理后在当天中午 12 点加载到光明乳业有效客户反应系统（ECR 系统）。光明乳业收到数据后，根据天气、销售、促销指标等因素进行订单预测。经预测的订单产生后，该公司开始做发货准备，并将订单数据发送到联华总部电子数据交换系统，联华门店当日晚上 9 点前将收到收货信息，光明乳业在第 3 天上午 6 点半以前将所订的牛奶送到联华各门店。联华门店在收到货物后，除了在收货单据上签收外，还必须在当日中午 12 点之前将收货信息自动导入管理信息系统（MIS）。自动订货系统的推行，既保证了牛奶这一冷链商品的新鲜度，又扩大了销售额。“个性生鲜”的特点逐步在联华超市扎根生长。

想一想：1. 什么是 EDI 系统？谈谈你对它的理解。

2. 结合联华超市与光明乳业的成功经验，你认为 EDI 系统能给企业带来哪些收益？

## 一、EDI 技术认知

### 1. EDI 技术概念

EDI（Electronic Data Interchange，电子数据互换），是一种在公司之间传输订单、发票等作业文件的电子化手段。国际标准化组织于 1994 年将 EDI 技术定义为“根据商定的交易或电文数据的结构标准，实施商业或行政交易从计算机到计算机的电子传输”。

EDI 通过计算机通信网络，将贸易、运输、保险、银行和海关等行业的信息用一种国际公认的标准格式，在各有关部门或公司与企业之间进行交换与处理，并完成以贸易为中心的全部过程。由于使用 EDI 可以减少甚至消除贸易过程中的纸面文件，因此 EDI 又被人们通俗地称为“无纸贸易”。全球以往每年在制作文件中的花费达 3 000 亿美元，所以“无纸化贸易”被誉为一场“结构性的商业革命”。

### 2. EDI的组成

EDI由3部分组成：由计算机硬件及专用软件组成的计算机应用系统、通信网络和EDI的标准化。计算机应用系统是实现EDI的前提条件；通信网络是实现EDI的基础；EDI的标准化是实现EDI的关键。这3个方面相互衔接、相互依存，构成EDI的基础构架。

（1）计算机应用系统。实现EDI，需要相应的EDI软件系统和硬件系统。EDI软件的作用是将组织内部的非结构化格式的信息（数据）翻译成结构化的EDI格式，然后传送EDI报文。这是针对信息发送方而言的。对信息接收方来说，需要把所接收到的标准EDI报文，翻译成在该部门内部使用的非结构化格式的信息。根据这样的要求，EDI软件系统主要由转换软件、翻译软件和通信软件组成。

① 转换软件。它可以帮助用户将计算机系统文件转换成翻译软件能够理解的平面文件，或者是将从翻译软件接收来的平面文件转换成计算机系统中的文件。

② 翻译软件。将平面文件翻译成EDI标准格式，或者将接收到EDI标准格式翻译成平面文件。

③ 通信软件。将EDI标准格式的文件外层加上通信信封，再送到EDI系统交换中心的邮箱，或者由EDI系统交换中心将接收到的文件取回。

EDI所需的硬件设备有：计算机、调制解调器及电话线。由于使用EDI进行电子数据交换需要通过通信网络，目前采用电话网络进行通信是很普遍的方法，因此调制解调器是必备硬件设备。此外，如果对传输时效及资料传输量有较高要求，可以考虑租用专线。

（2）通信网络。在传统的商务活动中，贸易单证票据的传递通常由邮政系统或专业传递公司完成。EDI技术使我们在商务活动中能够用电子的手段来生成、处理和传递各类贸易单证。电子通信网络是EDI系统必不可少的组成部分。

从EDI所依托的计算机网络通信技术的发展演变看，通信网络最初是点对点的方式，随后是增值网络（Value Added Network，VAN）的方式，进而是电子邮件（E-mail）的方式，如今则演变为互联网模式。这一变化趋势使得EDI的推广应用范围变得更加广阔。

传统的EDI系统是基于VAN技术的EDI。在这一模式下，通常需要建立一个区域性的EDI中心，同时建立一个VAN网络。用户首先以会员方式加入EDI中心，并按通用标准格式编制报文才能通过网络传送信息。由此可见，传统的EDI对用户的要求较高，推广应用较难。为此，逐步改变传统EDI系统单纯依靠增值专用网的封闭式传输模式，向基于互联网的网络技术的开放式EDI应用模式发展，将是EDI发展信息增值服务的关键。

互联网模式的EDI是指利用先进的国际互联网、服务器等电子系统和电子商业软件运作的全部商业活动，包括利用电子邮件提供的通信手段在网上进行的交易。互联网模式的EDI大大方便了那些中小型企业，不用购买和维护EDI软件，不用进行EDI单证和应用程序接口API（Application-Programming Interface）开发，只需要利用浏览软件即可应用，而有关表格制作和单证翻译的工作由EDI中心或商业伙伴完成。

（3）EDI标准。这里所说的EDI标准，是指它的数据标准。EDI以格式化的、可用计算机自动处理的方式来进行公司间的文件交换。在用人工处理订单的情况下，工作人员可以从各种形式不同的订单中，得出所需的信息，如要什么货、什么规格、数量多少、价格、交货日期等。这些信息可以是手工书写的方式，也可以是打字的方式；可以先说明所要的规格、型号，再说明价格；也可以先说明价格，再说明所要的规格、型号。订单处理人员在看到这些格式各异的订单时，能看懂它所传达的信息。但计算机却没有这种本领。要使计算机“看懂”订单，订单上的有关信息就不应该是自然文字形式，而应是数码形式，并且这些数码应该按照事先规定的格式和顺序排列。事实上，商务上的任何数据和文件的内容，都要按照一定的格式和顺序排列，才能被计算机识别和处理。

EDI 报文必须按照国际标准进行格式化。目前最广泛应用的 EDI 国际标准是 UN/EDIFACT 标准，除业务格式外还要符合计算机网络传输标准。EDI 标准主要包括以下内容：语法规则、数据结构定义、编辑规则与转换、公共文件规范、通信协议、计算机语言。

## 二、EDI 标准 3 要素

### 1. 数据元

数据元分为基本数据元和复合数据元。基本数据元是基本信息单元，用于表示其中有特定含义的信息，相当于自然语言中的“字”；复合数据元是由一组基本数据元组成的，相当于自然语言中的“词”。

### 2. 数据段

数据段是标准报文中的一个信息行，由逻辑相关的数据元素构成。这些数据元素在数据段中有相应的固定形式、定义和顺序。数据段的基本内容有以下几个方面。

（1）数据段标志符：由 3 个英文字母组成，用以说明是什么数据段。

（2）数据元素：基本数据元素或复合数据元素。

（3）数据元素分割符及成分元素分割符：“+”或“：”。

（4）数据段终止符：单引号“‘”。

如图 5-23 所示是一个典型的数据段。

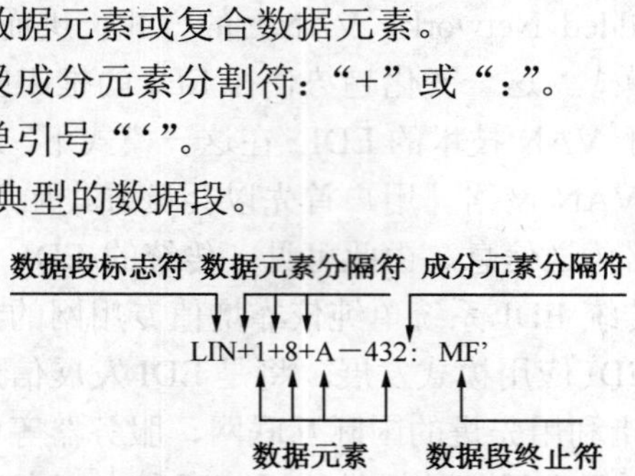


图 5-23　一个典型的数据段

### 3. 标准报文

一份报文可以分为 3 个部分：首部、详情部分和摘要部分。报文以 UNH 数据段开始，以 UNT 数据段结束。一份公司格式的商业单据必须转换成一份 EDI 标准报文才能进行信息交换。其转换步骤为将公司格式的商业单据转换成平面文件，将平面文件翻译成 EDI 标准报文。

## 职业素养拓展 5.4

### 某进出口贸易公司出口商品检验申请单的转换过程

《出口商品检验申请单》如表 5-3 所示。

报告日期：2014-7-30　　报告单位：上海市食品进出口公司　　报告地点：/00000001

联系人：吴文斌

单位地址：四川北路 525 号　　托收协议号：1716　　电话：6374380

**表 5-3　出口商品检验申请单**

| | | | | | |
|---|---|---|---|---|---|
| 发货人 | （中文）上海市食品进出口公司 | | | 装运日期 | 2014-7-30 |
| | （译文） | | | 装运口岸 | 上海 |
| 受货人 | | | | 包装种类 | 纸箱 |
| 商品名称规格 | （中文）冻烤鳗 | | | 报验数量 | 2 803.00 箱 |
| | | | | 报验重量 | 毛 33 600.00 千克 |
| HS 编码 | 16041900 | 商品出口总值 US $ | 568 164.80 | | 净增 8 030.00 千克 |
| 预约工作日期 | 2014-7-20 | 商品收购总值 RMB | 450 000.00 | 输往国别地区 | 巴基斯坦 |
| 货物存放地点 | 慈溪 | 卫生注册/许可证 | 3 300/02202 | 检验依据 | GB |
| 特殊要求：请在商检证书上注明 3300/02202 编号已采取了防止残留的措施，同时请注明生产厂名称、地址、收货人、数量及箱数 | | | 标记及号码：N / M | | |
| 需商检证单 | 随附单据 | 报验商品 | | | |
| 名称 | H S 编码 | 商品名称　报验件数　单位　报验重量（毛）　报验重量（净）单位 | | | |
| 品质 | 16041900 | 冻烤鳗　2 803.00　110　33 600.00　28 030.00　035 | | | |
| | | | | | |
| 备注： | | | | | |

以下内容由商检局填写

| | | | | | | | | | | | | | | |
|---|---|---|---|---|---|---|---|---|---|---|---|---|---|---|
| 检验方式（打 √ 补填） | | | | | 商检检验（ ） | | 共同检验（ ） | | | 认可检验单位 | | | | |
| 商检施检项目（打 √） | | | | | 品质/规格 | | 数量/重量（ ） | | | 安全/卫生 | | 包装（ ） | | |
| 项目 | 经办人 | 年 | 月 | 日 | 项目 | 经办人 | 年 | 月 | 日 | 项目 | 经办人 | 年 | 月 | 日 |
| 接受检验 | | | | | 复合 | | | | | | | | | |
| 检验处收单 | | | | | 检验处发单 | | | | | | | | | |
| 取样 | | | | | 检务处收单 | | | | | | | | | |
| 检验 | | | | | 制证 | | | | | | | | | |

步骤一，根据一套平面文件标准，把通常格式的商检申请单转换成平面文件如下。

**平面文件**

EVPHDIBISENDER　　　　　　　　　　IBIRECEIVER
CIHDR374　　　　000000001　　　　　　　　　　　　　2014730
SNDER3101915045　上海市食品进出口公司
SNADR 四川北路 525 号
CTACM 吴文斌　　　　　　　　　　6374380　　　　1716
RECVR
CZZNA15376221755766 上海市食品进出口公司
CZZNA Default　　　Tomen Corporation
PAYER31-915045　　　上海市食品进出口公司
DOCCZALF　　　　　　　　　　　　GB
SPISP 请在商检证书 3300/02202 编号上注明已采取了防止残留的措施，同时请注明生产厂名称、地址、收货人、数量及箱数
LOCDM127 慈溪　　　　15616219971115
SHMEKN/M
GIDMO2803　　12056164.8　　450000　2014073011033600 28030 035
MERCHI　　　冻烤鳗
YWMER Frozen Roasted Eel
HSCOD160419003300/02202　2803　　110　　0
PRODU33600　　　　2803　　035 慈溪

步骤二，根据 EDI 报文标准，把平面文件翻译成 EDI 标准报文如下。

**EDI 标准报文**

UNB+UNOA:0+IBISENDER+IBIRECEIVER+2014730:0816+374++APINCEMUNH+374+APINCE:0:97A:IBM

BGM+855:::APINCE+000000001+9’ DTM+150:2014730:102’ NAD+MS+3101915045++上海市食品进出口公司+四川北路 525 号’ CTA+MS+:吴文斌’ COM+63747380:TE’ RFF+AEK:1716’ NAD+MR’ NAD+CZ+15376221755766+上海市食品进出口公司’ NAD+CN+defaultTomenCorporation’ +PL+3101915045+上海市食品进出口公司’ DMS+2222+B’ RFF+ZZZ:ALF’ FTX+ACB+++GBFTX+SSR+++请在商检证书上注明 3300/02202 编号措施，已采取了防止残留的措施，同时请注明生产厂名称、地址、收货人、数量及箱数’ LOC+36+127LOC+14+慈溪: ZZZ’ LOC+9+156162’ DTM+11: 19971115: 102’ PCI++N/M’ GID++2803: 120MMOA+44; 568164。8: USDMMOA+D’ LIN+1’ IND+++CHN: 161:: 冻烤鳗’ IMD+++ENG: 161:: FrozenRoastedEel’ RFF+HS:16041900’ RFF+ZZZ; 3300/022202’ GID++2803:110’ LOC+48’ PRI+INF:::INVQTY+101; 33600:035’ QTY+100:28030:035’ LOC+14 慈溪’ DTM+94: : 102’ RFF+BT’ UNS+S’ UNT+43+374’ UNZ+374’

## 三、EDI 的工作流程

EDI 的工作流程如图 5-24 所示。

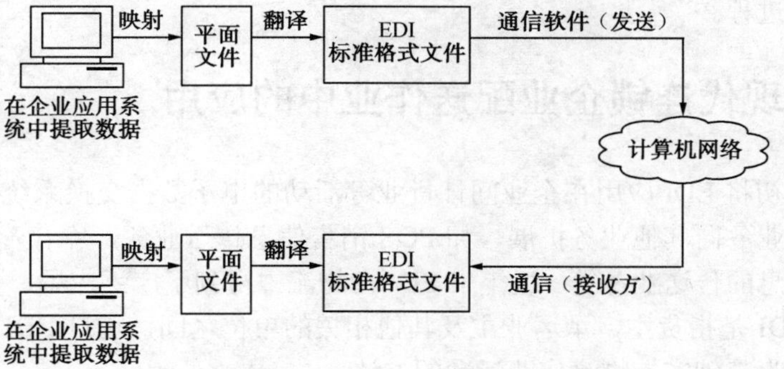


图 5-24　EDI 的工作流程

### 1. 映射——生成 EDI 平面文件

EDI 平面文件是通过应用系统将用户的应用文件（单证、票据）或数据库中的数据，映射成一种标准的中间文件。这一过程称为映射。

平面文件是用户通过应用系统直接编辑、修改和操作的单证和票据文件，它可以直接阅读、显示和打印输出。

### 2. 翻译——生成 EDI 标准格式文件

翻译的功能是将平面文件通过翻译软件生成 EDI 标准格式文件。

EDI 标准格式文件，就是所谓的 EDI 电子单证，或者称电子票据。它是 EDI 用户之间进行贸易和业务往来的依据。EDI 标准格式文件是一种只有计算机才能阅读的 ASCII 文件。它是按照 EDI 数据交换标准（EDI 标准）的要求，将单证文件（平面文件）中的目录项，加上特定的分割符、控制符和其他信息，生成的一种包括控制符、代码和单证信息在内的 ASCII 码文件。

### 3. 通信

这一步由计算机通信软件完成。用户通过通信网络，接入 EDI 信箱系统，将 EDI 电子单证投递到对方的信箱中。EDI 信箱系统则自动完成投递和转接，并按照 X.400 或 X.435 通信协议的要求，为电子单证加上信封、信头、信尾、投送地址、安全要求及其他辅助信息。

### 4. EDI 文件的接收和处理

接收和处理过程是发送过程的逆过程。首先需要接收用户通过通信网络接入 EDI 信箱系统，打开自己的信箱，将来函接收到自己的计算机中，经格式校验、翻译、映射还原成应用文件。最后对应用文件进行编辑、处理和回复。

在实际操作过程中，EDI系统为用户提供的EDI应用软件包，包括了应用系统、映射、翻译、格式校验和通信连接等全部功能。用户可将处理过程看做一个“黑匣子”，完全不必关心里面的具体过程。

## 四、EDI在现代连锁企业配送作业中的应用

美国企业最初将EDI应用在企业间订货业务活动的电子数据交换系统中，其后EDI的应用范围从订货业务向其他业务扩展，如POS销售信息传送业务、库存管理业务、发货送货信息和支付信息的传送业务等。近年来EDI在物流中得到了广泛应用，被称为物流EDI。

所谓物流EDI是指货主、承运业主及其他相关的单位之间，通过EDI系统进行物流数据交换，并以此为基础实施物流作业活动的方法。

物流EDI参与单位有发送货物业主（生产厂家、贸易商、批发商、零售商等）、承运业主（独立的物流承运企业等）、实际运送货物的交通运输企业（铁路企业、水运企业、航空企业、公路运输企业等）、协助单位（政府有关部门、金融企业等）和其他的物流相关单位（仓库业者、专业运送业者等）。

这个物流模型的一般流程如下。

### 1. 发送货物业主制订货物运送计划

发送货物业主（生产厂家）在接到订货后制订货物运送计划，并把运送货物的清单及运送时间安排等信息，通过EDI发送给物流运输业主和接收货物业主（零售商），以便物流运输业主预先制订车辆调配计划和接收货物业主制订货物接收计划。

### 2. 发送货物业主下达发货指令

发送货物业主依据顾客订货的要求和货物运送计划下达发货指令，分拣配货，打印出物流条码的货物标签并贴在货物包装箱上，同时把运送货物的品种、数量、包装等信息通过EDI发送给物流运输业主和接收货物业主，以据此请示下达车辆调配指令。

### 3. 运输业主确认并运送货物

物流运输业主在向发送货物业主取运货物时，利用车载扫描仪读取货物标签的物流条码，并与先前收到的货物运输数据进行核对，确认运送货物。物流运输业主在物流中心对货物进行整理、集装，做成送货清单并通过EDI向收货业主发送发货信息。在货物运送的同时进行货物跟踪管理，并在货物交给收货业主之后，通过EDI向发送货物业主发送完成运送业务信息和运费的请示信息。

### 4. 收货业主验收货物

收货业主在货物到达时，利用扫描仪读取货物标签的物流条码，并与先前收到的货物

运输数据进行核对确认，开出收货发票，货物入库。同时通过 EDI 向物流运输业主和发送货物业主发送收货确认信息。

物流 EDI 的优点在于供应链组成各方基于标准化的信息格式和处理方法，通过 EDI 共同分享信息，提高流通效率，降低物流成本。例如，对零售商来说，应用 EDI 系统可以大大降低进货作业的出错率，节省进货商品检验的时间和成本，能迅速核对订货与到货的数据，易于发现差错。

# 任务四 GPS 技术

**案例分析**

据中国仓储协会的调查报告显示，我国车辆运营的空载率约为 45%。造成这一情况的重要原因之一就是物流配送企业无法准确得知运行车辆的具体位置，不能为其组织货源和灵活配货。由此可看出，物流业对 GPS 技术几乎有着天然的需求。曾被《财富》杂志评为物流领域"全球最受推崇"的公司——美国联合包裹服务公司（UPS），通过全面利用 GPS 技术，能够对每日运送的 1 300 万个邮件进行电子跟踪。

想一想：结合案例谈谈 GPS 技术在连锁企业物流配送作业中的作用。

## 一、GPS 技术认知

### 1. GPS 技术的概念

GPS（Global Positioning System，全球定位系统）是一个全球性、全天候、高精度的导航定位和时间传递系统。GPS 定位精度可达 10 米，测速精度达 0.1 米/秒，是一个军民两用系统，可以提供两个等级的服务。

GPS 是 20 世纪 70 年代由美国陆、海、空三军联合研制的新一代空间卫星导航定位系统。其主要目的是为陆、海、空三大领域提供实时、全天候和全球性的导航服务，并用于情报收集、核爆监测和应急通信等一些军事目的，是美国独霸全球战略的重要组成部分。经过 20 余年的研究实验，耗资 300 亿美元，到 1994 年 3 月，其全球覆盖率高达 98%的 24 颗 GPS 卫星星座已布设完成。

除了美国的 GPS 系统外，俄罗斯和欧洲也分别建立了自己的全球定位系统，但目前应用最普遍的还是美国的 GPS 系统。我国也有自己的卫星定位系统，叫北斗定位导航系统，是双星系统，只能定位自己国家和附近的地区，而且目前只用于军方。俄罗斯的"格洛纳斯"全球导航定位系统信号已经覆盖俄罗斯全境。"格洛纳斯"与美国 GPS 卫星导航、欧洲"伽利略"卫星导航，以及中国的北斗卫星导航系统目前正在统领全球的卫星导航系统。

### 2. GPS 的特点

GPS 系统具有高精度、全天候、高效率、多功能、操作简便、应用广泛的特点。

（1）定位精度高。应用实践已经证明，GPS 相对定位精度在 50 千米以内可达 6～10 米，100～500 千米以内可达 7～10 米，1 000 千米可达 9～10 米，这对于民用定位和导航来说已经足够。

（2）观测时间短。随着 GPS 系统的不断完善，软件的不断更新，目前 20 千米以内相对静态定位，仅需要 15～20 分钟；快速静态相对定位测量时，当每个流动站与基准站相距在 15 千米以内时，流动站观测时间只需要 1～2 分钟，然后可随时定位，每站观测仅需要几秒钟。

（3）测站间无须通视。GPS 测量不要求测站之间互相通视，只需要测站上空开阔即可，因此可节省大量的造标费用。由于无须点间通视，点位设置根据需要可疏可密，使选点工作甚为灵活，也可省去经典大地测量中的传算点、过渡点的测量工作。

（4）可提供三维坐标。经典大地测量将平面与高程采用不同方法分别施测。GPS 可同时精确测定测站点的三维坐标。目前，GPS 水准可满足四等水准测量的精度。

（5）操作简便。随着 GPS 接收机不断改进，自动化程度越来越高，有的 GPS 已达到“傻瓜化”的程度；接收机的体积越来越小，重量越来越轻，极大地减轻了测量工作者的劳动强度，使野外工作变得轻松愉快。

（6）全天候作业。目前，GPS 观测可在一天 24 小时内的任何时段内进行，不受阴天、黑夜、起雾、刮风、下雨、下雪等气候条件的影响。

（7）应用广泛。GPS 不仅可用于测量，还可用于测速和测时。测速的精度可达 0.1 米/秒，测时的精度可达几十纳秒。随着人们对 GPS 的不断开发，其应用领域正在不断扩大。

## 二、GPS 的组成

GPS 系统包括三大部分：空间部分——GPS 卫星星座；地面控制部分——地面监控系统；用户设备部分——GPS 信号接收机。用户只需要购买 GPS 接收机，就可享受免费的导航、授时和定位服务。

### 1. GPS 卫星星座

GPS 空间部分由 24 颗卫星组成，其中有 21 颗工作卫星和 3 颗在轨备用卫星。24 颗卫星均匀分布在 6 个轨道平面内。位于地平线以上的卫星颗数随着时间和地点的不同而不同，最少可见 4 颗，最多可见到 11 颗。在用 GPS 信号进行导航定位时，为了测算测站的三维坐标，必须观测 4 颗 GPS 卫星，称为定位星座。这 4 颗卫星在观测过程中的几何位置分布对定位精度有一定影响。对于某地某时，甚至不能测得精确的点位坐标，这种时间段叫做“间隙段”。但这种间隙段是很短暂的，并不影响全球绝大多数地方的全天候、高精度、连续实时的导航定位测量。空间部分的主要任务是播发导航信息，卫星采用 3 种频率工作，适用于军事、民用定位和探测大气中核爆炸的信息等功能。

### 2. 地面监控系统

GPS 工作卫星的地面监控系统包括 1 个主控站、3 个注入站和 5 个监测站。监测站是在主控站控制下的数据采集中心。主控站根据各监测站送来的观测数据，计算每颗卫星的预报星历和卫星钟的预报修正数，并以规定的格式编制成导航电文送往地面注入站，负责调度备份卫星，替代出现故障的卫星。地面注入站的作用是在主控站的控制下向卫星注入导航电文和其他命令。此外还包括通信辅助设备，综合利用地面通信线，海底电缆和卫星通信等手段，把主控站、地面控制站和监测站联结起来，所有信息都采用编码传送。

### 3. GPS 信号接收机

能够捕获按一定卫星高度截止角所选择的待测卫星的信号，并跟踪这些卫星的运行，对所接收的 GPS 信号进行变换、放大和处理，以便测量 GPS 信号从卫星到接收机天线的传播时间，解译 GPS 卫星所发送的导航电文，实时地计算监测站的三维位置，甚至三维速度和时间。

## 三、GPS 在连锁企业配送作业中的应用

GPS 系统在连锁企业配送管理中的应用，主要体现在对车辆行驶状态的管理，以及对货物流动的查询。用户只需要在每辆长途运输车辆上安装 GPS 接收设备，便可实现实时跟踪和管理记录功能。运输公司可以通过 GPS 调度中心或互联网的方式了解车辆工作状态。例如，查看车辆是否按预定轨迹接送货物，中间有无停车，在哪里停的车，停了多少次等。同时，对于货物的委托用户，可以通过进行网上查询，及时了解货物运转状态。利用 GPS 防暴反劫功能，将为货主、运输公司提供更多的安全保障，尤其是对贵重物品和特殊物品的运输管理。

GPS 在运输行业日趋完善的应用，将大大提高货物运输的工作效率，节省管理费用，保护货物及司机的安全。运输公司通过互联网实现对车辆的动态监控式管理和货物的及时合理配载，加强对车辆的管理，减少资源浪费，减少费用开销。同时将有关车辆的信息开放给客户后，既方便了客户的使用，又减少了不必要的环节，提高了公司的知名度与可信度，拓展了公司的业务面，提高了公司的经济效益与社会效益。

GPS 在连锁企业配送管理中的主要应用包括以下几方面。

### 1. GPS 全球卫星实时定位

物流管理调度中心可对装有 GPS 车载终端的特殊或所有车辆进行呼叫，通过 GPRS 网络上传到调度中心，上传数据按相应的格式进行处理后，得出精确的位置、时间、速度、运行方向等信息，通过成熟的地理信息平台直接体现在调度中心。这样，就可以在互联网上实时查看到货物信息，掌握货物在途中的状态及运输时间，以此来提前安排货物的接收、停放及销售等环节，使货物的销售链提前完成，从而提高工作效率。

### 2. 远程控制

调度中心在了解车辆目前的运行状况和所处的地理位置后，通过调度中心对车辆实施远

程合理调度，车载部分接收调度中心发来的调度指挥命令，在显示单元上显示或发出语音。调度中心可以对车辆的运行设定边界、速度等限制，当车辆超过此限制值时，车载设备将自动向调度中心报警。调度中心还可以向指定车辆发出设置或解除强制熄火和区域警戒。

#### 3. 自主查询

货主可实时拨打车载电话，查询车辆的位置、行驶的方向和速度等车辆实况，或者通过互联网方式，经物流中心授权验证，实时了解货物、路线及所到目的地时间，使管理更透明、更快捷。

#### 4. 全功能防盗报警

当物流车辆出现被非法侵入或被非法拆除电源等异常情况时，会触发车载终端的报警装置，通过控制电路自动地将此信息发送到调度中心，直接显示在电子地图上，产生声光提示报警。通过 GPS 系统可以对遇有险情或发生事故的车辆进行紧急救援。

#### 5. 全球通车载电话

全球通车载电话可以在有 GSM 网络覆盖的范围内进行自由通信，方便物流车辆与调度中心及货主实时查询车辆的位置及货物安全。

## 任务五　地理信息系统（GIS）技术

### 案例分析

**海尔集团：利用 GIS 技术大力降低服务成本**

海尔的服务质量有目共睹，但是这并不意味着他们要为高质量付出很高的成本。那么，他们怎么有效控制成本呢？

在海尔的服务管理中，用户报修的流程是这样的：首先，用户打电话报修，之后客服人员在系统上登记用户信息——姓名、购买产品的型号、购买时间等。这其中最关键的是用户所处的位置——只有通过确定用户位置，之后的售后服务才能继续。然后，客服的工作人员手工选择离该用户最近的维修网点，手工网上分派任务，之后维修工程师上门服务。

乍一看，流程非常完美。但仔细看却有不少漏洞。在登记用户信息时，接线员可能对该地址一点都不熟悉，她怎样才能快速、准确地确定用户的位置？而在手工选择离该用户最近的维修网点的环节上，该接线员又怎样知道哪个网点离报修地点最近？以前的状况是，海尔为上门维修的服务商按照服务距离配发津贴，而怎么确定距离？由服务商报，是不是会有大的漏洞？这些漏洞用常规手段解决很困难。刚开始，海尔使用的是“人海+人脑”的战术。先记住各个城市网点的分布情况，然后根据用户提供的信息，将维修任务派送到业务员认为最近的网点。之后，业务员使用纸质地图量出用户点至维修网点的大概距离，再进行费用结算。

很显然，这种通过手工方法得到的信息，在准确性、正确性、成本和详细程度上都有很大问题。首先，这种人海战术直接带来的是成本的上升。电话接进来，就得有人去处理，再找经销商信息，服务时间就会加长，自然每个人员的服务数量就会减少，相应就会需要更多的服务人员。其次，人脑毕竟是有限的，就算是对业务非常熟悉的业务员能够记住各主要城市的网点分布情况，他也只能知道地图上的距离，而不是实际到达距离。在城市或乡镇，只凭借手工测量地图距离与实际弯曲的路线有很大差距，既有可能影响服务商的响应质量，又有可能提高服务成本。纸质地图本身就存在较大的测量误差，同时，当手工量出 15 千米时，会有服务商说量的路是直的，而实际路是弯的，要求多加 5 000 米，维修费就这样“溜”出去了。

后来，海尔引入了由中科院旗下的超图公司的 SuperMap GIS 地理信息系统的空间分析功能，在其售后服务系统中增加了地理信息处理能力。GIS 系统包含了全国所有的县级道路网和 200 个城市的详细道路信息，还记录了全国 100 多万条地址信息。在如此海量的地理信息基础上，售后服务系统可以在很短时间内计算出距离用户最近的网点，以及网点到用户家的详细路径描述和距离，并及时将这些信息派送到最合理的服务网点。海尔客户服务空间信息系统工作模式示意图如图 5-25 所示。

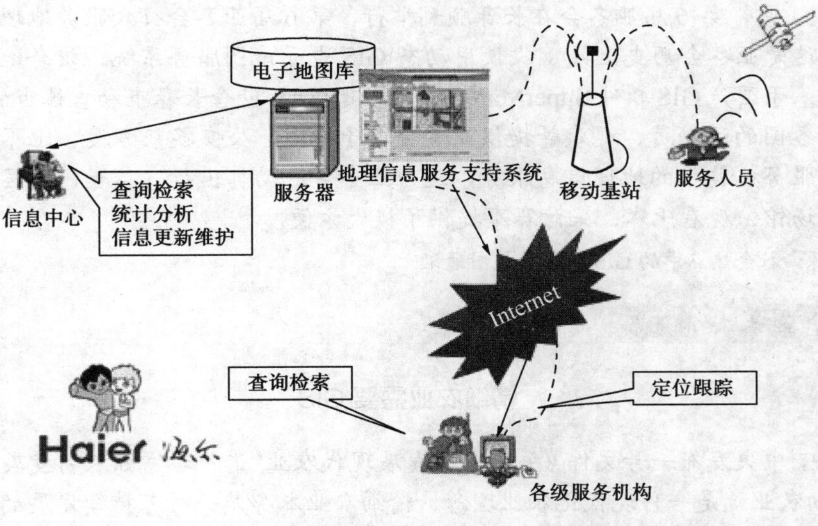


图 5-25 海尔客户服务空间信息系统工作模式示意图

应用 GIS 技术之后，海尔的售后服务流程变为这样：用户打电话报修，之后接线员登记用户信息，关键是位置信息；接线员记录后，系统自动匹配用户地址，计算出距离用户最近的网点，之后自动将维修信息派送到网点，网点维修工程师再上门服务。整个地址匹配和服务商挑选工作由系统自动完成，无须手工操作，堵住了服务漏洞。

而同时，系统的快速也远不是手工能比的，以前要花几十秒甚至几分钟翻阅的信息，现在系统自动进行匹配，每次处理的时间缩短到 0.1 秒以内，大大提高了客服部门的效率。

在 GIS 系统的支持下，海尔客服部门现在每天可以处理 10 万次左右的服务请求，得以满足全国用户的需求。

资料来源：社会热点中的 GIS 身影，超图通信.

想一想：结合案例谈谈 GIS 技术的功能？

## 一、地理信息系统技术认知

### 1. 地理信息系统（GIS）的概念

地理信息系统（Geographic Information System，GIS）是人类在生产实践活动中，为描述和处理相关地理信息而逐渐产生的软件系统。它以计算机为手段，对具有地理特征的空间数据进行处理，能以一个空间信息为主线，将其他各种与其有关的空间位置信息结合起来。它的诞生改变了传统的数值处理信息方式，使信息处理由数值领域步入空间领域。GIS 的用途十分广泛，可以为各类应用目的服务，如交通、能源、农林、水利、测绘、地矿、环境、航空、国土资源综合利用等。

**职业素养拓展 5.5**

2007 年 1 月，第 6 届亚冬会在长春顺利举行，第 6 届亚冬会公众服务地理信息系统也同期公布。这是亚冬会历史上第 1 次使用动态 GIS 电子地图服务系统。该套地理信息公众服务系统是基于国产 GIS 软件 SuperMap GIS 平台建成的，包含长春市和吉林市的电子地图，能够为来自各国的运动员、观众等提供亚冬会电子地图、公交换乘方案、比赛场馆、签约饭店及医疗服务机构等的地理信息服务，这为亚冬会运动员出行、参赛、就医，以及媒体和观众查询场馆、观看比赛、采访赛事提供了极大方便。

资料来源：社会热点中的 GIS 身影，超图通讯.

**职业素养拓展 5.6**

**精细农业需要 GIS**

2013 年，中央发布一号文件《关于加快发展现代农业 进一步增强农村发展活力的若干意见》。精细农业就是一种现代化农业理念。精细农业本身是一种可持续发展的理念，是一种管理方式。为了达到这个目标，需要 3 个方面的工作。首先，获得田间数据；其次，根据收集的数据做出作业决策，决定施肥量、时间、地点；最后，需要机器来完成。这 3 个方面的工作仅凭人力是无法很好完成的，因此需要现代技术来支撑，也就是所谓的 3S 技术——RS（遥感，用于收集数据）、GIS（地理信息系统，用于处理数据）、GPS（定位系统），并且最终需要利用机器人等先进机械来完成决策。这两点结合即平时所说的农业信息化和农业机械化。

2007 年 3 月，国家农业信息化工程技术中心基于 SuperMap 开发了“基于 WebGIS 的精准农业处方图生成系统”，如图 5-26 所示。系统包括数据管理、图层操作、数据查询、空间内插、决策支持、结果下载共 6 个主要的功能模块，能协助我国精细农业的建设工作。

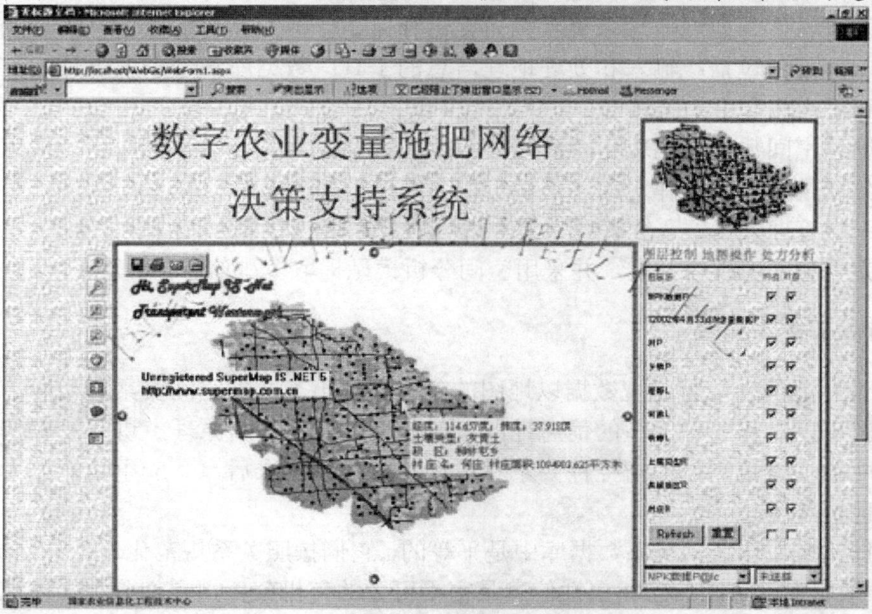


图 5-26　基于 WebGIS 的精准农业处方图生成系统

资料来源：社会热点中的 GIS 身影，超图通信.

2. GIS 的组成

GIS 主要由硬件、软件、地理空间数据和系统管理人员 4 个部分组成。

（1）硬件。硬件是 GIS 运行所必需的载体，主要是计算机设备，包括服务器、工作站、单机等。根据硬件配置规模的不同可分为简单型、基本型、网络型。如图 5-27 所示是一个典型的网络型 GIS 硬件配置。

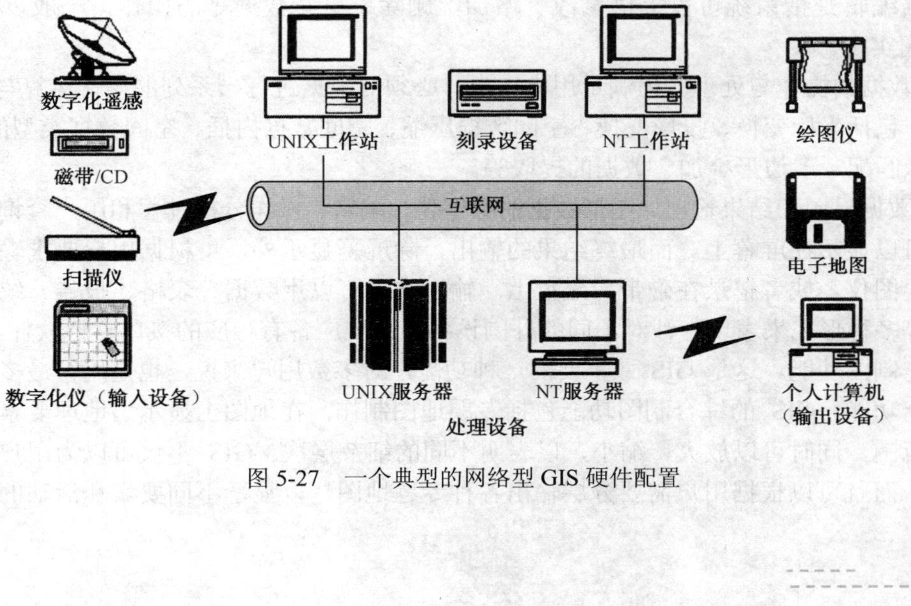


图 5-27　一个典型的网络型 GIS 硬件配置

（2）软件。软件是 GIS 运行所需的各种程序，主要由两部分构成：计算机系统软件和地理信息系统软件。地理信息系统软件是提供存储、分析和显示地理信息的功能和工具，其主要的软件部件包括：输入和处理地理信息的工具；数据库管理系统工具；支持地理查询、分析和可视化显示的工具等。

（3）地理空间数据。地理空间数据是 GIS 最基础的组成部分，同时也是最重要的一部分。空间数据是 GIS 的操作对象，是现实世界经过模型抽象的实质性内容。

（4）系统管理人员。系统管理人员对地理信息系统进行组织、管理、维护、数据更新、系统扩充完善和应用程序开发，并采用空间分析模型提取多种信息。

### 3. GIS 的基本功能

GIS 最明显的功能就是把数据以地图的方式表现出来，把空间要素和相应的属性信息组合起来就可以制作各种类型的信息地图。专题地图的制作从原理上讲并没有超出传统的关系数据库的功能范围，但把控件要素和属性信息联系起来后，其应用功能大大增强了，应用范围也扩展了。

各数据区域在传统的关系数据库中是平等的，它们按照关系规范化理论分别组织起来。而在 GIS 系统中，空间信息和属性信息是密不可分的有机整体，它们分别描述地理实体的两面，以地理实体为主线组织起来。除此之外，空间信息还包括空间要素之间的几何关系，因而 GIS 能够支持空间查询和空间分析，而传统的关系数据库却不能做到这一点。空间分析往往是制定规划和决策的重要基础。概括起来，GIS 的基本功能包括以下几点。

（1）一般基本功能。地理信息系统属于空间型数据管理系统，因此它同样具备一般数据管理系统所具有的数据输入、存储、检索、显示输出等基本功能。

① 数据输入、存储、编辑功能。数据输入是在数据处理系统中，将外部多种来源、多种形式的原始数据（包括空间数据和属性数据）传输给系统内部，并将这些数据从外部格式转换为便于系统处理的内部格式的过程。它包括数字化、规范化和数据编码 3 个方面。数据存储是将输入的数据以某种格式记录在计算机内部或磁盘、磁带等存储介质上。数据编辑是指系统可以提供修改、增加、删除、更新数据等的操作，一般以人机对话的方式实现。

② 数据的操作与处理。为满足用户需求，必须对数据进行一系列的操作运算与处理，主要操作包括坐标变换、投影变换、空间数据压缩、空间数据内插、空间数据类型的转换、图幅边缘匹配、多边形叠加、数据的提取等。

③ 数据显示和结果输出。图形数据的数字化、编辑、操作分析过程和用户查询检索结果等都可以显示在屏幕上。而最终结果的输出，除屏幕显示外，可根据用户要求输出到打印机、绘图仪，或者记录在磁带、磁盘上。输出结果可以用数据、表格、报告、统计图、专题图等多种形式来表现。针对不同的外围设备，系统应备有相应的接口支持软件。

（2）制图功能。这是 GIS 最重要的一种功能，对多数用户来说，也是用得最多、最广泛的一个功能。GIS 的综合制图功能包括专题地图制作，在地图上显示出地理要素，并赋予数值范围，同时可以放大、缩小，以表明不同的细节层次。GIS 不仅可以为用户输出全要素图，而且可以根据用户需要分层输出各种专题地图，以显示不同要素和活动的位置，或者有关属性内容。

（3）地理数据库的组织与管理。对于那些将地理位置作为基本变量或记录属性的数据库，GIS 可以作为数据库集成和更新的重要工具之一。进行数据库的组织主要取决于数据输入的形式，以及利用数据库进行查询、分析和结果输出等的方式，它包括数据定义、数据库建立与维护、数据库操作和通信等功能。

（4）空间查询与空间分析功能。GIS 面向用户的应用功能不仅仅表现在它能够提供一些静态的查询、检索数据，更有意义的在于用户可以根据需要建立一个应用分析的模式，通过动态的分析，从而为评价、管理和决策服务。

（5）地形分析功能。通过数字地形模型 DTM（Digital Terrain Model），以离散分布的平面点来模拟连续分布的地形，再从中内插提取各种地形分析数据。地形分析包括等高线分析、透视图分析、坡度和坡向分析、断面图分析、地形表面面积和填挖方体积计算等内容。

## 二、GIS 在连锁企业配送中的应用

### 1. 空间查询和分析

通过空间数据进行快速搜索和复杂查询是 GIS 的重要功能，GIS 能提供从点击式查询到辩证思维的空间分析方法。GIS 通过各种假设分析来模拟区域内空间规律和发展趋势。其操作结果可通过可视化地图、影像、多媒体等方式加以直观表达。正是 GIS 的空间查询和分析能力，使其使用者在配送过程中可以迅速、准确地掌握供需双方的地理分布，确定物资调运的数量和运输方式，决定运送货物的数量、种类、到货方式等，从而降低经营成本，提高收益。

### 2. 辅助决策

在配送过程中，必须在库存数量、存货地点、订货计划、配送运输等方面实现最佳选择，而且能够在准确的时间、准确的地点，以恰当的价格和便捷的方式将商品送到消费者手中。因此，针对物流配送的各项分析和决策就显得非常重要，这些分析和决策主要包括以下 4 方面。

（1）位置决策：指在建立配送体系时的设施定位。

（2）生产决策：主要是根据已有的设施情况，确定物流在这些设施间的流动路径等。

（3）库存决策：主要是关心库存的方式、数量和管理方法。

（4）运输决策：包括运输方式、批量、路径及运输设备的尺度等。

数据集成、空间分析、可视化表达，GIS 堪称最佳决策支持系统。GIS 以快速有效的信息获取、加工处理手段，使用户足不出户便可运筹帷幄。

### 3. 商业服务

在配送过程中，掌握精确的顾客资料是成功的关键。GIS 能够帮助用户发现最好的顾客，发掘潜在市场，并针对特定顾客设计独特的广告和促销活动，并选择办公设施的最佳位置。

#### 4. 市场分析和预测

利用 GIS 还可准确掌握潜在顾客的地理分布，GIS 可以根据顾客的地址给顾客信息赋以地理位置值，并使这些信息与顾客收入、心理因素、购买行为等许多有关数据联系起来，从而分析出潜在的顾客，降低经营成本，提高收益。

## 项目训练

### 连锁企业物流信息化应用状况调查

#### 一、训练目标

1. 通过本次连锁企业调查，让学生了解目前连锁企业信息化程度及其应用状况，分析物流信息化给连锁企业带来了哪些实际的成效，并就连锁企业在信息化建设及管理上提出建议。

2. 通过连锁企业专家介绍讲解，让学生了解目前连锁企业主要用到的信息技术。

3. 培养学生的市场调研、与人沟通、信息分析等能力和团队意识。

#### 二、训练内容与要求

1. 班级内分小组，每组 6～8 人，分别选择区域内的连锁超市、连锁酒店等连锁企业进行物流信息化应用状况的深入调查。

2. 各小组就其调查的成果在班级内分享。

3. 教师组织学生讨论，分析未来连锁企业信息化发展的趋势和方向。

#### 三、训练检测内容与分值比例

1. 连锁企业物流信息技术应用状况调研方案的撰写，占 20%。

2. 连锁企业实地调研的计划、组织及实施，占 30%。

3. 调研分析报告的撰写，占 30%。

4. 小组现场研讨相关问题，回答的完整性、合理性，认识的深度，语言表达能力，思维的敏捷性和团队合作精神等，占 20%。

## 项目测试

#### 一、名词解释

条形码　物流条码　电子数据交换

#### 二、填空题

1. 条形码自动识别技术系统由（　　　）、（　　　）、（　　　）和（　　　）组成。

2. 条形码识读设备从原理上可分为（　　　）、（　　　）和（　　　）3 类。

3. 一维条码有（　　　）种以上。

4. EAN 条码有两种类型，即（　　　）和（　　　）。

5. 我国通用商品条码标准采用（　　　）结构。

6. EAN—13（标准条码）由（　　　）、（　　　）、（　　　）和（　　　）4 部分构成。

7. 物流条码中常用的码制有（　　　）、（　　　）和（　　　）3 种。

8. RFID 系统由（　　　）、（　　　）和（　　　）3 部分构成。

9. EDI 由（　　　）、（　　　）和（　　　）3 部分构成。

10. GIS 由（　　）、（　　）、（　　）和（　　）4 部分构成。

## 三、简答题

1. 简述 RFID 的工作原理。
2. 简述 RFID 系统应用类型。
3. 简述 EDI 标准 3 要素的内容。
4. 简述 EDI 工作流程。
5. 简述 GPS 系统特点。
6. 简述 GPS 系统的构成。
7. 简述 GPS 系统在连锁企业配送中的应用。
8. 简述 GIS 在连锁企业配送中的应用。

## 项目实例分析

### 北京为奥运食品贴“电子标签”确保食品安全

2006 年北京将全面启动奥运食品行动计划。生产奥运食品的基地正在被逐个选定，被确定的奥运食品将一律加贴“电子标签”（RFID 的俗称），确保从农田到餐桌全程跟踪食品的安全。外形像条码的电子标签可承载更多信息，它将包含从种植、养殖及生产加工环节，到施肥、用药、休药期等与食品安全相关的信息，以及在食品加工、运输、包装、分装、销售等流转过程中追加相关信息，实现从生产到消费不间断的信息流，并借助北京市食品安全监控系统，实现对电子标签加载信息的储存、管理和分析。一旦发现问题食品，将通过系统查清食品的来源和流向，及时采取控制措施，最大限度消除危害。2006 年全市将制订并实施食品安全统一监测与抽查计划，逐步监控的食品由目前的 37 类 550 多种扩大到 65 类 3 900 种；全面落实食品备案、进货验收、索证索票、“场厂（场）挂钩”及“场地挂钩”等准入制度。产品经连续一年（或以上）动态抽样检测，符合要求的方可供应奥运会。

资料来源：http://www.viewtec.cn/rfid/appli.htm（广州微拓条码技术有限公司）

**思考：**请结合以上实例谈谈 RFID 应用的重要意义及其应用前景。

# 项目六

# 学会连锁企业配送绩效分析

**【项目目标】**

1．了解连锁企业配送绩效评价的原则和步骤，掌握连锁企业配送绩效评价的要素与评价方法，熟悉连锁企业配送绩效评价指标体系。

2．了解配送费用的分类及影响配送成本的因素，掌握配送成本的计算方法，深入理解绩效评价在配送成本控制中的作用。

3．领会连锁企业配送成本的控制及降低配送成本的策略。

**【项目导入】**

有效的配送绩效评价和控制，对资源的监督和配置是非常重要的。当配送能力成为创造和保持竞争利益的一个关键因素，且营利与非营利运作的差别越来越细微时，精确地进行配送绩效评价和控制显得尤为重要。配送作业由进货、储存、盘点、订单处理、拣货、配送、采购作业及总体策划8个部分组成，因此，绩效评价也应该从这8个作业方面进行。

# 任务一 连锁企业配送绩效评价概述

## 案例分析

**企业实施配送绩效倍增系统后的效果评价**

某企业是一家电子产品生产厂商，在它的物流配送中心里共有员工 100 名。在引入物流绩效倍增系统之前，员工的作业效率大致为 65%。在引入配送绩效倍增系统之后的第 13 个月，物流经理要求配送物流员进行配送绩效的评价，为以后的配送控制提供依据。

想一想：企业配送绩效评价应该从哪几方面展开？

## 一、连锁企业配送绩效评价概念

连锁企业配送绩效评价是指运用数理统计和运筹学方法，采用特定的指标体系，对照统一的评价标准和一定的程序，通过定量、定性分析，对配送在一定经营期间的经营效益和经营者的业绩做出客观、公平和准确的综合判断。通过上述案例可以看出，我国物流成本总体水平偏高，如果能够建立一套行之有效的物流绩效评价指标体系，有针对性地对企业进行物流绩效评价，通过评价找出问题与薄弱环节，并采取相应的改进措施，改善物流作业，降低物流成本，将会为企业和社会带来极为可观的经济效益。

## 二、连锁企业配送绩效评价的原则与步骤

### 1. 绩效评价的原则

连锁企业配送绩效评价应遵循以下基本原则。

（1）客观公正的评价原则。连锁企业配送绩效评价必须采用科学的方法和手段，坚持定量与定性相结合，静态与动态相结合，建立科学、适用的评价指标体系及标准，避免主观臆断。以客观立场评价优劣，以公平的态度评价得失，以合理的方法评价业绩，以严密的计算评价效益。

（2）全面系统的评价原则。连锁企业配送绩效评价的主要对象虽然是配送活动的经营成果，但配送活动的经营成果的产生和形成涉及连锁企业经营活动的全过程，是一个复杂的系统活动。因此，进行连锁企业配送绩效分析，要将经营成果与经营过程、内部系统与外部系统相结合，多方收集信息，实行多层次、多渠道、全方位的评价。

（3）经常化、制度化的评价原则。绩效评价是对现有能力、效率与效益的评价，也是对未来经营成果的一种预测。因此，对连锁企业配送的绩效评价必须在制定科学合理的绩效评价制度的基础上，将正式评价与非正式评价相结合，形成经常化、制度化，才能充分了解配送系统的现实能力和潜能，才能发现组织中存在的问题，从而在改进中实施修正的管理。

（4）反馈与修改的评价原则。绩效评价的结果必须及时进行反馈，将反馈的两种结果区分开来。即把正确的行为、程序、步骤、措施坚持下去，发扬光大；不足之处，必须加以纠正和弥补。

（5）目标与激励的评价原则。对连锁企业配送绩效的管理可以采用目标管理的方法，通过目标与激励的结合可有效地实现绩效评价体系的设计目标。

### 2. 绩效评价的步骤

（1）确定评价指标体系。从事任何一项工作都有一定的目的性，为了判断这项工作的存在价值，要对该活动所产生的效果进行度量和评价。同样，对物流配送活动的评价也是一个非常重要的问题，对配送绩效进行评价，首先必须做的就是确定配送作业绩效评价标准。配送绩效评价标准一般包括：客户服务水平指标、配送成本指标、配送效率指标和配送质量指标。

（2）制定评价工作方案。根据经理要求及评价重点，确定评价指标体系，安排工作进程和时间表，确定评价的原则、方法及人员分工等。

（3）收集整理数据。根据评价工作方案的要求及评分的需要，收集、核实和整理基础资料和数据，包括评价方法、评价准值、连续 3 年来的会计决算报表，以及有关统计数据和定性评价的基础资料，制作各种调查表，分发给调查对象，并提出填写要求，然后及时收回，并对数据进行分类、登记。

（4）统计计分。运用计算机软件计算评分指标的实际分数，这是绩效评价的一个关键步骤。

（5）评价结论。将绩效评价得分与配送相同行业及同规模的最高分数进行比较，将各个作业环节的分析系统与相同行业的分析系统进行对比，对配送绩效进行分析判断，形成综合评价结论，并听取企业有关方面负责人的意见，然后对结论进行适当的修正和调整。

（6）撰写评价报告。评价报告的主要内容包括评价结果、评价分析、评价结论和相关附件。

## 三、连锁企业配送绩效评价要素

根据配送作业流程的分类，配送绩效评价包括设施空间利用率、人员利用率、设备利用率、商品订单效率、作业规划管理能力、时间效率、成本率和质量水平 8 个要素。

### 1. 设施空间利用率

所谓设施，是指除人员、设备以外的一切硬件，包括办公室、休息室、仓储区、拣货区、收货区、出货区等区域空间的安排及一些消防设施等周边硬件。设施空间利用率要针对空间利用率、有效度等方面进行考虑，提高单位土地面积的使用效率，同时还要考虑货架、仓储区的储存量及理货场地每天的配货周转次数。

2. 人员利用率

员工是配送活动的主体，员工素质的优劣、作业人员工作能力的高低，以及是否发挥主观能动性，都将严重影响连锁企业的效益。对人员绩效进行评估主要从人员编制、员工待遇和作业效率 3 个方面入手。

3. 设备利用率

连锁企业配送活动涉及的环节很多，因此使用的设备品种也多，对设备使用效率的考核主要是衡量设备能否发挥最大产能。由于各种作业有一定的时间性，设备工时不易计算，在评估时除考虑设备开动率之外，通常更多地采用每单位时间内设备的处理量参数来评价设备的绩效，从而达到提高设备利用效率的目的。

4. 商品订单效率

商品订单效率主要衡量商品销售贡献是否达到预定目标，主要包括补货效率、订单处理效率和库存合理化程度。

5. 作业规划管理能力

作业规划管理能力是衡量目前管理阶层所做的决策规划是否合理。

6. 时间效率

时间效率即衡量每个作业是否掌握了最佳时间。时间是衡量效率最直接的因素，通过它最容易看出整体作业能力是否降低，如某段时间搬运了多少商品，平均每天配送了多少家门店的要货等，从而很容易了解配送企业整体经营运作的优劣。

7. 成本率

成本率可衡量各项配送作业的成本费用是否合理。

8. 质量水平

质量水平即衡量配送中心服务质量是否达到客户满意的水平，质量不仅包括商品本身的质量优劣，还包括各项物流配送作业中特殊的质量指标，如耗损、缺货、维修、退货、延迟交货、事故和误差率等。

## 四、连锁企业配送绩效评价指标体系

配送活动涉及的作业环节多，绩效评价指标体系较为复杂，不同的评价方法，其指标体系也有所不同。例如，对于作业分类评价法，指标体系根据作业来分类；对于综合评价法，指标体系则按整体来分。作为配送物流员一级的管理人员，重点是熟悉作业分类评价法的指标体系。

**1. 进/出货作业绩效评价指标**

在进/出货作业方面，应主要考虑进/出货作业人员的工作量安排是否合理，进/出货装卸设备利用率如何，站台停车泊位利用率如何，供应商对进货时间的控制如何，以及客户要求交货的时间集中控制度如何。其评价指标主要包括站台使用率，站台高峰率，每人、每小时处理的进/出货量，进/出货时间率，每台进/出货设备每天的装卸货量，其具体计算公式如下。

（1）站台使用率和站台高峰率。

$$\text{站台使用率}=\frac{\text{进/出货车次装卸货停留总时间}}{\text{站台泊位数}\times\text{工作天数}\times\text{每天工作时数}}\times 100\%$$

$$\text{站台高峰率}=\frac{\text{高峰车数}}{\text{站台泊位数}}\times 100\%$$

如果进/出货码头分开设置，那么码头使用率的计算公式为

$$\text{进货站台使用率}=\frac{\text{进货车次装卸货停留总时间}}{\text{进货站台泊位数}\times\text{工作天数}\times\text{每天工作时数}}\times 100\%$$

$$\text{出货站台使用率}=\frac{\text{出货车次装卸货停留总时间}}{\text{出货站台泊位数}\times\text{工作天数}\times\text{每天工作时数}}\times 100\%$$

（2）每人、每小时处理的进/出货量。

$$\text{每人、每小时处理的进/出货量}=\frac{\text{进/出货量}}{\text{进/出货人员数}\times\text{每日进/出货时间}\times\text{工作天数}}$$

$$\text{进/出货时间率}=\frac{\text{每日进/出货时间}}{\text{每日工作时数}}\times 100\%$$

如果进/出货人员共用，则每人、每小时处理进/出货量的计算公式为

$$\text{每人、每小时处理的进/出货量}=\frac{\text{进货量}+\text{出货量}}{\text{进/出货人员数}\times\text{每日进/出货时间}\times\text{工作天数}}$$

（3）每台进/出货设备每天的装卸货量。

$$\text{每台进/出货设备每天的装卸货量}=\frac{\text{进货量}+\text{出货量}}{\text{装卸设备数}\times\text{工作天数}}$$

（4）每台进/出货设备每小时的装卸货量。

$$\text{每台进/出货设备每小时的装卸货量}=\frac{\text{进货量}+\text{出货量}}{\text{装卸设备数}\times\text{工作天数}\times\text{每日进/出货时数}}$$

**2. 储存作业绩效评价指标**

储存作业评价指标有设施空间的面/容积利用率、平均每品项所占储位数、库存周转率、

存货管理费率、呆废料率。

（1）面/容积利用率。

$$储存区面/容积率=\frac{储存区面/容积}{配送中心面/容积}\times 100\%$$

$$可供保管面/容积率=\frac{可供保管面/容积}{储存区面/容积}\times 100\%$$

$$单位面/容积保管量=\frac{平均库存量}{可保管面/容积}$$

（2）平均每品项所占储位数。

$$平均每品项所占储位数=\frac{货架储位数}{总品项数}$$

（3）库存周转率。

$$库存周转率=\frac{出货量}{平均库存量}\times 100\%$$

$$库存周转率=\frac{营业额}{平均库存金额}\times 100\%$$

（4）存货管理费率。

$$存货管理费率=\frac{存货管理费用}{平均库存量}\times 100\%$$

（5）呆废料率。

$$呆废料率=\frac{呆废料件数}{平均库存量}\times 100\%=\frac{呆废料金额}{平均库存金额}\times 100\%$$

**3. 盘点作业绩效评价指标**

盘点作业的评价指标包括盘点数量误差率、盘点品项误差率、平均每件盘差品的金额，其公式分别如下。

（1）盘点数量误差率。

$$盘点数量误差率=\frac{盘点误差数量}{盘点总量}\times 100\%$$

（2）盘点品项误差率。

$$盘点品项误差率=\frac{盘点品项误差数量}{盘点品项总数量}\times 100\%$$

（3）平均每件盘差品的金额。

$$平均每件盘差品的金额=\frac{盘点误差金额}{盘点误差量}$$

#### 4. 订单处理作业绩效评价指标

订单处理的评价指标主要有订单分析、延迟率、紧急订单响应率、缺货率和短缺率等。

（1）订单分析。

$$\text{日均受理订单数}=\frac{\text{订单数量}}{\text{工作天数}}$$

$$\text{每订单平均订货数量}=\frac{\text{出货量}}{\text{订单数量}}$$

$$\text{日均商品单价}=\frac{\text{营业额}}{\text{订单数量}}$$

（2）延迟率。

$$\text{订单延迟率}=\frac{\text{延迟交货订单数}}{\text{订单数量}}\times 100\%$$

$$\text{订单货件延迟率}=\frac{\text{延迟交货量}}{\text{出货量}}\times 100\%$$

（3）紧急订单响应率。

$$\text{紧急订单响应率}=\frac{\text{未超过12小时的出货订单}}{\text{订单数量}}\times 100\%$$

（4）缺货率。

$$\text{缺货率}=\frac{\text{接单缺货数}}{\text{出货量}}\times 100\%$$

（5）短缺率。

$$\text{短缺率}=\frac{\text{出货短缺数}}{\text{出货量}}\times 100\%$$

#### 5. 拣货作业绩效评价指标

拣货作业绩效通常是影响接单出货时间的关键因素，也是影响出货质量的重要因素。拣货作业绩效的评价指标主要有以下 4 个。

（1）人均作业量。

$$\text{人均每小时拣货品项数}=\frac{\text{订单总笔数}}{\text{拣货人员数}\times\text{每天拣货时数}\times\text{工作天数}}$$

（2）批量拣货时间。

$$\text{批量拣货时间}=\frac{\text{每日拣货时数}\times\text{工作天数}}{\text{拣货分批次数}}$$

（3）每订单投入拣货成本。

$$每订单投入拣货成本=\frac{拣货投入成本}{订单数量}$$

$$每件商品投入拣货成本=\frac{拣货投入成本}{拣货单位累计件数}$$

（4）拣误率。

$$拣误率=\frac{拣取错误笔数}{订单总笔数}\times100\%$$

#### 6. 配送作业绩效评价指标

配送作业绩效的评价指标主要包括以下 7 个。

（1）人员人均负担。

$$人均配送量=\frac{出货量}{配送人数}$$

$$人均配送重量=\frac{配送总重量}{配送人数}$$

$$人均配送距离=\frac{配送总距离}{配送人数}$$

$$人均配送车次=\frac{配送总车次}{配送人数}$$

（2）车辆负荷。

$$平均每车次配送吨千米数=\frac{配送总距离\times配送总重量}{配送总车次}$$

$$每车配送距离=\frac{配送距离}{配送总车数}$$

$$每车配送重量=\frac{配送总重量}{配送总车数}$$

（3）空驶率。

$$空驶率=\frac{空车行驶距离}{配送总距离}\times100\%$$

（4）车辆开动率。

$$车辆开动率=\frac{配送总车次}{车辆数量\times工作天数}\times100\%$$

（5）速度。

$$配送平均速度=\frac{配送总距离}{配送总时间}$$

（6）成本。

$$配送成本比率=\frac{车辆配送成本}{配送总费用}\times 100\%$$

$$每车次配送成本=\frac{车辆配送成本}{配送总车次}$$

（7）延误率。

$$配送延误率=\frac{配送延误车次}{配送总车次}\times 100\%$$

**7. 采购作业绩效评价指标**

采购作业绩效的评价指标包括以下 3 个方面。

（1）出货品成本占营业额比率。

$$出货品成本占营业额比率=\frac{出货品采购成本}{营业额}\times 100\%$$

（2）进货数量误差率。

$$进货数量误差率=\frac{进货误差数量}{进货量}\times 100\%$$

（3）进货次品率。

$$进货次品率=\frac{进货次品数量}{进货量}\times 100\%$$

## 五、提升配送绩效的方法

提升配送绩效有“硬件”与“软件”两个方面的内容。“硬件”是指进行大规模的投资，全面引进先进的配送机械等设施，开发与导入完善的配送管理信息系统；“软件”是指进行配送工作现场管理与作业方式的改善，通过配送员工自身的努力来达到提升绩效的目的。“硬件”是战略部门考虑的事，作为配送物流员，只熟悉“软件”的方法即可。在“软件”方面，配送绩效倍增系统是重点。

配送绩效倍增（Performance Analysis Control，PAC）系统是一个配送企业在现有配送条件下进行一系列的改善，以达到提升配送绩效的方法体系，其运作流程如图 6-1 所示。

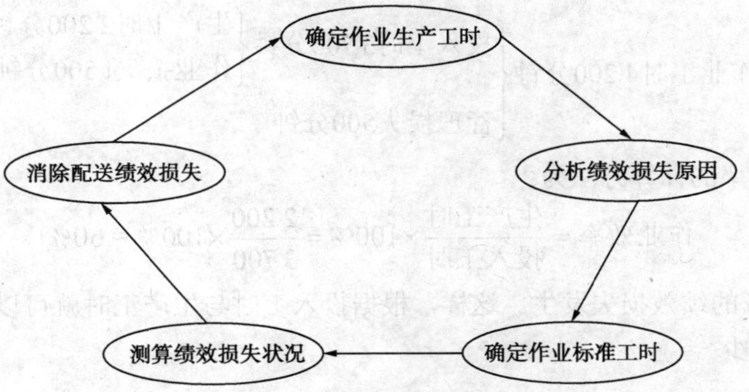


图 6-1 PAC 系统的运作流程

### 1. 确定各项作业耗费的生产工时

通过调查记录和实际试验来确定配送物流员在实际工作时所需的时间，即工时。

### 2. 分析各个配送作业绩效损失的原因

配送作业绩效损失的原因如表 6-1 所示。

表 6-1 配送作业绩效损失的原因

| 损失的原因 | 表现形式 |
|---|---|
| 作业损失 | 1. 不合理作业造成的速度损失<br>2. 错误作业的修正损失<br>3. 不合理休息<br>4. 未能合理利用设备造成的损失 |
| 管理损失 | 1. 设备、工具保养、突发故障的等待<br>2. 定期检查造成的停工时间<br>3. 由于前道工序延误造成的等待<br>4. 人员短缺造成的损失 |

### 3. 确定每个配送工作岗位的标准工时

在明确了造成各个岗位配送绩效损失的原因之后，根据所掌握的同行业先进企业的作业绩效资料，再结合本企业的配送设施设备、机械工具和工作强度，采用科学的方法来确定配送作业中各岗位的标准工时水平。

### 4. 测算配送绩效的损失状况

在确定了标准工时以后，就可以进一步测算出企业目前的配送作业的绩效损失状况。假设各项工时分配如下：

$$\text{作业工时4 200分钟}\begin{cases}\text{投入工时3 700分钟}\begin{cases}\text{生产工时2 200分钟}\\ \text{作业损失1 500分钟}\end{cases}\\ \text{管理损失500分钟}\end{cases}$$

那么作业效率的计算方法为：

$$\text{作业效率}=\frac{\text{生产工时}}{\text{投入工时}}\times 100\%=\frac{2\,200}{3\,700}\times 100\%\approx 60\%$$

即有约 40%的绩效损失发生。这样，根据投入工时与生产工时就可以大致测算出配送绩效的损失是多少。

**5. 消除配送绩效损失**

（1）提高配送物流员的意识与技能。通过培训增加员工工作技能，学会使用各种配送机械工具及配送作业系统。

（2）促进与改善现场工作。配送物流员应坚持进行日常分析检查，第一线作业监督人员一般应每月开会相互通报情况。

（3）投入与标准作业工时相当的人力。

## 六、配送绩效评价方法

配送绩效评价方法就是进行配送服务绩效评价指标要素的分析，确定各要素对配送绩效的影响。通过对配送服务绩效评价指标要素的比较和优化，依据企业发展配送服务的实际需要，形成一个完善的由多种评价方法构成的体系。

**1. 全方位绩效评价方法**

将绩效评价确定为一套完整的管理过程，把企业的策略目的变成有条理的绩效评价方式。这种方法主要有 5 个步骤：预备、访问记录、研讨会、完成、改进。

**2. 以客户定位、员工驱动、数据为基础的原则绩效评价方法**

确定各环节原则，进行设计、质量、工作改进，进行人力资源整合等。

**3. 综合平衡记分卡法**

综合平衡记分卡法的优点是强调了绩效管理与企业战略之间的紧密关系，提出了一套具体的指标框架体系。综合平衡记分卡法包括 4 个要素：学习与成长性；内部管理性；客户价值；财务。这 4 种要素的内在关系是，学习与成长主要解决企业长期生命力的问题，它是提高企业内部战略管理的素质与能力的基础；企业通过管理能力的提高为客户提供更大的价值；客户的满意使得企业获得良好的财务效益。一般认为财务性指标指的是结果性指标，而非财务性指标则是决定结果性指标的驱动指标，强调指标的确定性必须包含财务性和非财务性。

4. 标杆瞄准评价方法

确定行业内物流服务绩效的标杆进行评价。

5. 关键业绩指标评价法

关键业绩指标评价法的精髓是指出企业服务业绩指标的设置必须与企业的战略挂钩，其“关键”两字的含义是指在某一企业某一阶段中，在战略上要解决的最主要的问题，绩效评价管理体系则相应地针对这些问题的解决设计管理指标。

# 任务二 连锁企业配送成本的计算与分析

案例分析

瑞典宜家（IKEA）公司的成本控制

瑞典的宜家（IKEA）公司，是全球最大的家具零售连锁商，其目标之一就是以适中的价格提供优质的产品，并最终在低成本、低价格上获得成功。公司制造的家具以组合件的形式来运输储存，顾客购买后在家组装，可避免因包装及体积过大而造成的额外费用，节约了从工厂至零售商店，直到顾客家里的整个分销过程的物流支出，使公司与顾客同时受益。

想一想：如何控制配送成本？

## 一、配送费用的分类

1. 按支付形态分类

配送费用按支付形态可以划分为支付运费、仓库保管费等向企业外部支付的总费用，以及人工费、材料费等企业内部物流配送活动的费用。

（1）材料费。指因物料消耗而发生的费用，包括材料费、燃料费、消耗工具材料费、低值易耗品摊销及其他物料消耗费等。

（2）人工费。指因人力劳务的消耗而发生的费用，包括工资、奖金、退休金、福利费、医药费、劳动保护、员工教育培训和其他一切用于职工的费用。

（3）公益费。指电费、水费和燃气费等向提供公益服务的部门支付的费用开支。

（4）维护费。指因土地、建筑物、机械设备、车辆、搬运工具等固定资产的使用、运转和维修保养所支出的维修费、租赁费、保险费和税金等费用。

（5）一般经费。指差旅费、交通费、会议费、培训费、杂费等相当于财务会计中的一般管理费的支出费用。

（6）特别经费。指采用不同于财务会计的计算方法计算出来的配送费用，包括折旧费和利息。

（7）委托配送物流费。指因委托企业外部承担配送业务而支付的包装费、运费、保管费、出入库费、手续费等业务费用。

（8）其他企业支付费用。指在配送成本中应包含的向其他企业支付的费用。向其他企业支付的费用虽然不作为本企业费用支付，但实际上对于所购进商品的运费和装卸费已经包含在进货价格中，所以如果企业自己到商品产地购进商品，这部分费用是要由本企业支付的。对销售的商品，买方提货所支付的费用相当于折减了销售价格，如果销售的商品采用送货制，这部分费用也要由本企业支付。对于这些情况，虽然从表面上看，本企业并未发生配送活动，但却发生了相关费用，所以也应该把这些费用计入配送成本。

#### 2. 按配送功能分类

按支付形态对配送费用进行分析时，虽然可以得出配送费用总额，但还不能充分说明配送的重要性。要想降低配送的费用，就应该把这个总额按照其实现的功能进行详细区分，进一步掌握配送的实际状态，了解在哪些环节上有浪费，以达到控制费用的目的。按照配送功能进行分类，大体上把配送费用分为物品流通费、信息流通费和配送管理费。

（1）物品流通费。指为了完成配送过程中的商品、物质的物理性流动而发生的费用，根据配送活动的流程又可以进一步将其细分为备货费、保管费、分拣及配货费、装卸搬运费、短途运输费、流通加工费等。

（2）信息流通费。指处理和传输相关配送信息而产生的费用，包括库存管理、订单处理、顾客服务等相关费用。

（3）配送管理费。指配送的计划、协调、控制等管理活动方面发生的费用，不仅包括作业现场的经营管理费，如人工费、经营费及维持费等，而且还包括企业本部有关管理部门的经营管理费。

#### 3. 按配送范围分类

配送费用按配送范围可以划分为供应费用、企业内费用、送货费用、退货费用和废品物流费用等。

（1）供应费用。指资源筹措费用、采购费用等。

（2）企业内费用。指配送中发生的仓储费、装卸费、办公费、系统维护费等。

（3）送货费用。指送货过程中发生的运输、包装、装卸、服务性费用。

（4）退货费用。指由于退货、换货所引起的配送费用。

（5）废品物流费用。指由于废品、不合格品所引起的配送费用。

## 二、影响配送成本的因素

配送成本是指在配送活动的备货、储存、分拣、配货、送货、送达服务及配送加工的环节所发生的各项费用的总和，是为了实现商品在空间、时间上的移动而发生的各种消耗的货币表现。影响连锁企业配送成本的因素主要有以下几个。

### 1. 管理因素

影响配送成本的管理因素主要涉及以下几个方面。

（1）管理水平。连锁企业的配送是把各连锁店的商品采购、储存、运输活动集中起来，统一办理。并按各店铺的要求对商品进行分类、编配、整理，经配装后，将商品送交各店铺。为此连锁企业大多都设置了配送中心，来担负企业的配送任务。但是，目前配送中心在管理上还存在许多问题，如信息化建设滞后、运营制度不健全、订货与送货的准确率低等，客观上造成配送运营成本增加，致使配送中心效益低下。另外，一些连锁企业自身发展缓慢，网点数量少，缺乏规模效益，也使企业的配送成本增加。

（2）管理成本开支。管理成本虽然与物流配送没有直接的数量关系，但管理成本的大小却直接影响着配送成本的大小，如果能降低办公费、水电费、差旅费等管理成本，就可以相应地降低配送成本的总水平。

（3）资金利用率。如果连锁企业利用贷款进行配送活动，那么必然要支付一定的利息；如果是用自有资金，那么存在机会成本的问题。所以资金利用率的高低，直接影响着利息支出的大小，从而也影响着配送成本的高低。

### 2. 产品因素

影响配送成本的产品因素主要涉及以下几个方面。

（1）产品的质量。影响配送成本的一个重要方面在于配送产品的质量，也就是产品的废品率的高低。高质量的产品可以减少因次品或废品的回收、退货而发生的各种物流成本。

（2）配送物的价值、数量及重量。配送产品的价值、数量及重量会直接影响配送成本的高低。一般来讲，产品的价值越大，对其所需要使用的运输工具的要求越高，仓储和库存成本也随之增加，每一配送活动的成本也会增加。虽然产品的数量和重量会使配送作业量增大，但大批量的作业往往使得配送效率提高，从而降低配送的成本。

（3）物品自身特性。有些物品具有易损、易腐、易燃、易爆等特性，容易造成损坏并导致索赔，运输或配送这些物品除需要特殊的运输工具和运输方式外，物品的承运人还必须通过货物保险来预防货损的风险，这样就增加了配送成本。因此，承运人除投保外，还应要求托运人改善包装，以降低风险，最终降低配送成本。

### 3. 装备与技术因素

连锁企业的配送是由备货、理货、流通加工、送货这 4 个基本环节组成的，其中每个环节又有若干具体的活动。各个活动环节的效率与效益的高低直接影响着配送成本的高低。由现代化的物流设施、设备和现代信息系统共同组成的高效的配送系统，可以提高配送活动各环节的作业效率，降低成本。

### 4. 市场因素

市场因素是指在配送的起点和终点之间相向运输的货物量是否平衡，如果不平衡，出现空返现象，就会造成运力的浪费。但是，部分货物由于生产力布局上的不平衡，或者由于生产和消费季节方面的原因，完全实现运输的平衡是十分困难的。

## 三、配送成本的计算

配送成本是连锁企业总成本的一个组成部分。改善配送成本管理，对配送成本进行核算，有助于企业降低成本，提高市场竞争力。目前，我国大多数连锁企业尚未进行系统的配送成本核算，还没有形成一套统一的计算标准。为了将配送成本形成易于测量和控制的财务报告，常使用按支付形态计算配送成本、按功能计算配送成本、按配送范围计算配送成本这 3 种方法。

### 1. 按支付形态计算配送成本

按支付形态的分类来计算配送成本，必须首先从企业会计核算的全部相关科目中抽出所包含的配送成本。例如，运输费、保管费等向企业外部收取的费用，可以全部看做配送成本，而企业内部的配送费用的计算必须从有关项目中进行提取。

（1）材料费。材料费主要包括包装材料、消耗性工具和器具、备品、燃料等方面的费用支出，可以根据出入库记录提某时间段用于物流活动的材料消耗量，再乘以物品单价计算得出。

（2）人工费。人工费根据发给配送人员的工资、补贴、奖金等开支，或者按整个企业职工的平均工资额等费用情况进行计算。职工劳保费、按规定提取的福利基金及职工教育培训等都需要从企业费用项目的总额中把用于配送人员的费用抽取出来。当实际费用很难抽取出来计算时，也可将这些费用的总额按从事配送活动的职工人数比例分摊到配送成本中去。

（3）公益费。公益费是对连锁企业所提供的公益服务支付的费用。严格地讲，每个用于配送活动的设施都应该装上计数表以便直接计费，但也可简单地从整个企业的上述开支数额中按配送设施和配送人员的比例计算得出。

（4）维护费。维护费应该根据本期实际发生额计算。对于经过多个期间统一支付的费用，如租赁费、保险费等，可按期间分摊入本期相应的费用中。先提取能直接掌握的部分，其余部分可根据建筑物面积和设备金额等进行分摊计算得出。

（5）一般经费。一般经费涉及财务会计科目中的差旅费、交通费等不能直接掌握的部分，可按人头均摊计算得出。

（6）特别经费。特别经费包括折旧费和利息。折旧费可以用定额法，按实际计提年限计算得出；利息则根据配送相关资产的贷款利率来确定。

根据配送费用发生的位置，将以上通过计算得出的数据分别归属不同阶段，然后依次填入表 6-2 和表 6-3 中。

表 6-2　按支付形态计算的配送成本

| 支付形态 \ 范围分类 | | | | | 供应费用 | 企业内费用 | 送货费用 | 退货费用 | 废品物流费用 | 合计 |
|---|---|---|---|---|---|---|---|---|---|---|
| 配送企业物流费 | 本企业支付费用 | 企业本身配送物流费 | 材料费 | 资料费 | | | | | | |
| | | | | 燃料费 | | | | | | |
| | | | | 消耗性工具、器具等 | | | | | | |
| | | | | 其他 | | | | | | |
| | | | | 合计 | | | | | | |
| | | | 人工费 | 工资、福利、补贴等 | | | | | | |
| | | | | 其他 | | | | | | |
| | | | | 合计 | | | | | | |
| | | | 公益费 | 电费 | | | | | | |
| | | | | 水费 | | | | | | |
| | | | | 煤气费 | | | | | | |
| | | | | 其他 | | | | | | |
| | | | | 合计 | | | | | | |
| | | | 维护费 | 维修费 | | | | | | |
| | | | | 消耗性材料费 | | | | | | |
| | | | | 课税 | | | | | | |
| | | | | 租赁费 | | | | | | |
| | | | | 保险费 | | | | | | |
| | | | | 其他 | | | | | | |
| | | | | 合计 | | | | | | |
| | | | 一般经费 | | | | | | | |
| | | | 特别经费 | 折旧费 | | | | | | |
| | | | | 企业内利息 | | | | | | |
| | | | | 合计 | | | | | | |
| | | | 企业本身配送物流费合计 | | | | | | | |
| | | 委托配送物流费 | | | | | | | | |
| | | 本企业支付配送物流费合计 | | | | | | | | |
| | 外企业支付配送物流费 | | | | | | | | | |
| | 企业配送物流费合计 | | | | | | | | | |

注：企业本身配送物流费合计包括材料费、人工费、公益费、维护费、一般经费和特别经费。本企业支付配送物流费合计包括企业本身配送物流费合计和委托配送物流费。企业配送物流费合计包括本企业支付配送物流费和外企业支付物流配送费。

**表 6-3　按支付形态计算的配送成本（××费计算明细表）**

| 支付形态 | | | | 范围分类 | 供应费用 | 企业内费用 | 送货费用 | 退货费用 | 废品物流费用 | 合计 |
|---|---|---|---|---|---|---|---|---|---|---|
| 配送企业物流费 | 本企业支付费用 | 企业本身配送物流费 | 材料费 | 资料费 | | | | | | |
| | | | | 燃料费 | | | | | | |
| | | | | 消耗性工具、器具等 | | | | | | |
| | | | | 其他 | | | | | | |
| | | | | 合计 | | | | | | |
| | | | 人工费 | 工资、福利、补贴等 | | | | | | |
| | | | | 其他 | | | | | | |
| | | | | 合计 | | | | | | |
| | | | 公益费 | 电费 | | | | | | |
| | | | | 水费 | | | | | | |
| | | | | 煤气费 | | | | | | |
| | | | | 其他 | | | | | | |
| | | | | 合计 | | | | | | |
| | | | 维护费 | 维修费 | | | | | | |
| | | | | 消耗性材料费 | | | | | | |
| | | | | 课税 | | | | | | |
| | | | | 租赁费 | | | | | | |
| | | | | 保险费 | | | | | | |
| | | | | 其他 | | | | | | |
| | | | | 合计 | | | | | | |
| | | | 一般经费 | | | | | | | |
| | | | 特别经费 | 折旧费 | | | | | | |
| | | | | 企业内利息 | | | | | | |
| | | | | 合计 | | | | | | |
| | | | 企业本身配送物流费合计 | | | | | | | |
| | | 委托配送物流费 | | | | | | | | |
| | | 本企业支付配送物流费合计 | | | | | | | | |
| | 外企业支付配送物流费 | | | | | | | | | |
| | 企业配送物流费合计 | | | | | | | | | |

注：企业本身配送物流费合计包括材料费、人工费、公益费、维护费、一般经费和特别经费。本企业支付配送物流费合计包括企业本身配送物流费合计和委托配送物流费。企业配送物流费合计包括本企业支付配送物流费和外企业支付配送物流费。

将配送成本分别按不同的支付形态来计算，可以清楚地从中了解到配送成本的总额，以及在哪些项目上花费最多。这对认识配送成本合理化的重要性，以及考虑在配送成本管理上应以什么为重点，十分有效。这种方法比较适用于内部核算完善，经营品种比较单一的连锁企业。

### 2. 按功能计算配送成本

按配送功能计算配送成本的核算过程与上述过程大致相同，也是先从企业会计核算的全部相关科目中抽出所包含的配送成本，分别按不同的配送功能进行分类，然后汇总计算出每个配送功能的配送费用占全部配送成本的比重。这种方法适用于经营品种较多，管理完善的连锁企业，其计算形式如表 6-4 所示。

**表 6-4　按功能计算的配送成本**

<table>
<tr><th colspan="5" rowspan="2">功能分类 / 支付形态</th><th colspan="6">物资流通费</th><th rowspan="2">配送信息费</th><th rowspan="2">配送管理费</th><th rowspan="2">合计</th></tr>
<tr><th>包装费</th><th>运输费</th><th>保管费</th><th>装卸费</th><th>流通加工费</th><th>合计</th></tr>
<tr><td rowspan="21">配送企业物流费</td><td rowspan="21">本企业支付费用</td><td rowspan="21">企业本身配送物流费</td><td rowspan="5">材料费</td><td>资料费</td><td></td><td></td><td></td><td></td><td></td><td></td><td></td><td></td><td></td></tr>
<tr><td>燃料费</td><td></td><td></td><td></td><td></td><td></td><td></td><td></td><td></td><td></td></tr>
<tr><td>消耗性工具、器具等</td><td></td><td></td><td></td><td></td><td></td><td></td><td></td><td></td><td></td></tr>
<tr><td>其他</td><td></td><td></td><td></td><td></td><td></td><td></td><td></td><td></td><td></td></tr>
<tr><td>合计</td><td></td><td></td><td></td><td></td><td></td><td></td><td></td><td></td><td></td></tr>
<tr><td rowspan="3">人工费</td><td>工资、福利、补贴等</td><td></td><td></td><td></td><td></td><td></td><td></td><td></td><td></td><td></td></tr>
<tr><td>其他</td><td></td><td></td><td></td><td></td><td></td><td></td><td></td><td></td><td></td></tr>
<tr><td>合计</td><td></td><td></td><td></td><td></td><td></td><td></td><td></td><td></td><td></td></tr>
<tr><td rowspan="5">公益费</td><td>电费</td><td></td><td></td><td></td><td></td><td></td><td></td><td></td><td></td><td></td></tr>
<tr><td>水费</td><td></td><td></td><td></td><td></td><td></td><td></td><td></td><td></td><td></td></tr>
<tr><td>煤气费</td><td></td><td></td><td></td><td></td><td></td><td></td><td></td><td></td><td></td></tr>
<tr><td>其他</td><td></td><td></td><td></td><td></td><td></td><td></td><td></td><td></td><td></td></tr>
<tr><td>合计</td><td></td><td></td><td></td><td></td><td></td><td></td><td></td><td></td><td></td></tr>
<tr><td rowspan="7">维护费</td><td>维修费</td><td></td><td></td><td></td><td></td><td></td><td></td><td></td><td></td><td></td></tr>
<tr><td>消耗性材料费</td><td></td><td></td><td></td><td></td><td></td><td></td><td></td><td></td><td></td></tr>
<tr><td>课税</td><td></td><td></td><td></td><td></td><td></td><td></td><td></td><td></td><td></td></tr>
<tr><td>租赁费</td><td></td><td></td><td></td><td></td><td></td><td></td><td></td><td></td><td></td></tr>
<tr><td>保险费</td><td></td><td></td><td></td><td></td><td></td><td></td><td></td><td></td><td></td></tr>
<tr><td>其他</td><td></td><td></td><td></td><td></td><td></td><td></td><td></td><td></td><td></td></tr>
<tr><td>合计</td><td></td><td></td><td></td><td></td><td></td><td></td><td></td><td></td><td></td></tr>
<tr><td colspan="2">一般经费</td><td></td><td></td><td></td><td></td><td></td><td></td><td></td><td></td><td></td></tr>
</table>

续表

| 功能分类<br>支付形态 | | 物资流通费 | | | | | | 配送信息费 | 配送管理费 | 合计 |
|---|---|---|---|---|---|---|---|---|---|---|
| | | 包装费 | 运输费 | 保管费 | 装卸费 | 流通加工费 | 合计 | | | |
| 特别经费 | 折旧费 | | | | | | | | | |
| | 企业内利息 | | | | | | | | | |
| | 合计 | | | | | | | | | |
| 企业本身配送物流费合计 | | | | | | | | | | |
| 委托配送物流费合计 | | | | | | | | | | |
| 本企业支付配送物流费合计 | | | | | | | | | | |
| 外企业支付配送物流费 | | | | | | | | | | |
| 企业配送物流费合计 | | | | | | | | | | |

注：企业本身配送物流费合计包括材料费、人工费、公益费、维护费、一般经费和特别经费。本企业支付配送物流费合计包括企业本身配送物流费合计和委托配送物流费。企业配送物流费合计包括本企业支付配送物流费和外企业支付配送物流费。

### 3. 按配送范围计算配送成本

这种方法可以了解哪个功能分类范围的配送成本最高，并且还能算出销售额与配送成本的比例，以及根据销售数量算出单位配送成本。这种方法简单易行，适合任何连锁企业，其计算形式如表 6-5 所示。

表 6-5　按配送范围计算的配送成本

| 功能分类<br>范围分类 | | 物资流通费 | | | | | | 配送信息费 | 配送管理费 | 合计 |
|---|---|---|---|---|---|---|---|---|---|---|
| | | 包装费 | 运输费 | 保管费 | 装卸费 | 流通加工费 | 合计 | | | |
| 供应费用 | | | | | | | | | | |
| 企业内费用 | | | | | | | | | | |
| 送货费用 | | | | | | | | | | |
| 退货费用 | | | | | | | | | | |
| 废品物流费用 | | | | | | | | | | |
| 合　计 | | | | | | | | | | |
| 配送额 | 金额与配送额之比 | | | | | | | | | |
| 配送成本 | 金额与成本之比 | | | | | | | | | |
| 配送数量 | 单位数量金额 | | | | | | | | | |

**职业素养拓展 6.1**

#### 美国物流成本的计算

美国物流成本约占 GDP 的 10%，成本计算方法独到。

美国物流成本占 GDP 的比例在 20 世纪 90 年代保持在 11.4%～11.7%，而进入 20 世纪最后 10 年，这一比例有了显著下降，由 11%以上降到 10%左右，但物流成本的绝对数量还在一直上升。

分析发现，美国的物流成本主要由 3 部分组成：一是库存费用；二是运输费用；三是管理费用。比较近 20 多年来的变化可以看出，运输成本在 GDP 中的比例大体上保持不变，而库存费用比例降低是导致美国物流总成本比例下降的最主要的原因。这一比例由过去接近 5%下降到不足 4%。由此可见，降低库存成本、加快周转速度是美国现代物流发展的突出成绩。也就是说，利润的源泉更集中在降低库存、加速资金周转方面。

宏观上，美国物流成本包括 3 个部分，且各自有其测算的办法。第 1 部分库存费用是指保存货物的费用，除了包括仓储、残损、人力费用、保险和税收费用外，还包括库存占压资金的利息。其中，利息是由当年美国商业利率乘以全国商业库存总金额得到的。把库存占压的资金利息加入物流成本，这是现代物流与传统物流费用计算的最大区别，只有这样，降低物流成本和加速资金周转速度才能从根本利益上统一起来。第 2 部分运输成本包括公路运输、其他运输方式与货主费用。公路运输包括城市内运送费用与区域间货车运输费用。其他运输方式包括：铁路运输费用、国际国内空运费用、货物代理费用、油气管道运输费用。货主方面的费用包括运输部门运作及装卸费用。近十年来，美国的运输费用占国民生产总值的比例大体为 6%，这说明运输费用与经济的增长是同步的。第 3 部分物流管理费用，是按照美国的历史情况由专家确定一个固定比例，乘以库存费用和运输费用的总和得出的。美国的物流管理费用在物流总成本中的比例大体在 4%。

资料来源：吴志惠，美国的物流成本，中国大物流网.

## 四、配送成本的控制

配送成本控制是采用特定的理论、方法、制度等对配送各环节发生的费用进行有效的计划和管理。在对配送成本进行计算和分析的基础上，配送成本的控制应从以下几个方面进行。

### 1. 加强配送的计划性

在配送活动中，临时配送、紧急配送或无计划的随时配送都会大幅度地增加配送成本，因为这些配送活动降低了设备、车辆的使用效率。为了加强配送的计划性，需要建立客户的配送计划申报制度。在实际配送过程中应针对商品的特性，制订不同的配送计划和配送制度。

### 2. 加强配送相关环节的管理

配送活动是一系列相关活动的组合，加强配送相关环节的管理，就是要通过采用先进、合理的技术和装备，加强经济核算，改善配送管理来提高配送效率，减少物资周转环节，加快配送速度，扩大配送量，进而降低配送成本。

### 3. 采取共同配送，实现规模效益

在实际配送活动中，配送往往是小批量、多频次的输送，单位成本高，而共同配送是几个企业联合起来，集小量为大量，共同利用统一的配送设施来进行配送。对连锁企业而言，不失为实现规模效益的一种有效办法。

### 4. 确定合理的配送路线

配送路线合理与否对配送速度、成本、效益影响很大，因此，采用科学方法确定合理的配送路线是配送的一项重要工作。确定配送路线可以采用各种数学方法和在数学方法基础上发展和演变出来的经验方法进行定量或定性分析。无论采用何种方法，都必须考虑以下条件。

（1）客户对商品品种、规格和数量的要求。
（2）客户对货物送到时间的要求。
（3）车辆容积及载重量。
（4）交通管理部门允许通行的时间。
（5）现有运力及可支配运力的范围。

### 5. 建立自动管理系统，提高配送效率

在配送活动中，分拣、配货占到全部劳动的 60%左右，而且最容易发生错误。如果在拣货和配货中运用自动管理系统，应用条码技术，就可以使拣货快速、准确，配货简单、高效，从而提高配送效率，节省劳动力，降低配送费用。

### 6. 进行合理的车辆配载，提高运输效率

不同客户的需求情况各不相同，订货品种也不相一致。一次配送的货物往往可能有多个品种，这些品种不仅形状、储运性质不一，而且密度差别较大。密度大的商品往往达到了车辆的载重量，但体积剩余大；密度小的商品虽然达到车辆的最大体积，但达不到载重量。实行“轻重配装”，既能使车辆满载，又能充分利用车辆的有效体积，从而大大降低了运输费用。

## 五、降低配送成本的策略

降低配送成本的策略主要有差异化策略、合并策略、延迟策略和标准化策略等。

### 1. 差异化策略

差异化策略的指导思想是，产品特征不同，客户服务水平也不同。当企业拥有多种产品时，不能对所有产品按同一标准的客户服务水平来配送，而应根据产品的特点、销售水平来设置不同的库存、不同的运输方式及不同的储存地点，忽视产品的差异性会增加不必要的配送成本。

### 2. 合并策略

合并策略包含两个层次：一是配送作业时的拼车；二是共同配送。

（1）配送作业时的拼车。企业在安排车辆完成配送任务时，充分利用车辆的容积和载重量，做到满载满装，是降低成本的重要途径。由于产品品种繁多，不仅包装形态、储运性能不一，在容量方面，也往往相差甚远。实行合理的轻重配装、体积大小不同的货物搭配装车，不但可以在载重方面达到满载，而且也能够充分利用车辆的有效容积，取得最优效果，最好是借助计算机得出货物配车的最优解。

（2）共同配送。共同配送是一种产权层次上的共享，也称集中协作配送。它是几个企业联合，共同利用统一的配送设施的配送方式。其标准运作形式是，在中心机构的统一指挥和调度下，各配送主体以经营活动或以资产为纽带进行联合行动，在较大的地域内协调运作，共同对某个或几个客户提供系列化的配送服务。

### 3. 延迟策略

在传统的配送计划安排中，大多数的库存是按照对未来市场需求的预测量设置的，这样就存在着预测风险，当预测量与实际需求量不符时，就会出现库存过多或过少的情况，从而增加配送成本。延迟策略的基本思想就是将产品的外观、形状、生产、组装和配送尽可能推迟到接到客户订单后再确定。一旦接到订单就要快速反应，因此，采用延迟策略的一个基本前提是信息传递要非常快。

实施延迟策略的前提条件一般来说，应具备以下几个。

（1）产品特征。模块化程度高，产品价值密度大，有特定的外形，产品特征易于表述，定制后可改变产品的体积或重量。

（2）生产技术特征。模块化产品设计，设备智能化程度高，定制工艺与基本工艺差别不大。

（3）市场特征。产品生命周期短，销售波动性大，价格竞争激烈，市场变化大，产品的提前期短。

实施延迟策略常采用两种方式：生产延迟（形成延迟）和物流延迟（时间延迟）。因为配送中往往存在着价格活动，所以，配送实施延迟策略既可采用形成延迟方式，也可采用时间延迟方式。在具体操作时，常常发生在贴标签（形成延迟）、包装（形成延迟）、装配（形成延迟）和发送（时间延迟）等领域。

### 4. 标准化策略

标准化策略是指尽量减少因品种多变而导致附加配送成本的情况出现，尽可能多地采用标准化零部件、模块化产品。例如，服装制造商按统一规格生产服装，直到顾客购买时才按顾客的身材调整尺寸大小。采用标准化策略要求厂家从产品设计开始就要站在消费者的立场考虑节省配送成本，而不应等到产品生产出来才考虑用什么技巧降低配送成本。

**职业素养拓展6.2**

美国一家干货生产企业为满足遍及全美国的 1 000 家连锁店的配送需要，建造了 6 座仓库，并拥有自己的车队。随着经营的发展，企业决定扩大配送系统，计划在芝加哥投资 7 000 万美元再建一座新仓库，并配以新型的物料处理系统。该计划提交董事会讨论时，却发现这样不仅成本较高，而且就算仓库建起来也还是满足不了需要。于是，企业把目光投向租赁公共仓库，结果发现，如果企业在附近租用公共仓库，增加一些必要的设备，再加上原有的仓储设施，企业所需的仓储空间就足够了，但总投资只需 20 万元的设备购置费，10 万元的外包运费，加上租金，也远没有 700 万元之多。

资料来源：白世贞，言木. 现代配送管理. 中国物资出版社.

## 项目训练

### 区域内连锁企业配送绩效评价

#### 一、训练目标

1．通过对某区域某连锁企业配送绩效状况的调研，让学生了解该连锁企业配送绩效评价方法、评价指标体系，以及该连锁企业是如何控制配送成本的。

2．培养学生市场调研、与人沟通、信息分析的能力和团队意识。

#### 二、训练内容与要求

1．班级内分小组，每组 6～8 人，分别选择区域内连锁超市、连锁酒店、连锁百货店等连锁企业进行深入调查。主要调查该企业配送绩效状况，了解该企业配送绩效评价方法、评价指标体系，配送费用与成本控制的策略。

2．教师组织学生讨论，分析配送绩效评价在连锁企业运营中的重要性，以及某连锁企业配送绩效评价的改进。

#### 三、训练检测内容与分值比例

1．连锁企业配送绩效评价状况调研方案的撰写，占 20%。

2．连锁企业实地调研的计划、组织及实施，占 30%。

3．调研分析报告的撰写，占 30%。

4．小组现场研讨相关问题，回答的完整性、合理性，对问题认识的深度，语言表达能力，思维的敏捷性和团队合作精神等，占 20%。

## 项目测试

#### 一、名词解释

连锁企业配送绩效评价　配送成本控制

## 二、填空题

1. 配送费用可以按（　　　　）、（　　　　）和（　　　　）进行分类。
2. 有效的配送绩效评价体系主要有（　　　　）、（　　　　）、（　　　　）、（　　　　）、（　　　　）、（　　　　）、（　　　　）和（　　　　）8个基本要素。
3. 盘点作业绩效评价指标包括（　　　　）、（　　　　）和（　　　　）3类。
4. 拣货作业绩效评价指标包括（　　　　）、（　　　　）、（　　　　）和（　　　　）4类。
5. 采购作业绩效评价指标包括（　　　　）、（　　　　）和（　　　　）3类。

## 三、简答题

1. 简述连锁企业配送绩效评价的原则与步骤。
2. 简述连锁企业配送绩效评价要素。
3. 简述连锁企业配送绩效评价指标体系。
4. 简述提升配送绩效的方法。
5. 简述配送绩效评价方法。
6. 简述配送费用的分类。
7. 简述影响配送成本的因素。
8. 简述降低配送成本的策略。

## 项目实例分析

### 沃尔玛配送系统的成本控制发展

沃尔玛公司之所以能迅速地发展成为世界零售业之最，其中一个重要原因，就是重视配送系统的建设和完善，拥有自己独立而庞大的配送系统，并实施了严格有效的配送管理制度。这既确保了公司在效率和规模成本方面的最大竞争优势，也促进了公司的顺利扩张。

（1）应用统一的产品代码UPC代码（在中国称EAN条码），建立完美的补货系统。它使得沃尔玛公司在任何一个时间点都可以知道，现在这个商店当中有多少货品，有多少货品正在运输过程当中，有多少货品在配送中心等。同时它也使沃尔玛公司了解了某种货品上周卖了多少，去年卖了多少，而且还可以预测将来可以卖多少。沃尔玛公司这一自动补货系统，可以自动地向商场经理来订货，这样就可以非常及时地对商场进行帮助。所有商品的信息都可以通过扫描这种商品的代码得到，不需要其他的人再进行任何复杂的汇报。

（2）沃尔玛公司的供货可以直接进入配送信息系统，任何一个供应商都可以了解任何时间的销售情况，并根据这些信息来决策生产，预测未来，保证商品及时供应，降低产品成本。

沃尔玛公司在配送中心供应链中，能确保进货产品与订货单、发货单完全一致，商品运送到商店不需要进行检验，这样就节约了验货的时间和劳力，降低了产品成本。

（3）沃尔玛公司的集中配送中心是一个非常庞大的高层次的配送中心，为了自动化立体仓库的形式，集中配送中心使用传送带，让产品非常有效地进行流动，不需要进行重复处理，这使沃尔玛公司每周都可以处理 120 万箱产品。沃尔玛公司的配送中心能够根据商店的需要自动地把产品分类放入不同的箱子当中，员工根据信号灯提示信息取货，并按顾客的订单配货，放入不同的货箱，在发货区装上配送车。沃尔玛公司各种不同类型的配送中心，如时装、副食品、蔬菜、水果配送中心等，各自处理不同要求的产品。

（4）在整个配送过程中，花费最高的就是运输部分，为了减少费用、降低成本，沃尔玛公司使用一种约有 16 米加长货柜的大货车，比集装箱运输货车要更长或更高。沃尔玛公司的车辆均为自有，司机也是沃尔玛公司的员工，沃尔玛公司的车队约有 5 000 名非司机员工和 3 700 名司机员工。车队每周运输可以达 7 000～8 000 千米，而且 3 000 000 千米无事故。沃尔玛公司采用全球定位系统，来对车辆进行定位。因此，在任何时候，调度中心都可以知道这些车辆在什么地方，离商店还有多远，同时它们也可以了解到某个产品运输到了什么地方，还有多长时间才能运到商店，这样就可以提高整个系统的效率。沃尔玛公司的货车司机们都非常遵守交通法规，沃尔玛公司也定期对公路进行调查，货车上面带有公司的号码，如果看到沃尔玛司机违章，就可以根据车上的号码进行举报。对于沃尔玛公司来说，货车不出事故，就是节省公司的费用，就是节省成本。

（5）沃尔玛公司在运输方面的另一个策略就是把货车装得非常满，按照运行的时间表来进行运输，这样不仅可以降低运输成本，还可以节省时间，提高效率。另外，供货商也可以采用沃尔玛公司的运输系统直接把货物从厂商处运到商店，这样既能降低供货商自身的费用和成本，同时通过合理的安排，沃尔玛公司增加的部门不会增加运作的成本，反而会降低运作的成本。

**思考：** 1. 沃尔玛公司是如何降低配送成本的？它的成本控制采取了哪些举措？

2. 沃尔玛公司为提高配送效率，采取了哪些做法？

# 项目七

# 提升连锁企业配送组织管理水平

**【项目目标】**

1．了解连锁企业配送客户关系管理的概念和内容，掌握提高客户满意度的途径。

2．了解连锁企业设备管理的要求和内容，深入理解连锁企业设备的使用、检查、维护保养与维修。

3．了解配送合同的性质、种类，掌握配送合同的主要内容及配送合同当事人的权利与义务。

**【项目导入】**

配送行业是服务性行业，能否提供高质量的服务，提高客户满意度，增加客户忠诚度，关系到企业的兴衰和存亡。配送服务需要搞好客户管理，树立“以客户为中心，为客户提供完美服务”的经营理念。同时，配送业务的开展离不开完善的组织管理，这种组织管理主要包括配送设备管理和配送合同管理等。

# 任务一 连锁企业客户关系管理

## 案例分析

### 澳大利亚国民银行的客户关系管理

澳大利亚国民银行是澳大利亚最大的商业银行。在个人银行业务方面，澳大利亚国民银行每天都会将其收集的客户数据放到数据仓库中，并且设定了一些智能分析机制，对客户交易状态进行管理。一旦有客户状态异常的情况发生，数据仓库就会自动做出相关统计，并将统计的结果提交营销部门的人员，由营销人员及时地与客户进行接触，找出客户状态异常的原因。例如，这家银行通过系统发现一位老太太提款很多，是要为女儿买房子，银行就立即与老太太的女儿进行联系，表示愿意为其提供买房的贷款。结果，既将老太太原来要从银行提取的款项全部作为存款留在了银行，又为其女儿贷出了一笔贷款。

资料来源：中国客户关系管理研究中心（http: //www.crmforum.org/Html/Study_text/ 153522308.html）

想一想：该银行业务拓展成功的秘诀是什么？

通过上述材料，我们能够看出：澳大利亚国民银行在业务上的拓展，与有效的客户关系管理有很大关系。客户关系管理描述的是如何与客户打交道，如何处理客户关系，如何解决客户问题，如何刺激客户接受服务。配送行业是服务性的行业，必须树立“以客户为中心，为客户提供完美服务”的经营理念。配送客户关系管理将成为配送企业的竞争利器。

## 一、连锁企业客户关系管理的概念与内容

### 1. 客户关系管理的概念

客户关系管理（Customer Relationship Management，CRM）是指企业通过与客户进行及时而多方面的沟通与交流，进而建立长期良好的关系，这种关系甚至超出了交易的范畴。企业因此将获得更多的客户信息，最终获得更多的客户。客户关系管理强调以客户为中心，以提高客户满意度为目标，是一种客户驱动的模式。建立有关老客户、新客户、潜在客户的档案，从中找出有价值的客户，并且不断地挖掘客户潜力，开拓企业市场，有助于获得最大利润。

### 2. 客户关系管理的内容

客户关系管理主要包括客户识别与管理、配送服务管理、客户满意度管理和客户的开

发等内容。

（1）客户识别与管理。客户识别与管理包括客户信息资料的收集与分析，客户信息的整理与分类等内容。通过对客户资料的收集、分类、存档、检索，建立客户数据库，实施客户信息有效管理，全面掌握不同的客户群体、客户性质、客户需求、客户信用等信息，以向客户提供最佳服务为宗旨，为客户提供方案、价格、市场、信息等各种服务，及时处理客户在合作中遇到的各类问题，培养长期的忠诚的客户群体，为企业供应链的形成和整合提供支持。

（2）配送服务管理。配送服务管理是客户关系管理中的重要组成部分。配送服务为客户提供了产品质量验收和控制、业务咨询、现场服务、订单跟踪、服务请求和回访、服务合同、维修调度、投诉和建议、纠纷解决等功能。

（3）客户满意度管理。客户满意度管理是配送客户管理的中心和出发点，包括评价客户满意度、增强客户体验和重视客户关怀等内容。

（4）客户的开发。配送客户具有一定的特性，开发服务客户一定要根据客户的特性，结合企业本身的特点，通过建立良好的服务体系，以及开展多样的物流配送促销活动等来进行，以便为企业赢得市场和利润。

## 二、连锁企业的客户满意度管理

### 职业素养拓展 7.1

#### 某公司送货工作现状

在一家街头的零售店里，某饮料公司的一位配送员来给店里送货，以下是他和零售店老板之间的对话。

配送员：“张老板，我来给您送货。”

零售店店主：“你们公司送货怎么这么慢呢？我订的货应该在昨天就送到了，可你现在才来，你看，我的客户都跑掉了！”

配送员：“对不起，我们公司那边有点问题。”

（零售店店主清点货物）

零售店店主：“怎么你们送来的货与我的订单内容不一致啊？”

配送员：“是吗？”

零售店店主：“这个产品不对，我要的是 150 毫升的饮料，你送的是 500 毫升的；这个产品也不对，我要 30 瓶，你们只拿了 20 瓶，真是乱七八糟的，像你们这样送货，客户全都得跑光了。产品不对，时间也不对，我要退货！真是受不了你们，我不会再和你们打交道了！”

通过上述对话，我们能够看出：该连锁企业公司物流配送工作存在众多问题，这会造成客户流失，使企业信誉受到损害，进而造成营业额的大幅下跌。在市场竞争日趋激烈的今天，出现以上问题的公司是难以生存的。因此，连锁企业物流部门应该做到保持适当的库存，进行及时的货品补充，制订合理的客户配送计划，提供准确的服务，同时，作为与客户接触最多的配送工作人员，不仅要有出色的工作能力，还要以良好的服务态度、亲切的笑脸和感恩的心来服务客户。

资料来源：劳动和社会保障部教材办公室组织编写．配送物流员．中国劳动社会保障出版社．

### 1. 客户满意度的含义

客户满意，就是客户通过对一种产品的可感知的效果或结果与他的期望值相比较后所形成的一种失望或愉悦的感觉状态。影响客户满意的因素有很多，从总体来说，主要包括服务质量、产品质量、产品价格，以及条件因素和个人因素。其中，服务质量是由交互过程质量、服务环境质量和服务结果质量决定的。而基本的服务质量又可以用可靠性、响应度、可信度、热情度和有形性来衡量。

客户满意度是指客户对所购买的产品和服务的满意程度，以及期待他们未来能够继续购买的可能性，是客户满意程度的感知性评价指标。用公式表示如下：

客户满意度=客户体验-客户期望值

客户满意度的影响因素及影响方式如表 7-1 所示。

表 7-1　客户满意度的影响因素及影响方式

| 客户指标 | 影响因素 | 影响方式 |
|---|---|---|
| 客户满意度 | 研发新产品能力 | 增加产品价值 |
| | 定制化生产能力 | 增加产品价值 |
| | 员工的服务水平 | 提高人员价值，降低客户心理成本 |
| | 交货能力 | 节省客户的时间成本和精力成本，提升服务价值 |
| | 销售渠道的多样性 | 节省客户的时间成本和精力成本，提升服务价值 |
| | 客户使用产品的方便性 | 提升产品价值 |
| | 品牌管理能力 | 提升形象价值，降低心理成本 |

### 2. 客户满意度分析

客户在得到产品和服务后，将产品和服务的实际评价同自己的标准相比较，从比较中判断自己的满意程度。

当前期望小于实际评价时，产品和服务的品质超过了原来的期望值，产生消费者剩余，客户就会感到满意。这种情况经过多次反复后，客户就会逐渐成为产品和服务的忠诚者，而且还能带来新客户，这时企业应该通过良好的服务来巩固新老客户。

当前期望等于实际评价时，客户的稳定性得不到保证，一旦出现有力竞争者，客户就会出现背离。

当前期望大于实际评价时，即企业提供的产品和服务没有达到客户预期的水平，客户就会对产品和服务感到失望，企业会因此而失去客户。

### 3. 提高客户满意度的途径

（1）提供个性化的产品和服务。提供个性化的服务是配送的义务，而提供个性化的产品则需要了解客户的真正需求。

（2）增强客户体验。客户很在乎与企业做生意的感受，增强客户体验是培养客户信任感、提高客户满意度的重要方法。

（3）制定服务质量标准。企业要对服务质量进行管理，必须制定合理有效的服务质量标准。

（4）重视客户关怀。客户关怀重点体现在后续服务中，重视客户关怀同样可以培养客户信任感，使其成为忠诚客户。

## 任务二 连锁企业配送设备管理

### 案例分析

**某配送中心设备设施管理**

某配送中心成立于2000年，地处北京西南四环，主要为北京市城区的几个大型超市提供某种商品的配送业务。在成立之初，公司在物流设备设施的使用、保养、维修等方面并没有建立完善的管理制度，某些管理制度也未得到切实的落实，因而在工作中出现了一些不好的势头，令人担忧。例如，叉车随处停放，下雨天也无人照管；仓库门窗不能及时开关，造成某些商品因为没有及时通风而变质，某些商品被从窗户飘进的雨点打湿；工作人员不知道货物捆扎的正确方法，造成商品从叉车上掉下而损坏；托盘无正当原因损坏的情况也时有发生。

为此，公司召集主要管理人员及某些有经验的员工进行座谈，探讨出现问题的原因。最后，公司认为松懈的管理，尤其是没有进行良好的物流设备设施管理是造成以上问题的主要原因。为解决这些问题，公司采取了以下办法。

（1）实行“三定”（定人、定机、定岗位职责）责任制，明确每个人的职责。

（2）进行人员培训，使每个员工都能对其操作的机械设备进行正确、熟练的操作。

（3）建立健全物流设备管理检查制度，防止物流设备的无故损坏。

强化管理取得了明显的效果，公司员工做到了人尽其责，各种物流设备设施也得到了专人看管，减小了损坏率。专项学习和训练使员工熟练地掌握了各种设备的正确操作方法，减少了失误，提高了工作效率。

资料来源：劳动和社会保障部教材办公室组织编写，物流员基础，中国劳动社会保障出版社.

想一想：设备管理的内容主要包括哪些？

配送设备是连锁企业配送的物质基础之一。配送设备是转换能源、传输动力、提高配送人员工作效率、提高物质流转效率的有效工具。配送设备管理的根本任务就是要使设备始终处于良好的技术状态和完备的配套状况，提高设备的利用率。一般来说，设备管理的任务包括配备好设备、保管好设备、使用好设备、革新改造好旧设备等方面。

## 一、连锁企业配送设备管理的要求和内容

### 1. 设备管理的要求

（1）讲究科学性。设备管理规律的科学性要求做到：第一，明确仓库设备的性能、用途和使用管理注意事项，尤其对于反映设备质量状况的参数要了如指掌；第二，对拟定的设备配备方案要进行可行性分析论证；第三，采取与设备自身运转规律相适应的技术措施和管理方法，不能搞超负荷运转，超范围使用。

（2）实行系统管理。设备管理既然是一个系统工程，就必须用系统的观点、系统的办法来实行管理，达到管好设备、提高设备利用率这一总目标。为此，应当努力推行设备全面质量管理的理论，全面做好设备管理工作。

（3）追求效益。即追求设备使用效果与设备投入成本的最大比值。要充分利用设备，使物资配送供应活动省力高效，省时高速，按时完成任务。

（4）吸收先进技术。

### 2. 设备管理的内容

为完成设备管理的任务，必须注意抓好如下工作。

（1）组织好设备的完善工作。认真实施设备的选配、验收、运输、安装、调试、配套、使用、储存、检查、维护、保养、修理、革新、改造、报废、更新等一系列技术处理工作，使每项工作都达到一流标准，及时排除故障，使设备完善、可靠。

（2）设立设备技术档案。将设备管理的一系列技术处理和组织工作中的重大事件记录在案，以便为寻找设备管理规律，为今后继续开展各项管理活动提供依据。

（3）培养一支设备操作、管理队伍。选配好设备操作手和管理员，并且务必搞好操作、管理人员的技术业务培训，提高其专业技术水平。

（4）搞好设备使用过程中的调度指挥。通过合理的、周密细致的调配，很好地组织人工作业和机械设备的衔接配合，充分发挥设备的作用，保证设备在使用过程中的安全。

（5）建立、健全和落实设备管理制度。通过建立、健全和落实设备管理制度，使设备管理的各个方面、各个场所、各个环节都有章可循。通过制度的落实，加强设备管理。主要包括技术操作规程、设备维护保养制度、定人定机制度和交接班制度等。

（6）修建和整理好适宜设备作业的设施场地。要根据设备使用的要求，创造一个良好的使用环境。例如，适宜的温、湿度条件，足够面积的场地，方便的电源保障，有效的消防设施，完善的物资装卸和设备装卸平台等。这些设施也要配套齐全，使设备运行畅通无阻，顺利展开。

## 二、连锁企业配送设备的正确使用

作为配送物流员，必须学会正确使用设备。

正确使用设备，不但能提高作业效率，提高设备的生产率、安全性、服务性和作业的适应性，而且能减轻设备的磨损，延长其使用寿命。否则，工作效率不但难以提高，而且会加重设备的磨损，甚至可能出现设备使用事故，造成人员、设备的损失。

要正确使用设备，需要做好以下几个方面的工作。

### 1. 要做“明白人”

所谓“明白人”，就是会使用、会检查、会保养、会排除一般故障、懂操作规程的人，同时还要熟悉设备的性能。要正确使用设备，首先必须对操作人员进行技术训练，经考核合格后方能上岗进行单独操作。在使用过程中，应严格遵守安全操作规程，尽量做到人机相对固定。

### 2. 要满足设备的正常使用率

要合理安排任务和时间，合理安排设备的工作量负荷，要正确地组织好人机的配合，既要使每台设备在其寿命期内充分运转，发挥作用，又要使设备不超负荷、不超时限地运转，特别要避免长期闲置设备的浪费现象。有的设备如长期不用，可能会造成性能衰减。此外，还要合理拟定设备的使用定额。

### 3. 要严格遵守操作规程、安全要求及其他管理制度

在设备的操作规程、安全要求及其他管理制度中，许多规定是设备操作实践规律的总结，是用血的代价换取来的。要不断总结设备使用中的经验教训，建立、健全、修改、完善设备的使用和管理制度，并且把它落到实处。在设备的使用中，第一，操作人员要严格遵守各项规章制度；第二，作业人员之间要相互监督、提醒；第三，要由专管人员进行严格检查，执行赏罚。

## 三、连锁企业配送设备的检查

连锁企业配送设备的检查是指对机器设备的运行情况、磨损程度进行检查和校验。通过检查，可以全面地掌握设备的技术状况和磨损情况，及时查明并消除设备的隐患，同时可针对检查发现的问题，提出改进设备维护的措施。

设备检查主要包括包装、外观损伤检查，设备运行故障检查，运转部件磨损程度检测等。设备检查的结果是设备质量变化分析的依据，是制订和执行设备维护、保养、修理计划的基础。

### 1. 设备检查时机

设备的检查时机有 3 种：日常、定期和跟踪。日常检查指每日班前、班后交接时和设

备工作时的检查，由设备操作人员对设备进行日常观察检查，由检修人员进行巡回检查，以便及时发现并报告设备运行不正常的情况。定期检查指按照一定时间（年、月、周等），由专职检修人员、设备使用人员、管理人员组成的专门检查组对设备运行、储存技术状况进行的检查。跟踪检查指从设备安装、使用到寿命终止，进行的不间断检查或连续检查。

### 2. 设备检查项目

设备检查的项目，分 3 类进行：第一类为设备对作业对象的工作效率、精度的检查；第二类为设备本身性能的检测；第三类为设备重点部位的检查。要细致准确地确定检查部位和项目，应当把设备的运转、暴露、注油（液）、零部件结合、软质物件（木制、布制、皮制等制件）、电器等部位作为重点检查部位，同时也要把设备管理制度的落实情况和操作规程的执行情况列为重点检查项目。

### 3. 设备检查方法

设备检查要采取多种方法配合进行，力求检查全面深入，及时准确地发现问题。目前设备检查的方法有如下几种。

（1）直观感觉检查。即检查人员通过对设备进行观、摸、闻、听、击，凭经验判断设备的技术状况和存在的问题。

（2）仪器检查。即通过查看设备上安装的（有的是原有的，有的是后装的）检查仪器仪表的显示窗口的读数，与正常标准值进行对比分析，发现问题，从而尽可能地实施与设备运转同步的跟踪检测。例如，对设备运转部位的温度、磨损程度、能源消耗量等情况进行随机检测。

（3）取样化验、试验。对有的设备及部件进行检查，所需的仪器比较庞大复杂，检测步骤程序较多，而仓库检查环境欠佳，需要将设备送到专门的检查场所进行化验、分解和试验。

检查过程中要从始至终地做好原始记录，对设备存在问题的记载要特别清楚，要从设备检查结果中及时分析质量变化原因，果断地采取处理措施，以便防止重大设备质量事故发生。分析时，要运用设备故障理论，掌握设备故障的产生规律，这样就能主动地对设备实施有针对性的有效管理。

### 4. 设备检查注意事项

进行设备检查时应注意：合理确定检查频率，即检查期限；准确细致地确定检查部位和项目；采取有效的检查方法；随时反映检查结果；及时分析设备质量变化原因。

## 四、连锁企业配送设备的维护和保养

对配送设备的维护和保养是设备自身运动的客观要求，它是指设备操作人员和专业维护保养人员在规定的时间及维护保养范围内对设备进行的预防性技术护理。设备维护和保养得好，就可以将磨损和腐蚀程度降到最低。

（1）定期维护。设备的定期维护和保养制度是设备管理制度的重要组成部分。对设备的维护和保养要精心细致，注意做好以下工作。

① 运转润滑。安排设备使用时，要按规定在运转部位加注适合的润滑油（液），保持运转机件运转灵活，并且注意随季节变化适时更换油种。

② 防锈防尘。要在易锈部位涂抹适合的防锈油或漆，并经常擦拭，清洗灰尘、污垢，停用封存时要加盖防尘护罩（套）。

③ 通电检查。设备封存时，要经常对电子部件进行通电检查，以保持通电体传电畅通、绝缘体隔电确实、各种技术参数正常。

④ 紧定加固。设备使用时，要对螺接和焊接部件进行经常检查，紧定加固。

⑤ 清洁干燥。设备本身及设备使用的场地，要经常进行清扫、通风，保持清洁、温湿度适宜的工作环境。

⑥ 配套齐全。经常清点与设备配套的附件、备件、工具，始终保持齐全、完好，摆放整齐。

（2）维护和保养的要求。设备的维护和保养一般应达到如下要求。

① 齐备。工具、工件、附件要齐备，放置要整齐，安全防护装置要齐全，线路、管道要完整、畅通。

② 清洁。工作地、设备内外应清洁，各滑动面、齿轮、齿条、螺纹等处应无尘土、油垢、碰伤、划痕，各部分应无漏油、漏水、漏气现象。

③ 润滑。应按规定加油、换油，润滑剂的性能应符合要求。

④ 安全。应按操作规程合理使用，不超载；各种测量仪器、保护装置和机电设备、动力设备要定期进行鉴定。

在编制设备的维护和保养计划时，应针对不同设备的特点，正确地规定一般保养工作或保养等级及其相应的作业内容。检验仪器和量规的使用、维护、保养、校正方法示例如表 7-2 所示。

**表 7-2　检验仪器和量规的使用、维护、保养、校正方法示例**

| 名　称 | 编　号 | 规　格 | 级　别 | 适用检验项目 | 使用方法 | 维护保养方法 | 校正方法 | 备　注 |
|---|---|---|---|---|---|---|---|---|
| 清洁 | QJ—001 | WQ120.12.24—1 | 二级 | 外部 | 物理清除尘土和杂物 | 擦拭、清洗 | 按标准 BZ—02 执行 | |
| | | | | | | | | |
| | | | | | | | | |

## 五、连锁企业配送设备的修理

配送设备的修理是指修复由于正常的或非正常的原因而引起的设备损坏，通过修理和更换已磨损、腐蚀的零部件，使设备的效能得到恢复。

虽然对设备的维护和保养可以减轻设备的磨损，防止意外事故的发生，但是，它不能消除设备的正常磨损，也不能恢复设备在精度、性能和效率上已造成的缺陷。因此，要保持机器设备的完好状态，除合理使用和维护保养外，还应搞好设备的修理工作，避免设备带故障作业。对大中型设备要实行计划修理制度。

计划修理是根据设备的性能、结构、工艺特点和工作条件，规定设备连续运转多长时间或运行多少距离以后就要进行修理的制度。这是一种预防性修理制度，又称强制修理。设备的计划修理可分为大修、中修和小修 3 个等级，每个级别采取不同的方法进行修理。大修理需要把设备全部拆卸开，更换和修复全部的磨损零件，其工作量大，属于恢复性修理。中修理需要更换和修复主要零件及数量较多的其他磨损零件。小修理是对设备进行局部的、简单的修理。

由于大修、中修和小修的工作量、修理程度都不一样，所以，在制订修理计划时，应根据设备的具体情况合理地确定修理间隔期和修理周期结构，应当按照设备修理程序组织实施。设备修理的一般程序如下。

（1）确定损坏部位，寻找损坏原因。

（2）明确修理范围，即修理等级和修理内容。

（3）研究修理方法，如加工修理还是换件修理等。

（4）制订修理计划。

（5）筹措修理经费、材料和修理力量（包括修理技工、加工修理设备等）。

（6）制定修理工艺规程和修理管理制度。

（7）组织实施修理。

（8）严格按修理标准检验试转。

（9）认真交接。认真交接包括两方面的工作：一方面，管理者将待修设备交于修理单位；另一方面，修理单位将修复设备移交于其管理者。交接时，双方都要认真清点、登记，说明故障部位及产生原因，并履行移交手续。

（10）总结经验教训。总结要包含两个部分的内容，一是设备修理组织情况，二是设备修理经费、材料、能源、人力、工时等消耗情况。

## 任务三　连锁企业配送合同

合同是当事人之间设立、变更、终止民事权利义务关系的协议。配送合同是配送经营者与配送委托者确定有关配送服务的权利和义务的协议，或者说是配送经营者收取费用，将配送委托者委托的配送物品，在约定的时间和地点交付收货人而订立的合同。委托者可以是收货人、发货人、贸易经营人、商品出售人、商品购买人、物流经营人、生产企业等配送物的所有人或占有人，也可以是企业、组织或个人。

## 一、连锁企业配送合同的法律属性

### 1. 无名合同

无名合同又称非典型合同，是相对于有名合同而言的，是指合同法或其他法律尚未明文规定、未赋予一定名称的合同。对于配送合同，合同法并未予以规范，而其他法律，也尚无明文规定，因此配送合同是一种无名合同。虽然无名合同没有受到法律直接明确的规范，但当事人有权根据自己的意愿来创设任何类型的合同，因此只要配送合同符合合同生效的要件，就具有法律上的约束力。此外，虽然无名合同在法律上没有名称，但并不意味着它在实际生活中也一样没有名称，配送合同也是如此。在将来物流立法成熟之时，配送合同甚至可能会得到立法的认可，从而由无名合同转化为有名合同。

### 2. 有偿合同

配送是一种产品，配送经营者需要投入相应的物化成本和劳动才能实现产品的生产。独立的配送经营是一种为了赢利的经营，需要在配送经营中获得利益回报。配送经营的营利性决定了配送合同的有偿性。委托者需要对接受配送的产品支付报酬，配送经营者收取报酬是配送合同赋予他的权力。

### 3. 诺成合同

诺成合同是当事人意思表示一致即可成立的合同，即当事人就配送关系达成一致意见时配送合同成立，合同生效。配送合同成立后，配送方需要为履行合同组织力量，安排人力、物力，甚至要投入较多的资源，购置设备，聘请人员。如果在这种情况下合同不能生效，这显然是对配送经营人员极不公平的，因而配送合同必须是诺成合同。当事人在合同订立后若没有依据合同履行义务，就构成违约。当然，当事人可以在合同中确定合同开始履行的时间或条件，时间未到或条件未成熟时，虽然合同未开始履行，但并不构成合同未生效。

### 4. 不要式合同

配送合同的成立不以一定的形式为要件，合同的当事人可以采用口头形式、书面形式或其他形式。合同形式并不影响配送合同的成立。但由于配送时间延续较长，配送所涉及的计划管理性强，及时性配送所产生的后果可大可小，甚至会发生如生产线停工、客户流失等重大损失，而且配送过程受环境因素的影响较大，如交通事故的发生等，所以为了便于双方履行合同、利用合同解决争议，一般采用完整的书面合同最为合适。

### 5. 期限合同

配送活动具有相对长期性，配送过程都需要持续一段时间，以便开展有计划、小批量、不间断的配送，实现配送的经济目的。如果只是一次性的送货，那么称为运输关系而非配送关系。因此，配送合同一般是期限合同。确定一段时期的配送关系，或者是一定数量的产品的配送，需要持续较长的时间。

配送合同的法律属性直接影响了该类合同的法律适用。如前所述，配送合同为无名合同，而对于无名合同，根据《中华人民共和国合同法》（以下简称“合同法”）第一百二十四条规定：“本法分则或者其他法律没有明文规定的合同，适用本法总则的规定，并可以参照本法分则或者其他法律最相类似的规定。”配送合同适用“合同法”总则的规定，并可以就相关问题参照“合同法”分则或其他法律最相类似的规定。具体而言，在不违反法律强制性规定的情况下，配送合同双方当事人的权利和义务主要根据双方的约定。在合同没有约定或约定不明确的情况下，配送合同可以根据“合同法”总则的相关规定解决问题。此外，由于配送合同具有买卖、仓储、运输等合同的某些特点，因此，在具体的法律适用中，配送合同根据所提供的配送服务的具体内容可分别适用于买卖合同、仓储合同、运输合同等的相关规定。

## 二、连锁企业配送合同的种类

### 1. 独立配送合同

独立配送合同是由独立经营配送业务的配送企业或个人，或者兼营配送业务的组织与配送委托人订立的仅涉及配送服务的独立合同。该合同仅仅用于调整双方在配送过程中的权利和义务关系，以配送行为为合同标的。

### 2. 附属配送合同

附属配送合同是指在加工、贸易、运输、仓储或其他物质经营活动的合同中，附带地订立配送活动的权利和义务关系，没有独立订立有关配送活动的合同。附属配送合同主要由仓储经营人与保管人在仓储合同中附带配送协议，销售合同中附带配送协议，物流合同中附带配送协议，生产加工合同中附带配送协议等。

此外，还可以依据合同履行的期限和数量的不同将配送合同分为定期配送合同和定量配送合同。定期配送合同是指双方约定在某一期间由配送者完成委托者的某些配送业务而订立的合同。定量配送合同则是配送者按照委托者的要求，对一定量的物品进行配送，直到该数量的物品配送完毕，合同终止。

配送合同还可按照配送委托者身份的不同分为批发配送、零售配送、工厂配送等合同；按照配送物的不同分为普通商品配送、食品配送、水果蔬菜配送、汽车配送、电器配送、原料配送、零部件配送等合同；按照配送地理范围的不同分为市内配送、地区配送、全国配送、跨国配送等合同。

## 三、连锁企业配送合同的主要内容

无论是独立配送合同还是附属配送合同，都需要对配送活动当事人的权利和义务协商达到意见一致，并通过合同条款准确地进行表达，两者的内容大体相似。连锁企业配送合同的主要内容如下。

1. 合同当事人

合同当事人是合同的责任主体，是所有合同都必须明确表达的项目。主体可能是特许者和加盟者，也可能涉及第三方。概括地说，配送合同的主体分别是配送经营人和配送委托人。委托人可以是收货人、发货人、贸易经营人、商品出售人、商品购买人、物流经营人、生产企业等配送物的所有人或占有人，形式上可以是企业、组织或个人。

2. 配送合同的标的

配送合同的标的就是将配送物品有计划地在确定的时间和地点交付收货人。配送合同的标的是一种行为，因而配送合同是行为合同。

3. 配送方法和要求

配送方法和要求是合同双方协商同意配送所达到的标准，是合同标的完整细致的表述，根据委托方的需要和配送方的能力协商确定。配送方法有定量配送、定时配送、定时定量配送、及时配送、多点配送等多种方法。需要在合同中明确时间及其间隔、发货地点、送达地点和数量等事项。配送要求还包括配送人对配送物处理的行为约定，如配装、分类、装箱等，以及配送方法的变更，如订单调整等。

4. 标的物

被配送的对象可以是生产资料，也可以是生活资料，但必须是动产和有形的财产。配送物的种类（品名）、包装、单位重量、尺度体积、性质等决定了配送的操作方法和难易程度，必须在合同中明确。

5. 当事人权利与义务

在合同中明确当事人需要履行的行为或不作为的约定。

6. 违约责任

约定任何一方在违反合同时需要向对方承担的责任，有违约行为的一方需要支付的违约金及其数量，违约造成对方损失的赔偿责任和赔偿方法，以及违约方继续履行合同的条件等。

7. 补救措施

补救措施本身是违约责任的一种，由于配送合同未履行可能产生极其严重的后果，所以为了避免损失的扩大，合同约定在发生一些可能产生严重后果的违约情况时的补救方法，如紧急送货、就地采购等措施的采用条件和责任承担等。

8. 配送费用和价格调整

获得配送费用是配送经营人订立配送合同的目的。配送经营人的配送费用应该包含其开展配送业务的成本支出和获取可能得到的收益。合同中需要明确配送费用的计算标准或总费用，以及支付费用的方法。

由于配送合同持续时间长，在合同期间构成总价格的成本要素的价格可能发生变化，如劳动力价格、保险价格、燃料价格、电力价格、路桥费等，为了使配送方不至于亏损，或者委托方也能分享成本降低所带来的利益，允许对配送价格进行适当的调整。应在合同中订立价格调整的条件和调整的幅度。

9. 合同期限和合同延续条款

对于按时间履行的配送合同，必须明确合同的起止时间，起止时间用明确的日期表达。由于在大多数情况下，配送关系都会保持较长时间，会出现合同不断延续的情况，所以，为了使延续合同不发生较大的变化，简化延续合同的订立程序，往往在合同中确定延续合同的订立方法、基本条件和要求，如提出延续的时间、没有异议时进行自然延续等。

10. 合同解除的条件

配送合同都需要持续较长的时间，为了使履约中的一方不因另一方能力的不足或没有履约诚意而导致损害，或者在合同没有履行必要和履行可能时不至于发生违约，在合同中应约定解除合同的条款，包括解除合同的条件和解除合同的程序。

11. 不可抗力和免责

不可抗力是指由于自然灾害和当事人不可抗拒的外来力量所造成的危害，如风暴、雨雪、地震、雾、山崩、洪水等自然灾害，此外，还包括政府限制、战争、罢工等社会现象。不可抗力是“合同法”规定的免责条件，但“合同法”没有限定不可抗力的具体现象。对于一般认可的不可抗力虽已形成共识，但对影响配送仓储行为的特殊不可抗力的具体情况，如道路塞车等，以及其他需要在合同中陈述的当事人认为必要的免责事项，仍需要在合同中明确。此外，不可抗力条款还包括发生不可抗力的通知、协调方法等约定。

12. 争议处理

合同中约定发生争议的处理方法，主要是约定仲裁、仲裁机构，或者约定管辖的法院。

13. 合同签署

合同双方的法定代表人签署，并加盖企业合同专用章。私人订立合同的由其本人签署。合同签署的时间为合同订立时间，若两方签署时间不同，后签时间为订立时间。

14. 其他约定事项

配送物种类繁多，配送方法多样，当事人在订立合同时充分考虑可能发生的时间和合同履行的需要，并达成一致意见，是避免发生合同争议的最根本的方法，特别是涉及成本、行为的事项，更需要事先明确。

（1）配送容器的使用。合同中约定在配送过程中需要使用的容器的尺度、材料、质地，配送容器是免费使用还是有偿使用，如何使用，在使用中发生损坏的维修责任以及赔偿约定，空容器的运输，合同期满时的处理方法等。

（2）损耗。合同中约定在配送中允许发生耗损的程度和耗损的赔偿责任，配送物超过耗损率时对收货人的补救措施等。

（3）退货。发生收货人退货时，一般约定由配送人先行接受和安置，然后向委托人汇报并约定委托人进行处理的要求和承担的费用。与退货相类似的，还可能约定配送废弃物、回收旧货等的处理方法，以及配送溢货的处理方法。

（4）信息传递方法。合同中约定双方使用的信息传递系统、传递方法、报表格式等。例如，采用生产企业的信息网络，每天传送存货报表等。

## 四、连锁企业配送合同当事人的权利与义务

配送合同双方应该按照约定严格履行合同，任意一方都不得擅自改变合同的约定，这是双方的基本合同义务。此外，依据合同的目的还明确了双方当事人需要分别承担一些责任，尽管合同中可能并没有对此进行约定。

### 1. 配送委托人保证配送物适宜进行配送

配送委托人需要保证由其本人或其他人提交的配送物适宜进行配送和配送作业。对配送物进行必要的包装或定型；标注明显的标志并保证其能与其他商品相区别；保证配送物可以按配送要求进行分拆、组合；配送物能用约定的或常规的作业方法进行装卸、搬运等作业；配送物不是法规禁止运输和仓储的物品；对于限制运输的物品，需要提供准予运输的证明文件等。

### 2. 配送经营人采取合适的方法履行配送的义务

配送经营人所使用的配送中心具有合适的库场，适宜进行配送物的仓储、保管、分拣等作业；采用合适的运输工具、作业工具，如杂货使用厢式汽车进行运输，使用避免货物损坏的装卸方法，大件重物使用吊机、拖车进行作业；对运输工具进行妥善积载，使用必要的装载衬垫、绑扎、遮盖；采取合理的配送运输路线；使用公认的或习惯的理货计算方法，保证理货计算准确。

### 3. 配送经营人提供配送单证

配送经营人在送货时必须向收货人提供配送单证、配送货物清单。配送货物清单一式两联，详细列明配送物的品名、等级、数量等信息，经收货人签署后，收货人和配送人各持一联，以备核查和汇总。配送经营人需要在一定期间间隔后向收货人提供配送汇总表。

**4. 收货人接收货物**

委托人保证所要求配送的收货人正常地接收货物，不会出现无故拒收的情况；收货人提供合适的收货场所和作业条件；收货人有义务对接收的配送物进行理算查验，并签收配送单和注明收货时间。

**5. 配送经营人向委托人提供存货信息和配送报表**

配送人需要在约定的期间，如每天，向委托人提供存货信息，并随时接受委托人的存货查询，定期向委托人提交配送报表、收货人报表、残损报表等汇总材料。

**6. 配送经营人接收配送物并承担仓储和保管义务**

配送经营人需要按配送合同的约定接收委托人送达的配送物，承担查验、清点、交接、入库登记、编制报表的义务，应安排合适的地点存放货物，妥善堆积或上架，对库存货物进行妥善的保管，防止存货受损。

**7. 配送经营人返还配送剩余物，委托人处理残料**

配送期满或配送合同履行完毕，配送经营人需要将剩余的物品返还委托人，或者按照委托人的要求交付其指定的其他人。配送经营人不得无偿占有配送剩余物。同样，委托人有义务处理配送残余物或残损废品、回收物品、加工废料等。

## 五、连锁企业配送合同的履行

配送合同的履行，是指配送合同的双方当事人依照双方所订立的配送合同中的具体内容全面履行各自义务的行为。由于配送合同具有较多合同的特点，因此配送合同在履行中也可能遇到这些相似性质的合同在履行中所遇到的问题。对此，配送合同的双方当事人应给予足够的重视。

**1. 共同配送下的责任承担**

根据《GB/T 18354—2006 物流术语（修订版）》的解释，共同配送是指由多个企业联合组织实施的配送活动。共同配送主要有两种实现形式，针对不同的实现形式，合同义务主体有所不同，具体分析如下。

（1）由一家配送经营企业与用户订立配送合同。配送合同的义务主体只能是与用户订立配送合同的配送经营企业，该配送经营企业与其他人以订立合同的方式协作，而使他人承担一定的与配送相关的作业，这只能视为该配送经营企业履行其配送合同义务的一种手段。其他人并不能因其所谓的配送作业而成为原配送合同的当事人，配送合同对其不产生效力，配送合同的义务主体仍为配送经营企业，因合同履行而产生的责任应当由订立配送合同的配送经营企业承担。对于因其他人的不适当履行而产生的责任，该配送经营企业也应当予以承担。

（2）由两家以上的配送经营企业共同与用户订立配送合同。对此，应当具体分析。如果在配送合同中，各配送经营企业与用户协商一致，在合同内明确各配送人所应当承担的义务及相应的责任的，该配送合同在履行中产生的责任应当依照合同由各配送经营企业分别承担。在配送合同中，各配送经营企业是作为合同一方的当事人，共同为用户提供配送服务，其各自应承担的义务不明确时，各配送经营企业对合同履行中产生的义务及相应的责任应当连带承担。这意味着，在配送合同中，各配送经营人都负有全部履行的义务，对于相应的责任，任一配送经营人也应全部承担。当用户对各配送经营人中的一人或数人就全部或部分义务进行请求时，被请求的配送经营人不得以其与他人的内部责任承担的约定提出抗辩。在配送经营人中的一人或数人履行了全部义务或承担了全部责任后，有权就超过其应承担部分而向其他配送经营人请求偿还。

**2. 货物的风险负担**

货物的风险负担，是指货物非由于双方当事人的故意或过失而发生意外毁损、灭失的情况时，损失由谁来承担的问题。这里的意外毁损、灭失，包括水灾、火灾、风灾、交通事故、地震等人所不可预料的事故或不可抗力所致的毁损或灭失。

货物的风险负担是任意性的，配送合同双方当事人可以自行约定。有此约定的，在货物出现意外毁损、灭失时，双方当事人按合同约定负担风险。没有约定的，由于“合同法”对配送合同并无相关规定，因此可以参照买卖合同的规定，以交付为标准，使风险在当事人之间发生转移。

在配送服务合同下，原始货物是由用户提供的，因此货物意外毁损、灭失的风险，在用户将货物交付配送人之前由用户承担，交付之后由配送人承担。即使在配送人为用户提供代订服务的情况下，配送人也从未取得过货物的所有权。配送人从他人处代为受领货物时，可视做为用户提供了货物，货物的风险仍转移给了用户。配送人交付货物之前的风险由配送人承担，交付货物之后的风险由用户承担。

在销售配送合同下，货物在最终送达用户指定地点之前，货物的所有权是属于配送人的，用户尚未与该货物发生任何直接的联系。因此，货物的风险只有在配送人最终交付时才发生转移，即交付之前货物风险由配送人承担，交付之后由用户承担。

**3. 配送人行为后果的承受**

这个问题主要是就配送合同中所包含的委托合同的特点而言的。如果在配送过程中，配送人基于配送合同中的授权事项而从事一些法律行为，如为了代购而与他人代为订立买卖合同等，这时就会产生配送人的该行为后果由谁承担的问题。

根据《中华人民共和国民法通则》（以下简称“民法通则”）和“合同法”对于委托代理的相关规定可以得出，当上述情况的配送人代为完成有关的配送事务的处理后，因此种处理行为产生的后果应当由用户承担。此种后果包括有利的后果和不利的后果。以代购为例，配送人为用户与第三人订立买卖合同后，合同的当事人是用户，合同相应的权利和义务应当由用户承担，当第三人转移货物的所有权后，货物的所有权应当归属于用户，而不得因配送人在该买卖合同关系中所做的工作而由配送人授让货物的所有权。在这类委托代理的情况下，即使配送人以自己的名义与第三人订立合同，且第三人在订立合同时知道受托人与委托人之间的代理关系的，该合同一般仍应直接约束用户和第三人。

需要指出的是，在销售配送合同中，配送人为了配货而与他人订立买卖合同的行为，其后果应由配送人自行承担，而不应当由用户承受。因为在上述情况下，就用户而言，其并未授权配送人为其代理购入货物；就配送人而言，其作为民事主体是买卖合同的当事人而非代理人，应当承受其行为后果。配送人订立并履行买卖合同的行为使配送人自己获得了货物的所有权，之后配送人对该货物进行分拣、加工等作业，最后配送人是作为该货物的所有权人将货物出售给用户的，配送人因此获得货物销售的利润。

## 职业素养拓展7.2

### 连锁经营企业配送合同

甲方：______________________

地址：______________________

乙方：______________________

地址：______________________

根据《中华人民共和国合同法》的相关规定，本着互利互惠的原则，就甲方委托乙方配送货物的事宜，为了明确双方的责任，经双方协商，特签订本合同。

第一条　运输货物（品名、规格、数量等见下表）。严禁运输国家禁运易燃易爆物品

| 编　号 | 品　名 | 规　格 | 单　位 | 单　价 | 数　量 |
|---|---|---|---|---|---|
| | | | | | |

第二条　包装要求

甲方必须按照国家主管机关规定的标准包装货物，没有统一规定包装标准的，应根据保证货物运输安全的原则进行包装，否则乙方有权拒绝承运。

第三条　配送区域

______________________地区及省内各市县城。

第四条　合同期限

一年，从______年______月______日至______年______月______日，合同期满后，经双方就合同约定价格再行协商，在同等条件下优先续签。

第五条　运输质量及安全要求

乙方必须用符合甲方配送货的车辆，为甲方实行优质、快捷、安全的B2B配送货服务。保证甲方的货物按规定和要求，保质保量地配送至目的地。每天运输前双方议定运输重量，超重时价格另定。

第六条　货物装卸责任

货物的装车工作由乙方负责，卸车工作由收货人负责，在装卸过程中发生的一切责任由装、卸方承担。

第七条　收货人领取货物及验收办法

收货人凭有效证件、单据（凭据）与乙方对证验收、领取货物。

第八条 收费标准与费用结算方式

甲方收到乙方所提供的符合本合同约定的单据后，每两个月的15日结算第1个月的费用。

第九条 双方的权利和义务

（一）甲方的权利与义务

1. 甲方的权利

（1）负责将货物配齐，要求乙方按照约定的时间、地点、收货人，把货物配送到目的地。配送通知发乙方后，甲方如需要变更到货地点或收货人，或者取消通知，有权向乙方提出，但必须在货物未运到目的地之前，并应按有关规定付给乙方费用。

（2）有权对乙方的配送货过程进行监督、指导。

（3）委托的货物应遵守国家有关法律规定，并符合包装标准。

2. 甲方的义务

（1）按约定按时向乙方交付配送费用。

（2）应向乙方提供有关配送货业务的相应单据文件（产品、型号、数量、客户准确地址及电话号码、联系人等）。

（3）指派专人负责与乙方联系并协调配送货过程中的有关事宜。

（4）合同期内，乙方是甲方省内区域（包括市郊）的唯一配送商，未经乙方同意，甲方不得另寻配送商，否则，乙方可解除合同。

（二）乙方的权利和义务

1. 乙方的权利

向甲方收取配送费用。查不到收货人或收货人拒绝领取货物，乙方应及时与甲方取得联系，在规定期限内负责货物的保管并有权向甲方收取保管费用。

2. 乙方的义务

（1）根据甲方的业务需要与发展，提供相应的运输能力，即提供不同的厢式汽车。

（2）在约定的时限内（见下表），将货物运到指定的地点，按时向收货人发出货物到达的通知。对托运的货物要负责安全，保证货物无短缺、无损坏。在货物到达以后，按规定的期限，负责保管。到达时间标准表（当天配送货物都按当天18：00开始计算）如下。

| 地　区 | 标准时间（小时） |
|---|---|
| 市区 | 6 |
| 县城 | 24 |

（3）乙方应在甲方指定的地点提取货物，在装货过程中，乙方的驾驶员应负责进行监装，对装货过程中的不当操作有责任指出并纠正，乙方将货物送往甲方指定的目的地，由收货人、乙方司机双方签字盖章确认。交货时如发现产品损坏或产品、数量、型号、规格不符等问题，乙方应要求接收人注明，接收人所盖印章应为商家签订的配送委托书规定的公章或收货专用章，乙方凭甲方认可的配送反馈单与甲方进行结算。

第十条　违约责任

（一）甲方责任

1. 不按时与乙方结算配送费用，每超一天偿付给乙方当月结算费用的1%的违约金，但由于乙方提供的结算单据不及时除外。

2. 因甲方原因，造成乙方的承运车不能及时返回，甲方应根据当次加付运费10%作为补偿金（规定卸货时间为2小时）。

3. 甲方负责为乙方营造良好的服务环境，如甲方员工在货物配送过程中发生以下现象之一的，甲方应向乙方支付违约金________元/次。

（1）不按预约时间装卸货物。

（2）装卸货物当中有野蛮装卸行为，乙方指出，甲方工作人员不及时更改。

（3）甲方协调不到位，造成乙方被投诉。

（4）甲方发错货，造成乙方承运货物到达商场后，商场拒收，返程运费由甲方支付。

4. 由于在货物中夹带、匿报危险货物，而招致货物破损、爆炸，造成人身伤亡的，甲方应承担由此造成的一切责任。

（二）乙方责任

1. 如乙方送货到达时间每晚于规定时间一天，则应向甲方支付当次运输费10%的违约金（阻车、修路、交通管制除外），若乙方送达目的地错误，应自费将货物送达甲方要求的目的地，因此给甲方造成的损失由乙方负责赔偿。

2. 经双方确认，货物在运输途中造成的破损、遗失、短缺等任何损失，由乙方负责赔偿，赔偿值按批发价计算，且乙方不得擅自拆除货物并重新包装，因以上原因造成甲方违约或其他损失的，由乙方负责赔偿。

3. 乙方有责任为甲方提供优质服务，如乙方员工在货物配送过程中发生以下现象之一的（属于乙方责任造成的），乙方应向甲方支付违约金______元/次，同时乙方应按本合同继续履行合同。

（1）不按时运送货物，造成用户投诉。

（2）在运输过程中，损坏货物并强行留给用户，造成用户投诉。

（3）在装卸货物中，司机刁难用户，造成用户投诉。

4. 在符合法律和合同规定条件下的运输，由于下列原因造成货物灭失、短少、损坏的，乙方不承担违约责任。

（1）不可抗力。

（2）货物本身的自然属性。

（3）甲方或收货人本身的过错。

（4）在运送过程中，送错货物，造成用户投诉。

（三）其他

1. 甲方仅支付乙方运费。在运输途中发生的其他一切费用（过路、过桥费等）全部由乙方负责，具体支付标准详见合同附件之《价格表》。

2. 双方不能以任何形式向公众透露对方的商业机密，否则，由此引起的任何损失（如名誉受损、经济受损等）均由泄密方负责赔偿。

3. 不可抗力的原因，影响本合同不能履行或部分不能履行或延期履行时，遇有不可抗力事故的一方，应立即将事故情况通知对方，并详细提供事故详情及造成合同不能履行，或者部分不能履行，或者延期履行的理由及所有的相关文件资料。

4. 一方违约，另一方有权以书面形式通知对方解除本合同或双方签订的其他合同、协议，合同自发出通知之日起 30 天后解除，由违约方承担违约责任。

5. 自本合同生效之日起，甲乙双方原先签订的产品配送合同自动作废。

6. 本合同如有未尽事宜，应由双方协商解决；协商不成时，按下列第_________种方式解决。

（1）向_________仲裁委员会申请仲裁。

（2）向人民法院起诉。

7. 本合同一式两份，合同双方各执一份。

| | |
|---|---|
| 甲方（盖章）：__________ | 乙方（盖章）：__________ |
| 签约代表：______________ | 签约代表：______________ |
| 开户行：______________ | 开户行：______________ |
| 银行账号：______________ | 银行账号：______________ |
| 电话：______________ | 电话：______________ |
| ______年____月____日 | ______年____月____日 |
| 签订地点：______________ | 签订地点：______________ |

## 项目训练

### 区域内连锁企业配送组织管理状况调查

#### 一、训练目标

1. 通过对某区域某连锁企业配送组织管理状况的调查，让学生了解某连锁企业客户关系管理状态、设备管理状态及配送合同管理状态，能够做到学以致用。

2. 培养学生市场调研、与人沟通、信息分析等能力和团队意识。

#### 二、训练内容与要求

1. 班级内分小组，每组 6～8 人，分别选择区域内连锁超市、连锁酒店、连锁百货店等连锁企业进行深入调查。主要调查该企业的客户关系管理状态，设备管理状态及配送合同管理状态。

2. 教师组织学生讨论，分析区域内连锁企业组织管理的经验及存在的问题，并提出合理化的改进方案。

#### 三、训练检测内容与分值比例

1. 连锁企业配送组织管理状况调研方案的撰写，占 20%。

2．连锁企业实地调研的计划、组织及实施，占30%。

3．调研分析报告的撰写，占30%。

4．小组现场研讨相关问题，回答的完整性、合理性，对问题认识的深度及语言表达能力，思维的敏捷性和团队合作精神等，占20%。

## 项目测试

### 一、名词解释

客户关系管理　客户满意度　配送合同

### 二、填空题

1．客户关系管理的内容有（　　）、（　　）、（　　）和（　　）等。
2．设备检查的方法有（　　）、（　　）和（　　）3种。
3．依据合同履行的期限不同，可以将配送合同分为（　　）和（　　）。

### 三、简答题

1．简述提高客户满意度的途径。
2．简述设备管理要求。
3．简述设备管理的内容。
4．简述连锁企业配送设备维护保养的内容。
5．简述连锁企业配送合同的主要内容。

## 项目实例分析

### 上海创凌公司选择的解决方案

世界越来越像一个地球村，不同国家、地区的公司都有可能成为企业的客户。随着国际间交流的日益密切，语言沟通成为一大困扰，尤其是面对各类文献、合同、说明资料时，大量专有名词常常让人觉得不着边际，因此翻译行业蓬勃发展。以翻译为主营业务的公司遍地开花，由此也带来了新的业务问题：如何提升客户满意度，减轻业务人员变更带来的风险？

上海创凌信息科技公司选择了Microsoft Dynamics TM CRM系统的解决方案，结合公司现有的MIS共同管理销售、市场，其成功经验可供同行业者参考。

1．客户背景

上海创凌信息科技公司为上海地区领先的大型翻译公司，提供有关语言的解决方案，包括文件翻译、口译、技术文案撰写及网站和软件本地化，语种覆盖中、英、法、德、意、日、西及各类小语种。

创凌公司原先使用自主开发的MIS来管理日常工作。但是该系统扩展功能弱，不能管理更多的客户信息，且查询功能也较为薄弱，无法满足创凌日益增长的业务需要。另一个对翻译公司显得更为重要的问题是报价单，项目经理要经常快速地给客户报价，并且需要标准的格式，若能将报价单整合到系统或由系统自动生成，则公司就能更快、更好地响应客户的需求。但是MIS在这一方面的表现不尽如人意。

2. 客户需求

基于业务现状，创凌公司提出了对CRM系统的具体需求。

（1）增加客户动态管理。创凌公司目前使用的MIS系统可以记录客户、联系人的基本信息，但该系统对客户的管理只是静态模式，缺少更丰富的信息辅助。无法对与客户日常交互的活动进行管理，所有与客户往来的信息都保存在项目经理的大脑中。一旦项目经理离职便无法获取正在进行中的项目信息，容易导致客户满意度下降，也可能导致客户流失，公司营业额也会随之降低。

（2）增强报表查询功能。MIS的查询与报表功能都比较弱，使用不便。因此译者工作量、应收应付款项无法直观地在系统中展现，项目经理在MIS查询和排序都不方便，工作效率低，需要更强的报表功能。

（3）增强报价单功能。MIS的报价单输出功能相当薄弱。当公司业务进行到报价阶段时，报价单无法直接打印成标准的格式，也无法转换成PDF，需要在Excel中手动生成报价单，工作效率比较低。

（4）提升客户满意度。创凌公司深知在激烈的市场竞争环境下，“留住老客户、开发新客户”是企业生存之根本。有鉴于此，公司主管希望系统能够详细地记录客户的反馈信息，以便相关负责人员及时处理，提升客户的满意度。

3. 实施Microsoft Dynamics TM CRM3.0收益显著

创凌公司明确自身需求，选择了Microsoft Dynamics TM CRM3.0提供的解决方案，并结合MIS重新构造完善的客户关系管理系统，从客户、联系人、活动、报价单管理等方面入手，全面解决公司业务问题。

规范业务流程。按照规范，创凌公司的业务流程需要遵循以下模式。

（1）客户资料的收集。新客户主动联系创凌公司，电话接线员将新客户直接转给项目经理；客户在网站上留下联络信息，业务主管根据公司策略转给相应的项目经理；市场人员将主动开发得到的客户信息输入Microsoft Dynamics TM CRM系统。

（2）报价。当这些客户有正式项目需要报价时，项目经理根据客户的需要提供报价，达成一致后创建项目并分解给合适的译者来完成。

① 报价单系统生成。针对创凌公司的业务需求量身定做，在Microsoft Dynamics TM CRM系统中客户化了“报价单”这一功能项。系统根据项目的分类、原文及译文语种自动结算生成报价单。报价单由系统生成，避免了人工计算的疏漏，另一方面也能详细地展现业务员与客户的询价过程。

② E-mail集中管理。目前公司使用Exchange 2003来收发管理邮件，创凌公司希望员工与客户往来的邮件能全部归档输入系统，方便主管查询。由于微软公司产品极强的兼容性，Exchange能与Microsoft Dynamics TM CRM系统无缝集成。Exchange的邮件导入CRM

系统后，不仅项目经理与客户洽谈、报价的细则得到了详尽备案，与该客户相关的所有活动也可以得到查询，包括电话联络、拜访、任务等活动类型。

③ 提高客户满意度。创凌公司通过高质量的服务在市场上形成很高的知名度，新客户源源不断。但公司主管并不满足于此，时刻强调客户的满意度是企业持续发展的根本。有鉴于此，创凌公司特别要求 Grape City 公司为其定制客户满意度调查表单，当新客户的第 1 个项目结束后，项目经理发送调查表单给客户，收到反馈意见后则归档到该客户资料下，作为历史数据，随后进行查询、分析，有助于改善其服务质量。

创凌公司运用 Microsoft Dynamics TM CRM3.0 系统作为销售流程的辅助工具，配合原先使用的 MIS 获得了收益。大多数翻译公司目前在业务运作上对业务员的依赖性很高，一旦人员离职，便很有可能造成客户流失。运用 Microsoft Dynamics TM CRM 3.0 系统解决方案，可最大限度地为公司保护客户资源，在客户决定生存的市场竞争环境下，不失为一项利器。

“工欲善其事，必先利其器”，千古名言同样适用于现代社会。每位决策者都想成为抓住机遇的人，而创凌公司显然领先一步，在机遇光顾之前已做好了充分准备。

**思考：** 1. 创凌公司是如何利用 CRM 系统软件来进行客户关系管理的？

2. 通过实施客户关系管理，创凌公司取得哪些成效？

# 参考文献

[1] 劳动和社会保障部教材办公室．配送实务．北京：中国劳动社会保障出版社，2006.
[2] 劳动和社会保障部教材办公室．物流员基础．北京：中国劳动社会保障出版社，2006.
[3] 劳动和社会保障部教材办公室．装卸物流员．北京：中国劳动社会保障出版社，2006.
[4] 劳动和社会保障部教材办公室．包装物流员．北京：中国劳动社会保障出版社，2006.
[5] 劳动和社会保障部教材办公室．配送物流员．北京：中国劳动社会保障出版社，2006.
[6] 张梅，张臣．物流管理基础．广州：华南理工大学出版社，2009.
[7] 霍红，刘莉．物流管理学．北京：高等教育出版社，2011.
[8] 白世贞，言木．现代配送管理．北京：中国物资出版社，2005.
[9] 孙宏岭．连锁经营企业的物流效率及效益．北京：中国物资出版社，2005.